VERS UNE ÉCONOMIE
À TROIS ZÉROS

Du même auteur,
chez le même éditeur :

Vers un monde sans pauvreté, 1997, Lattès.

Vers un nouveau capitalisme, 2008, Lattès.

Pour une économie plus humaine, 2011, Lattès.

www.jclattes.fr

Muhammad Yunus
Avec la collaboration de Karl Weber

VERS UNE ÉCONOMIE À TROIS ZÉROS

Zéro pauvreté
Zéro chômage
Zéro empreinte carbone

Traduit de l'anglais par Olivier Lebleu

JC Lattès

Titre de l'édition originale
A World of Three Zeros
Publiée par PublicAffairs, une division de Perseus Books, LLC,
une filiale de Hachette Book Group, Inc.

Avertissement

Toutes les notes en bas de page sont l'ajout du traducteur. Rassemblées en fin d'ouvrage, celles de l'auteur précisent la source de ses références.

Couverture : Atelier Didier Thimonier

ISBN : 978-2-7096-6152-2

Première édition octobre 2017.

Aux jeunes générations
qui bâtiront une nouvelle civilisation.

Sommaire

I.

LE DÉFI

1.

Les échecs du capitalisme

J'ai consacré la plus grande partie de ma vie à travailler en faveur des personnes les plus pauvres, et particulièrement les femmes, en essayant d'éliminer les obstacles qu'elles rencontrent dans leurs efforts pour améliorer leur vie. Grâce à l'outil connu sous le nom de microcrédit, l'organisme Grameen Bank – que j'ai créé dans mon pays d'origine, le Bangladesh, en 1976 – met le capital à la disposition des villageois sans argent, notamment les femmes. Le microcrédit a depuis encouragé les capacités entrepreneuriales de plus de 300 millions d'indigents à travers le monde, contribuant à briser les chaînes de la pauvreté et de l'exploitation humaine.

En permettant à des millions de personnes de sortir de la pauvreté, le microcrédit a permis d'exposer les faiblesses d'un système bancaire traditionnel qui refuse ses services à ceux qui en ont le plus besoin. Mais ce n'est que l'un des nombreux problèmes collatéraux subis par les indigents : le manque de services institutionnels, d'accès à l'eau potable, aux soins et aux installations sanitaires, l'absence d'éducation adaptée, de logements de qualité, d'accès aux sources d'énergie, une vieillesse démunie, etc.

Ces difficultés ne se limitent pas aux pays en développement. À l'occasion de mes voyages autour du monde, j'ai constaté que, même dans les contrées les plus riches, les personnes à faibles revenus sont également pénalisées. Selon les termes d'Angus Deaton, Prix Nobel d'économie : « Si une personne devait choisir de vivre dans un village pauvre en Inde, une autre dans le delta du Mississippi, et une autre encore dans une banlieue de Milwaukee au milieu d'un parking pour caravanes, je ne suis pas certain de pouvoir dire laquelle d'entre elles aurait la meilleure vie[I]. »

Une concentration accrue des richesses

Les difficultés qui pèsent sur les pauvres dans le monde reflètent un problème économique et social encore plus large : celui de l'inégalité grandissante causée par la concentration croissante des richesses.

L'inégalité est depuis une éternité le sujet de débats politiques prédominants. Pour tenter de résoudre ce problème, on a lancé ces dernières années de nombreuses initiatives politiques et sociales, puissantes et ambitieuses. On a même fait couler beaucoup de sang. Mais on est toujours bien loin d'avoir trouvé la solution. En fait, de nombreux éléments démontrent qu'au cours des dernières décennies, l'écart sans cesse croissant entre les différents niveaux d'enrichissement personnel n'a fait que se creuser. À mesure que l'économie grandit, la concentration des richesses croît d'autant. Cette tendance se poursuit et s'accélère même en dépit des effets positifs des plans de développement nationaux et internationaux, des programmes de redistribution des revenus et des autres efforts pour atténuer les difficultés des personnes à faibles revenus. Le microcrédit et d'autres programmes ont aidé beaucoup de personnes à sortir de la pauvreté, mais dans le même temps, les plus riches ont continué à réclamer une plus grande part de la richesse mondiale.

La tendance à une concentration des richesses toujours croissante est dangereuse, car elle menace le progrès humain, la cohésion sociale, les droits de l'homme et la démocratie. Un monde dans lequel la richesse se concentre entre les mains de quelques-uns est aussi un monde dans lequel le pouvoir politique est contrôlé par une minorité et utilisé par celle-ci à son seul bénéfice.

À mesure que la concentration des richesses augmente à l'intérieur des pays, elle s'accroît également entre les nations. Alors même que des millions d'indigents s'efforcent de sortir de la pauvreté, la majeure partie des richesses mondiales continuent de s'accumuler dans une demi-douzaine de pays.

Tandis que le fossé des richesses et du pouvoir s'élargit, la méfiance, le ressentiment et la colère s'intensifient, poussant le monde vers un soulèvement social et augmentant la probabilité de conflits armés entre les nations.

Oxfam International[1] est une confédération de dix-huit organisations à but non lucratif, engagées dans la lutte contre la pauvreté mondiale. Ses experts ont étudié le problème de l'augmentation de la concentration des richesses. Les données qu'ils ont révélées sont tout à fait effarantes.

En 2010, Oxfam a montré que les 388 personnes les plus riches au monde possèdent davantage de richesses que la moitié inférieure de la population mondiale – soit un groupe comprenant environ 3,3 milliards d'êtres humains. À l'époque, cette statistique provoqua la stupeur et fut relayée dans le monde entier. Mais dans les années qui ont suivi, le problème s'est considérablement aggravé. En janvier 2017, Oxfam a annoncé que le groupe des hyperprivilégiés s'est réduit à seulement 8 personnes, alors même que la moitié défavorisée s'est accrue pour atteindre environ 3,6 milliards d'individus[II]. Les journaux ont publié les portraits de ces 8 personnes, ce sont des personnalités bien connues et respectées : des chefs d'entreprise américains comme Bill Gates, Warren Buffett et Jeff Bezos, ou encore Amancio Ortega en Espagne et Carlos Slim Helú au Mexique.

Cette révélation est si incroyable qu'il faut du temps pour l'intégrer. Et de nombreuses autres questions surgissent : qu'arrive-t-il au tissu social d'un pays où une poignée de personnes contrôlent l'essentiel des richesses nationales ? Lorsqu'un individu en arrive au point de contrôler une grande partie de la fortune d'un seul pays, qu'est-ce qui peut l'empêcher d'imposer sa volonté à la nation tout entière ? De manière officieuse ou officielle, ses désirs finiront par être des ordres.

---

1. Pour *Oxford Committee for Famine Relief.*

Cela pourrait aisément se produire dans un pays à faibles revenus comme le Bangladesh. Mais nous savons à présent que cela peut aussi arriver dans un pays aussi riche que les États-Unis. Dans sa campagne électorale de 2016, le sénateur Bernie Sanders a régulièrement souligné que 0,1 % des Américains les plus riches possèdent autant de richesses que les 90 % des plus pauvres – une affirmation étayée par des données sérieuses provenant de sources aussi impartiales que le *National Bureau of Economic Research*[III]. Des chercheurs tout aussi objectifs révèlent que la seule famille Walton, propriétaire des magasins Walmart, concentre davantage de richesses que 40 % de la population des États-Unis[IV].

Il est dangereux pour un pays de permettre que tant de richesses et de pouvoir se concentrent entre si peu de mains. Il n'est peut-être pas surprenant de constater que la course à la présidence des États-Unis s'est achevée avec l'élection d'un homme qui ne possédait aucune expérience en politique nationale – seulement son immense fortune personnelle.

Comment le capitalisme engendre les inégalités

De nombreux traits spécifiques de l'actuel contexte financier et politique ont contribué au problème de la concentration des richesses. Mais la réalité fondamentale est que cette concentration relève d'un processus inéluctable et permanent dans le système économique actuel. Contrairement à une croyance populaire, les personnes les plus riches ne sont pas nécessairement des manipulateurs maléfiques qui ont biaisé le système par la corruption ou la subornation. En réalité, c'est plutôt que le système capitaliste fonctionne tout à leur avantage. La richesse agit comme un aimant. Plus l'aimant est puissant, plus sa force d'attraction est importante. L'aimant le plus gros attire naturellement à lui des aimants plus petits. C'est ainsi que le système économique actuel est conçu. Et la plupart des gens lui apportent leur soutien tacite. Ils envient les très riches, mais ne s'opposent pas à eux en général. Et les jeunes enfants sont encouragés à tenter plus tard de devenir riches à leur tour.

En revanche, les personnes pauvres – sans aimant – peinent à attirer quoi que ce soit. Si elles réussissent tout de même à acquérir un petit aimant, elles ont toutes les peines du monde à le conserver. Les plus grands aimants exercent une attraction quasi irrésistible. Les forces de concentration unilatérales modifient en permanence le graphique des richesses, lui donnant la forme d'une courbe qui s'élève jusqu'au ciel pour les privilégiés, alors que celle correspondant au reste de la population décolle à peine du sol.

Une telle configuration n'est pas tenable. Sur le plan social et politique, c'est une bombe à retardement, qui menace de détruire tout ce que nous avons créé au cours des années. C'est pourtant bien cette réalité effrayante qui s'est constituée autour de nous, tandis que nous étions occupés par notre quotidien, refusant d'écouter les prophètes de malheur.

Cette réalité n'est pas ce à quoi les défenseurs de la vision capitaliste traditionnelle nous ont préparés. Depuis l'apparition du capitalisme moderne il y a quelque deux cent cinquante ans, on a largement accepté l'idée que le libéralisme économique est un régulateur naturel des richesses. Beaucoup d'entre nous ont appris qu'une « main invisible » garantit la concurrence dans l'économie, contribuant à l'équilibre des marchés et générant des avantages sociaux automatiquement partagés par tous. Le marché libre dédié uniquement au profit est censé produire de meilleurs niveaux de vie pour tous.

Le capitalisme a en effet stimulé l'innovation et la croissance économique. Mais dans un monde toujours plus inégalitaire, un nombre croissant de gens se demandent si la fameuse main invisible produit réellement des avantages pour chacun dans la société. La réponse semble évidente : d'une manière ou d'une autre, cette main est largement tendue vers les plus riches – sinon comment expliquer cette énorme concentration des richesses en augmentation constante ?

Beaucoup d'entre nous ont grandi dans l'adhésion au slogan suivant : « La croissance économique est une marée montante qui pousse tous les bateaux vers la haute mer. » Mais ce dicton ignore le sort des millions d'individus dépourvus de bateau ou s'accrochant à des radeaux qui prennent l'eau.

Dans son best-seller, *Le Capital au XXIe siècle* (Le Seuil, 2013), l'économiste Thomas Piketty fournit une analyse exhaustive de la tendance du capitalisme contemporain à accroître les inégalités économiques. Son diagnostic a suscité des débats dans le monde entier. Piketty a fondamentalement raison quant à la nature du problème. Mais la solution qu'il propose, reposant essentiellement sur l'utilisation de la taxation progressive pour remédier aux déséquilibres des revenus, n'est pas à la hauteur du défi.

Nous avons besoin d'un changement plus radical dans notre manière de penser l'économie. Il est temps d'admettre que la vision néoclassique du capitalisme n'offre aucune solution aux problèmes économiques auxquels nous sommes confrontés. Elle a certes permis de produire des progrès technologiques stupéfiants et d'immenses accumulations de richesses, mais cela au prix d'inégalités massives et des terribles problèmes humains qu'elles favorisent. Nous devons renoncer à croire aveuglément dans le pouvoir du marché axé sur le profit personnel à résoudre tous les problèmes, et reconnaître que les problèmes d'inégalité ne seront pas résolus par le fonctionnement naturel de l'économie telle qu'elle est actuellement structurée. Au contraire, les difficultés ne feront que s'aggraver à grande vitesse.

Ce n'est pas seulement un problème qui affecte les « perdants » du grand jeu de la concurrence capitaliste – c'est-à-dire la majorité écrasante de la population mondiale. Son impact se ressent également sur l'environnement social et politique, national et mondial, sur le progrès économique et sur la qualité de vie de chacun d'entre nous, y compris des membres de la minorité nantie.

La hausse des inégalités entraîne des troubles sociaux, une polarisation politique et des tensions croissantes entre les groupes. Elle alimente des phénomènes aussi variés que le Printemps arabe, le mouvement *Occupy*[1] et le *Tea Party*[2],

1. Mouvement international de protestation, essentiellement dirigé contre les inégalités économiques et sociales. D'origine canadienne, inspiré par le Printemps arabe, il est assimilé au mouvement espagnol des Indignés.

2. Le Tea Party est un mouvement contestataire américain. Né dans le contexte de la crise financière et économique de 2008-2010, il s'oppose à l'État fédéral et son système de fiscalité.

le *Brexit* au Royaume-Uni, l'élection présidentielle de Donald Trump, ainsi que la montée des nationalismes de droite, du racisme et des groupes sectaires, en Europe comme aux États-Unis. Les personnes se sentant laissées pour compte et sans perspective d'avenir deviennent de plus en plus désenchantées et en colère. Notre monde se divise radicalement entre les nantis et les démunis – deux groupes qui ont peu en commun, hormis un sentiment réciproque de méfiance, de peur et d'hostilité. Cette méfiance ne fera que s'accroître à mesure que les technologies de l'information et de la communication se répandent parmi le plus petit segment de la population, car elles rendront les démunis davantage conscients de l'inégalité dont ils sont victimes.

La situation n'est confortable pour personne, pas même pour ceux qui se retrouvent, à un moment donné, au sommet de la pyramide sociale. Les riches et les puissants peuvent-ils vraiment jouir de la vie derrière les barreaux de leurs ghettos dorés, en se cachant des réalités que vivent les autres 99 % ? Aiment-ils devoir détourner les yeux des sans-abri et des crève-la-faim qu'ils croisent dans la rue ? Trouvent-ils du plaisir à utiliser les forces de l'État – notamment la police et toute autre forme de coercition – pour empêcher les inévitables manifestations organisées par ceux d'en bas ? Veulent-ils vraiment que leurs propres enfants et petits-enfants héritent de ce monde-là ?

Je pense que pour la plupart des personnes riches, la réponse est non.

Je ne pense pas que les riches soient devenus riches parce que ce sont de mauvaises personnes. Beaucoup d'entre eux sont de bonnes personnes qui ont simplement utilisé l'actuel système économique pour atteindre le sommet de l'échelle. Et beaucoup d'entre eux partagent ce sentiment répandu de malaise à vivre dans un monde fortement divisé entre riches et pauvres.

Pour preuve, ces importantes sommes d'argent que les gens consacrent à des œuvres – que ce soit sous forme de dons individuels à des organismes à but non lucratif ou à travers des fondations philanthropiques. Des centaines de milliards de dollars sont donnés à des organisations caritatives chaque année. Et même si leurs dirigeants souscrivent à la doctrine selon laquelle la maximisation des bénéfices est la seule finalité valable des affaires, la plupart des entreprises détournent un pourcentage de leurs profits au bénéfice de projets communautaires, au nom de leur « responsabilité sociale ».

En outre, pratiquement toutes les sociétés consacrent une part importante de leurs recettes fiscales à des programmes sociaux qui financent les soins de santé, l'aide alimentaire, l'aide au logement, ou à d'autres formes de dons pour améliorer le sort des plus pauvres d'entre nous. Ces efforts sont souvent insuffisants et inefficaces. Mais le fait suffit à confirmer que la plupart des citoyens se sentent une véritable obligation d'agir pour réduire les inégalités extrêmes qui laissent tant de personnes sans les ressources nécessaires à une existence protégée et satisfaisante.

Les projets caritatifs sont des efforts bien intentionnés destinés à atténuer les dommages causés par le système capitaliste. Mais la solution réelle nécessite une modification du système lui-même.

L'Homme capitaliste contre l'Individu réel

Le problème systémique commence avec les présupposés que nous nourrissons à propos de la nature humaine. L'indifférence envers les autres êtres humains est profondément intégrée dans le cadre conceptuel de l'économie actuelle. La théorie néoclassique repose sur la conviction que toute personne est forcément à la recherche de gains personnels. Elle part du principe que maximiser le profit personnel est au cœur de la rationalité économique. Cette hypothèse encourage une forme de comportement envers autrui qui mérite d'être décrit en des termes beaucoup plus sévères qu'une simple indifférence : cupidité, exploitation et égoïsme. Selon plusieurs théoriciens de l'économie, l'égoïsme n'est même pas un défaut ; c'est en fait la plus haute vertu de l'Homme capitaliste.

En ce qui me concerne, je ne voudrais pas vivre dans un monde où l'égoïsme constitue la plus haute vertu. Mais le problème plus profond de la théorie économique est qu'elle est fortement déconnectée de la réalité. Heureusement, dans le monde réel, presque personne ne se comporte avec cet égoïsme absolu qui est censé gouverner l'Homme capitaliste.

Et puisque nous débattons de cet Homme capitaliste, nous pouvons nous demander si l'expression est également censée se mettre au féminin. Parle-t-on des mêmes individus ? Le capitaliste représente-t-il aussi la capitaliste ? Ne devrions-nous pas créer un Individu réel pour représenter les deux ?

L'Individu réel est composé de nombreuses qualités. Il aime et apprécie les relations avec autrui. Il se montre parfois égoïste, mais il est également altruiste, confiant et désintéressé. Il travaille non seulement pour gagner de l'argent, mais aussi pour en faire profiter les autres : pour améliorer la société, protéger l'environnement, aider à apporter plus de joie, de beauté et d'amour dans le monde.

Beaucoup de preuves confirment l'existence de ces pulsions altruistes. Sans elles, personne n'accepterait les emplois difficiles qui rendent notre monde meilleur. Le fait que des millions de personnes choisissent d'être enseignants, travailleurs sociaux, infirmières et pompiers, alors qu'une autre vie, plus confortable, est à leur disposition, prouve que l'égoïsme n'est pas une valeur universelle. Le fait que des millions de personnes travaillent pour aider les autres dans leurs communautés – en tant qu'acteurs sociaux, travailleurs volontaires, bénévoles, conseillers et formateurs – le confirme.

Même dans le monde des affaires, où l'on peut supposer que l'Homme capitaliste règne en maître, les vertus de l'altruisme et de la confiance jouent un rôle essentiel. Un exemple clair est celui de la Grameen Bank au Bangladesh. Cette banque fonctionne entièrement sur la confiance. Aucune garantie n'est requise, aucun document légal n'est exigé, ni la moindre preuve de « solvabilité ». La plupart des emprunteurs sont analphabètes et ne possèdent aucun actif ; beaucoup n'ont même jamais manipulé de l'argent auparavant. Ce sont surtout des femmes, qui autrefois n'avaient aucune place dans le système financier. L'idée de leur prêter de l'argent pour démarrer leur propre entreprise était considérée comme une folie par les banquiers et les économistes conventionnels.

En fait, l'ensemble du système de la Grameen Bank était considéré comme impossible.

Pourtant, aujourd'hui, la Grameen Bank prête plus de 2,5 milliards de dollars[1] par an à 9 millions de femmes pauvres, uniquement sur le principe de la confiance. Depuis 2016, elle bénéficie d'un taux de remboursement de 98,96 %. Et les banques de microcrédit qui ont adopté les mêmes principes prospèrent dans de nombreux autres pays, y compris les États-Unis. Par exemple, Grameen America compte 19 succursales dans 12 villes américaines pour 86 000 emprunteurs – toutes des femmes, qui reçoivent des prêts de lancement d'entreprise à hauteur d'environ 1 000 dollars[2]. En 2017, les prêts consentis par Grameen America totalisent plus de 600 millions de dollars, et le taux de remboursement est supérieur à 99 %.

Si les êtres humains se conformaient vraiment au modèle de l'Homme capitaliste, les emprunteurs de ces banques fondées sur la confiance ne respecteraient pas leurs obligations de remboursement et conserveraient l'argent. En ce cas, la Grameen Bank cesserait rapidement d'exister. Au contraire, son succès à long terme démontre que l'Individu réel est une créature très différente – et bien meilleure – que l'Homme capitaliste.

Néanmoins, de nombreux économistes, chefs d'entreprise et experts gouvernementaux continuent de penser et d'agir comme si l'Homme capitaliste était réel et comme si l'égoïsme était la seule motivation qui déterminerait le comportement humain. Par conséquent, ils perpétuent les

1. Environ 2,1 milliards d'euros.
2. Environ 860 euros.

systèmes économiques, sociaux et politiques qui encouragent l'égoïsme et découragent les gens de pratiquer l'altruisme et la confiance – que le plus grand nombre préfère d'instinct.

Considérons, par exemple, les systèmes de calcul que nous avons créés pour évaluer la croissance économique. Le produit intérieur brut (PIB) mesure la valeur monétaire de tous les produits finis et services générés dans les limites d'un pays au cours d'une période spécifique. Le PIB est soigneusement établi par les organismes gouvernementaux et largement diffusé par les médias. Il est souvent considéré comme une mesure de la réussite du système économique d'un pays. Des gouvernements se sont même effondrés en raison de défaillances perçues dans la croissance de leur PIB.

Pourtant, la société humaine est un ensemble intégré. Elle vaut beaucoup plus que l'activité économique évaluée par le PIB. Son succès ou son échec devrait être mesuré d'une manière globale, et plus seulement sur la base d'un ensemble d'informations économiques étroitement limitées à la performance individuelle.

Le PIB ne dit pas, ne peut pas tout dire. Il ne prend pas en compte les activités qui ne nécessitent pas de mouvements financiers, ce qui signifie qu'en réalité bien des choses que les êtres humains apprécient sont traitées comme n'ayant aucune valeur. En revanche, l'argent dépensé pour l'armement ou d'autres activités nuisant à la santé des personnes ou dégradant l'environnement est compté comme partie intégrante du PIB, bien qu'il ne génère que de la souffrance et ne contribue en rien au bonheur humain.

Si le PIB peut mesurer avec précision le comportement égoïste de l'Homme capitaliste, il ne rend pas compte des succès de l'Individu réel. Nous avons besoin pour cela d'un nouveau mode de calcul. Peut-être devrions-nous explorer de nouveaux critères qui excluraient les dommages causés aux êtres humains ? Ce serait un PIB « diminué » des comportements qui nuisent aux hommes et les empêchent de réaliser leur potentiel : pauvreté, chômage, analphabétisme, criminalité, violence, racisme, oppression des femmes, etc. De toute évidence, il ne sera pas facile de définir précisément et de mesurer ce nouveau « PIB net », mais nous ne devons pas abandonner cette idée au motif qu'elle est compliquée à mettre en place. Pourquoi se contenter d'un mode de calcul facile à exécuter, mais qui mène le monde à une évaluation inexacte de sa santé économique[V] ?

Ces systèmes de calcul trompeurs ne sont qu'un symptôme des problèmes causés par notre pensée économique inadaptée. Un autre exemple est celui de notre incapacité à contrôler les changements technologiques et sociaux afin qu'ils bénéficient au plus grand nombre plutôt qu'à quelques élus seulement. Le dernier demi-siècle a connu une expansion spectaculaire du commerce mondial et de l'intégration économique, grâce à l'amélioration des transports, de la communication et des technologies de l'information, ainsi qu'à la suppression progressive des obstacles politiques et sociaux. Cette nouvelle ère de la mondialisation aurait dû mener à la création d'une famille humaine internationale jouissant d'une plus grande proximité, dans un esprit d'harmonie et d'amitié jusqu'alors inédit. Mais dans la pratique, la mondialisation a également engendré d'immenses tensions et des mouvements d'hostilité. Elle place les gens et les nations dans une position de confrontation, chacun s'efforçant d'améliorer égoïstement ses propres intérêts. Le principe d'un « jeu à somme nulle[1] » intégré dans notre théorie économique encourage les gens à devenir des « gagnants » dans cette bataille économique – ce qui oblige à faire de ceux d'en face des « perdants ». En résultat, on assiste à une augmentation alarmante du nationalisme, de la xénophobie, de la méfiance et de la peur.

Nous vivons un paradoxe philosophique. Beaucoup de théoriciens économiques, de journalistes, d'experts et de leaders politiques continuent à proclamer que le capitalisme de la libre concurrence est une mécanique parfaite, qui a simplement besoin d'être libérée de toute entrave pour résoudre tous les problèmes de l'humanité. Cependant, dans le même temps, notre société avoue tacitement les faiblesses du libéralisme économique et consacre chaque année des milliards de dollars à tenter de le corriger. Malheureusement, ces efforts sont largement inefficaces, car la concentration constante des richesses en un nombre réduit de personnes et ses effets pervers sur chacun d'entre nous sont évidents.

Nous avons besoin d'une nouvelle manière de penser.

Concevoir un nouveau moteur économique

En notre for intérieur, nous reconnaissons tous que les vieux rêves des théoriciens économiques se sont révélés de simples contes de fées. Le moteur capitaliste actuel produit

1. Jeu où la somme des gains de tous les joueurs est égale à 0. Cela signifie donc que le gain de l'un constitue obligatoirement une perte pour l'autre.

plus de dégâts que de solutions. Il doit être reconçu, pièce par pièce, ou remplacé par un nouveau moteur.

Mon expérience avec la Grameen Bank m'a aidé à imaginer à quoi pourrait ressembler ce nouveau moteur. J'ai créé cette banque sans objectif ambitieux : je voulais simplement soulager un peu la vie des villageoises pauvres de mon pays d'origine. Mais au cours des dernières décennies, je me suis de plus en plus engagé à redéfinir le moteur économique et à tester ce nouveau modèle dans le monde réel. Et j'ai eu le bonheur de voir avec quelle efficacité il résout les problèmes créés par l'ancien moteur.

Ce nouveau moteur économique comporte trois éléments de base. Tout d'abord, nous devons intégrer le concept de social-business – une nouvelle forme d'entreprise fondée sur la vertu humaine de l'altruisme. Ensuite, au lieu de penser que les êtres humains ne sont que des demandeurs d'emploi, nous devons les considérer aussi comme des entrepreneurs. Et enfin, nous devons redéfinir l'ensemble du système financier afin qu'il fonctionne efficacement pour ceux qui se trouvent au bas de l'échelle économique.

Des milliers de personnes à travers le monde participent à l'effort pour construire une nouvelle version du capitalisme. Des centaines d'entreprises de social-business – outre celles que j'ai créées au Bangladesh depuis la Grameen Bank – se sont établies à travers le monde afin de résoudre les problèmes que le capitalisme traditionnel a créés.

Dans les chapitres qui suivent, je vais décrire ces expériences et les leçons qu'elles offrent quant à l'immense capacité de cette nouvelle pensée économique à transformer la société humaine. Si nous sommes prêts à reconsidérer les principes sous-jacents de l'économie néoclassique, nous pourrons développer un nouveau système économique conçu pour servir vraiment les besoins des êtres humains réels, créant ainsi un monde dans lequel chacun aura la possibilité de réaliser son potentiel créatif.

2.

Bâtir une nouvelle civilisation : la contre-économie du social-business

Nous avons vu que le problème de la concentration des richesses a continué de s'aggraver ces dernières années, même si la conscience du problème s'est élargie et approfondie. Peu à peu, dans chaque pays, des gens ordinaires se sont mis en colère contre l'injustice du système économique actuel. Certains politiciens se sont emparés de la question pour attirer des voix et, malheureusement, attiser ressentiment et hostilité à l'égard de boucs émissaires tels que les immigrants et les minorités. Pourtant, la tendance à une plus grande concentration des richesses se poursuit sans le moindre contrôle. Peut-on l'arrêter ? Ou s'agit-il d'un dommage collatéral inévitable de tout système de libre concurrence ?

Ma réponse à la première question est claire : oui, on peut faire quelque chose. Il n'y a aucune raison de blâmer la libre concurrence. La faute incombe avant tout à la manière dont nous avons considéré la nature humaine dans la théorie capitaliste. Là se trouve la cause fondamentale. Nous avons limité les types de joueurs susceptibles de participer au marché libre. À ce jour, seuls les acteurs motivés par l'égoïsme sont autorisés à participer au jeu. Si nous admettons aussi des joueurs altruistes, la situation changera radicalement.

Les œuvres caritatives et programmes gouvernementaux, qui, jusque-là, étaient censés s'attaquer aux inégalités, ne peuvent pas résoudre le problème. Ce sont les individus qui le peuvent, par des actions qui rompent avec l'esprit capitaliste traditionnel. Ils doivent affirmer leur volonté de participer à la création d'entreprises génératrices d'altruisme, c'est-à-dire du social-business adapté à leur propre capacité de résoudre des problèmes humains.

Cette simple action pourrait changer la face du monde. Si des millions de personnes de tous niveaux économiques prennent l'initiative de résoudre les problèmes humains, nous pourrons ralentir et finalement inverser tout le processus de concentration des richesses. Cela encouragera les entreprises à apporter leur expérience et leur technologie à la création de puissantes sociétés de social-business. Les gouvernements créeront les bonnes mesures politiques pour faciliter ces initiatives individuelles ou émanant des entreprises. Ainsi, l'élan vers le changement deviendra imparable.

L'Accord de Paris : une victoire du peuple

Permettez-moi de faire une comparaison avec une autre préoccupation majeure, étroitement liée au problème de la concentration croissante des richesses : le changement climatique.

Partout dans le monde, les gens prennent conscience des dangers posés par le changement climatique généré par l'humanité, tout comme ils sont conscients du problème de la concentration des richesses. Pourtant, les conditions climatiques n'ont cessé de se dégrader.

Au cours des dernières années, notre planète a battu, mois après mois, des records inédits de températures. La surface gelée de la mer Arctique n'a jamais été aussi mince, le niveau des océans ne cesse de s'élever et les événements météorologiques extrêmes sont de plus en plus fréquents. Tous ces changements se sont hélas produits dans une relative indifférence.

De nombreux militants contre le changement climatique se sont efforcés d'interpeller le public et les décideurs, par des manifestations et des interventions médiatiques. Et un grand nombre de scientifiques se sont penchés sur le problème. Tous ont alerté le monde : si nous ne nous occupons pas du réchauffement climatique, nous atteindrons bientôt le point de non-retour – ce moment où les « bénéfices secondaires » générés par des réactions naturelles ne permettront plus d'inverser la tendance désastreuse et destructrice[VI]. Partout, des citoyens, et particulièrement des jeunes, ont fait campagne pour que leurs gouvernements reconnaissent ce péril à l'échelle mondiale et prennent des mesures pour l'enrayer.

Finalement, en 2015, après quarante années d'efforts, ces mesures ont commencé à porter leurs fruits.

Lors de la Conférence climatique de Paris en 2015 – la COP21 –, des représentants du monde entier se sont pour la première fois mis d'accord sur des mesures concrètes pour limiter et réduire la production de ces gaz à effet de serre qui dérèglent le climat mondial. Adopté par consensus le 12 décembre 2015, l'Accord de Paris a été signé par 195 pays membres de la Convention cadre des Nations Unies sur les changements climatiques (CCNUCC).

Je fus ravi et inspiré par cet Accord. Après quarante ans de combats entre les défenseurs de la planète et les climatosceptiques, les premiers ont fini par gagner. Des scientifiques et des militants dévoués sont parvenus à convaincre les populations que le monde est réellement en danger et que nous devons agir collectivement pour y remédier. En conséquence, les pays grands et petits, riches et pauvres, ont signé un accord juridiquement contraignant, susceptible de protéger notre planète d'une catastrophe climatique imminente.

De nombreux dirigeants politiques ont joué un rôle important dans cette victoire. Mais, au-delà, je vois cet Accord de Paris comme une victoire du peuple, menée par des militants engagés qui n'ont jamais renoncé à la lutte.

Habituellement, nous nous attendons à ce que les gouvernements mobilisent l'opinion publique pour soutenir leurs décisions. Dans le cas du réchauffement climatique, ce fut l'inverse. Ce sont les citoyens du monde qui ont mobilisé leurs gouvernements. Des milliers d'activistes ont mené une bataille difficile pour convaincre les politiciens, les chefs d'entreprise et leurs concitoyens que le dérèglement climatique était réel et grave, mais pas inéluctable. Des millions de personnes qui ont commencé à s'impliquer modestement se sont transformées en véritables activistes. Elles ont voté pour les candidats politiques qui soutenaient l'action climatique. Les partis politiques portant des programmes écologistes ont commencé à gagner les élections, tant sur le plan local que national. Pendant la Conférence de Paris, des centaines de milliers de personnes ont même participé à des événements dans le monde entier, unies pour exiger un avenir énergétique propre, afin de sauver leur chère planète[VII]. De telles actions ont contribué à faire pression sur les politiciens pour qu'ils mettent de côté leurs différences et agissent pour le bien-être commun.

Le problème du réchauffement climatique est loin d'être résolu. Il existe encore de puissantes forces de résistance, mobilisées par les exploitants de combustibles fossiles et d'autres qui s'opposent au changement pour des raisons purement égoïstes. Aux États-Unis, l'élection de Donald Trump, qui a qualifié le changement climatique de canular monté par les Chinois, montre bien que la lutte contre l'ignorance délibérée n'est pas terminée. Mais l'élan semble finalement être du bon côté.

La COP21 m'a donné l'espoir qu'un mouvement citoyen puisse préparer le monde à surmonter un autre désastre imminent. Le changement climatique et la concentration des richesses représentent tous deux de graves dangers pour l'avenir de l'homme. L'un présente une menace physique contre les équilibres naturels qui rendent cette planète habitable ; l'autre, une menace sociale, politique et économique contre le droit de tous à vivre dans la dignité, la liberté et la paix, et à poursuivre des objectifs supérieurs à la simple survie. Ces deux problématiques ont également des liens internes, comme l'a souligné la victoire électorale de Trump : la colère de ceux qui se sentent victimes du système économique a contribué à son élection, qui menace à présent l'avenir de l'Accord de Paris[1].

Si les efforts collectifs de tous les citoyens soutenus par des scientifiques et des militants déterminés peuvent modifier l'opinion publique sur le changement climatique et forcer l'action des dirigeants politiques, je crois que nous pouvons suivre la même feuille de route afin de galvaniser les forces nécessaires pour protéger l'humanité contre le danger d'une intensification de la concentration des richesses.

Car ce monopole n'est pas une fatalité dont l'humanité aurait hérité à sa naissance. Nous avons nous-mêmes créé ce problème, alors nous pouvons nous appliquer à le résoudre. Nos œillères collectives nous empêchent de voir les forces qui nous entraînent vers une explosion sociale inévitable. Il faut que nous nous débarrassions de ces œillères. Nous devons contester les paradigmes actuels qui ont mené le monde à cette impasse.

La plupart des tentatives visant à réduire la concentration des richesses se limitent à vouloir redistribuer les revenus, en prenant à ceux d'en haut par une fiscalité progressive pour donner à ceux d'en bas, via divers programmes de transfert financier.

Malheureusement, il est presque impossible pour un gouvernement démocratique d'obtenir un succès significatif par cette stratégie de redistribution. Les personnes les plus riches, que le gouvernement est censé taxer lourdement, sont politiquement très puissantes. Elles utilisent leur influence pour empêcher le gouvernement de prendre toute mesure significative contraire à leurs intérêts.

---

1. Le président Trump a récemment désengagé son pays de l'Accord.

La vraie solution consiste à s'attaquer à la cause, pas à l'effet. Nous devons redéfinir le cadre économique de notre société en abandonnant un système axé uniquement sur l'intérêt personnel pour adopter un système dans lequel les intérêts à la fois personnels et collectifs seront reconnus, promus et célébrés.

La Grameen Bank : repenser le système financier

L'idée de redéfinir notre cadre économique pour construire une société plus égalitaire peut sembler impossible. Mais je sais qu'il n'en est rien, puisque je la vois se réaliser sous mes yeux.

Mon expérience de développement d'un nouveau cadre économique commence avec la Grameen Bank. Cette banque est née parce que les circonstances m'ont poussé à agir, dans un domaine auquel je ne connaissais rien. C'est une histoire que j'ai déjà racontée dans mes livres *Vers un monde sans pauvreté* (1997) et *Vers un nouveau capitalisme* (2008). Mais parce que vous n'avez peut-être pas lu ces livres et parce que cette histoire est en lien direct avec la proposition de changement économique que je présente, permettez-moi de la résumer ici brièvement.

La terrible famine qui frappa le Bangladesh en 1974 m'a motivé, comme beaucoup d'autres, à tenter d'agir contre la pauvreté qui causait tant de souffrances dans le pays. Mes efforts pour mettre en place des cultures irriguées dans le village de Jobra (près de l'établissement où j'enseignais l'économie) m'ont permis d'entrer en contact avec les indigents qui y vivaient et de constater l'impact sur le village d'une opération de prêt financier. Je me suis vite rendu compte que les prêteurs, qui imposaient des conditions extrêmement difficiles aux emprunteurs, maintenaient les pauvres dans une dépendance proche de l'esclavage. Pour aider les villageois, j'ai commencé à leur prêter de l'argent venu de mes fonds personnels. Ce fut le début d'une aventure qui allait conduire à la création de la Grameen Bank.

Comme je n'avais ni expérience ni connaissance du milieu bancaire, il m'a fallu observer les banques conventionnelles pour apprendre leur fonctionnement. Mais parce que leurs méthodes avaient échoué à servir les pauvres de Jobra, je ne pouvais pas me contenter de les imiter. Ainsi, chaque fois que j'ai appris une nouvelle mesure utilisée par les banques conventionnelles, j'ai pratiqué le contraire. Par conséquent, l'institution que j'ai créée s'est révélée être l'antithèse d'une banque conventionnelle.

Les banques conventionnelles aiment opérer dans les grandes villes, là où les entreprises et les riches implantent leurs bureaux. La Grameen Bank travaille exclusivement dans les villages du Bangladesh – le nom *Grameen Bank* signifie simplement « banque des villages » en bengali.

Les banques conventionnelles sont détenues et gérées par des personnes riches. La Grameen Bank appartient principalement aux femmes pauvres qui constituent sa clientèle ; ce sont elles qui composent son conseil d'administration et décident de ses initiatives.

Les banques conventionnelles, en particulier au Bangladesh, servent surtout des hommes. La Grameen Bank, en revanche, se concentre sur le sort des femmes, leur permettant de devenir des entrepreneures et de sortir leurs familles de la pauvreté.

Les banques conventionnelles estiment que les pauvres ne sont pas solvables. La Grameen Bank a établi pour la première fois dans l'Histoire que les personnes pauvres, et en particulier les femmes, sont hautement solvables et tout à fait dignes de confiance pour le remboursement de leurs prêts, selon un pourcentage plus élevé que la plupart des emprunteurs nantis.

Les banques conventionnelles prêtent sur la base de nantissements (biens apportés en caution par l'emprunteur) et d'accords juridiques stricts, rédigés par des avocats. La Grameen Bank, elle, fonctionne à la fois sans garantie ni avocat. Nous avons développé un système bancaire entièrement fondé sur la confiance.

Connu sous le terme de microfinance, le système bancaire conçu par la Grameen Bank s'est progressivement répandu dans d'autres pays, principalement par le biais d'organisations sans but lucratif et non gouvernementales (ONG). La microfinance a remporté un tel succès que, ces dernières années, les grandes organisations de développement comme la Banque mondiale, le Fonds monétaire international et les Nations Unies se sont intéressées à promouvoir des programmes financiers plus inclusifs. En dépit de leurs préjugés, elles se sont ralliées à notre proposition selon laquelle les pauvres peuvent et devraient être inclus dans le système financier.

Malheureusement, les efforts actuels visant à accroître l'inclusivité du système bancaire consistent principalement en des programmes qui encouragent les banques conventionnelles à fournir aux pauvres des services financiers limités, souvent coûteux. L'échec de ces efforts montre qu'on ne peut obtenir une véritable intégration dans les banques par le biais des institutions conventionnelles actuelles. Car ces institutions financières reposent sur des principes et des modes de fonctionnement qui excluent près de la moitié de la population mondiale.

Les banques des riches ne sont pas conçues pour servir les non-riches. Sous la pression venue d'en haut, elles peuvent être amenées à faire des gestes symboliques, mais ceux-ci ne représenteront guère plus d'1 % de leurs activités. Les personnes tenues à l'écart du système ont besoin d'un accès à de véritables services bancaires, pas à une poignée de petites initiatives davantage destinées à l'image de ceux qui les proposent qu'à l'intérêt des bénéficiaires.

Mon travail sur le microcrédit m'a amené à remettre en question les principes fondamentaux du système bancaire. J'ai découvert que la nature humaine est beaucoup plus généreuse qu'on ne le suppose dans la théorie économique classique, sur laquelle repose le système bancaire d'aujourd'hui. L'idée de microfinance développée par la Grameen Bank a prospéré globalement parce que les ONG l'ont reprise à leur compte. Mais ces dernières ne disposent pas des pouvoirs juridiques appropriés pour combler le vide économique laissé par les banques. Cet espace vide requiert un ensemble d'institutions financières spécialement conçues pour s'adresser aux personnes exclues du système, avec tout l'éventail de services financiers conçus exclusivement pour elles – au lieu de ces microprêts fournis par les organismes conventionnels, qui ne règlent pas l'essentiel du problème.

Les institutions financières existantes sont le canal par lequel la concentration des richesses s'élabore et s'accroît. Elles ne feront que continuer à aggraver le problème à l'avenir. Si nous voulons vraiment y mettre un frein, nous devons imposer deux changements au système financier. *Primo*, il faut redéfinir le fonctionnement bancaire actuel afin qu'il cesse d'agir comme un canal facilitant la concentration. *Secundo*, nous devons créer un nouvel ensemble d'institutions financières destinées à fournir des services financiers aux plus pauvres. Détenue principalement par des nécessiteux et conçue spécifiquement pour répondre à leurs besoins et à leurs intérêts, la Grameen Bank servira de modèle pour ce nouveau système bancaire.

Ma collaboration avec les femmes pauvres à travers la Grameen Bank s'est révélée être la première étape dans une exploration qui m'a apporté des connaissances plus approfondies sur l'ensemble de notre système économique. Depuis la création de cette banque originale, j'ai conçu de nombreuses autres initiatives visant à élargir le système et à le rendre plus accessible.

Le social-business et les premières étapes vers un nouveau cadre économique

Travailler pour fournir des services bancaires aux plus pauvres m'a amené à découvrir les nombreuses difficultés que ceux-ci rencontraient. J'ai essayé de les résoudre une par une, chaque fois en créant une nouvelle entreprise. Cette approche était pertinente selon moi, parce que les entreprises sont naturellement organisées pour atteindre des objectifs concrets : fournir des biens ou des services à des gens qui en ont besoin et qui sont décidés à les acquérir. Les créateurs d'entreprises et leurs collaborateurs ont généralement une idée claire de ce qu'ils souhaitent accomplir. C'est cet esprit que j'ai essayé d'intégrer dans mes efforts pour résoudre les problèmes.

Au fil du temps, la création d'entreprise est devenue pour moi une habitude. À chaque problème, son entreprise ou son projet autonome fournissant des biens et des services pour les personnes pauvres, notamment en matière de logement, d'installations sanitaires, de soins de santé abordables, d'énergies renouvelables, d'alimentation, d'eau potable, de formation aux soins, etc.

Lorsque j'ai commencé à créer ces entreprises, je n'avais aucune vision grandiose à l'esprit. J'essayais simplement de trouver des solutions aux difficultés rencontrées par les personnes démunies. Mais avec le temps, ces sociétés ont progressivement commencé à présenter certains traits communs. Elles ont été conçues comme des entreprises autonomes, générant des revenus grâce à la vente de biens et de services. Je devais instaurer ce principe, car sinon elles manqueraient bientôt de fonds et cesseraient d'être utiles à qui que ce soit.

Bien entendu, même si ces entreprises généraient davantage de revenus que de dépenses, je me suis assuré que personne ne puisse en tirer un quelconque profit personnel. Après tout, mon objectif était d'aider les pauvres, et non pas d'enrichir les propriétaires d'entreprises. Ainsi, les investisseurs de départ n'ont récupéré que leur investissement initial ; rien de plus. Une fois remboursé l'investisseur, les bénéfices obtenus furent réinjectés dans l'entreprise pour son optimisation et son développement, afin de permettre à davantage de clients pauvres d'en bénéficier.

Finalement, je me suis rendu compte que mes expériences avaient conduit à la création d'un nouveau type d'entreprise. Je lui ai donné le nom de social-business, en le définissant comme « un entrepreneuriat qui ne génère pas de dividendes et s'attache à résoudre des problèmes humains ». C'était un concept qui ne résultait pas de la théorie ou de la spéculation, mais de mon expérience pratique auprès des villageois en difficulté dans l'un des pays les plus pauvres de la planète à cette époque.

Je fus épaté par nos résultats. Au début, je me suis demandé pourquoi personne avant moi n'avait imaginé le concept de social-business. Pourquoi le monde a-t-il confié le défi de résoudre les problèmes sociaux uniquement aux gouvernements et aux organismes caritatifs ? La réponse se trouve dans la théorie économique, qui a donné aux entreprises un seul mandat : celui de générer des profits et des richesses individuelles. Or, j'ai constaté que le même outil peut être utilisé à des fins entièrement différentes, à savoir résoudre des problèmes humains. Et je l'ai trouvé extrêmement efficace. Soudain, tout le pouvoir créatif des entreprises pouvait être mobilisé dans le but de rendre le monde meilleur.

Sur un plan plus fondamental, cette faille de la théorie économique peut être attribuée aux hypothèses qu'elle fait sur la nature humaine. Un homme d'affaires est censé être motivé uniquement par l'intérêt personnel selon la formule « les affaires sont les affaires ». Le bénéfice et le profit sont la seule finalité, censée satisfaire les désirs de tout entrepreneur.

Mais les êtres humains ne sont pas des machines à faire de l'argent. Ce sont des êtres multidimensionnels, constitués à la fois d'égoïsme et d'altruisme. Quand je crée un social-business, je permets à la part désintéressée de ma personnalité de s'exprimer par le travail. La pensée économique traditionnelle considère cela comme impossible : elle affirme que l'altruisme n'a rien à faire dans le monde des affaires et ne doit s'exprimer que dans le domaine de la bienfaisance. Mais pourquoi ? Pourquoi le monde des affaires ne pourrait-il pas être un terrain de jeu honnête offrant une perspective à la fois pour l'égoïsme et pour l'altruisme ? Pourquoi les manuels d'économie ne pourraient-ils pas présenter aux étudiants deux types d'entreprises : la traditionnelle, axée sur les intérêts personnels, et le social-business, axé sur l'altruisme ? Laissons les jeunes décider eux-mêmes de leur engagement pour l'une ou l'autre – ou peut-être un peu des deux – à différents moments de leur vie, voire en même temps.

Durant les décennies qui ont suivi mon engagement pour le social-business, ce concept qui n'était d'abord qu'une idée obscure, développée par seulement une poignée d'entreprises au Bangladesh, s'est transformé en un phénomène mondial, impliquant des avocats et des professionnels dans de nombreux pays. Aujourd'hui, des universités ouvrent des départements spécialisés, où l'idée est étudiée et enseignée. De grandes multinationales fondent des social-business en tant que sociétés indépendantes. Des milliers de jeunes, attirés par l'idée, lancent des entreprises commerciales pour s'attaquer aux problèmes sociaux de leurs propres communautés.

Pour encourager le développement de ces social-business, mes collègues du mouvement et moi-même avons créé des fonds de subventions pour aider les entrepreneurs à transformer leurs rêves en réalités. Lorsque des jeunes gens proposent de brillantes idées de social-business, nous investissons dans leurs entreprises, nous leur fournissons conseils et experts, et nous les aidons à acquérir une indépendance financière. Une fois qu'ils ont réussi, ils remboursent simplement nos mises de départ – sans le moindre bénéfice pour nous. L'argent est ensuite disponible pour aider à lancer un autre social-business, et ainsi de suite.

Nous avons également créé des fonds de social-business pour aider financièrement les jeunes sans emploi à devenir des entrepreneurs à but lucratif – des créateurs plutôt que des demandeurs d'emploi. Les banques et les institutions financières conventionnelles ne sont pas conçues pour répondre à ce besoin : elles n'ont aucun intérêt à s'occuper de jeunes sans emploi, qui ne disposent d'aucune garantie et d'aucune expérience du crédit. D'où la nécessité de ces fonds spéciaux. Aujourd'hui, de nombreux jeunes se présentent pour mettre en place leurs entreprises conventionnelles en faisant appel à ces organismes. À l'issue de ce partenariat, les fonds récupèrent leur investissement, sans intérêts ni profit – seulement un forfait de transfert pour couvrir leurs frais administratifs. Nous avons ainsi constaté que les fonds de social-business représentent un formidable levier pour sortir de la pauvreté des individus, des familles et des communautés entières.

Pour pouvoir participer au programme *Nobin Udyokta* (Nouveaux Entrepreneurs, le plus souvent appelé programme Nobin) que nous avons créé au Bangladesh, il suffit à une personne jeune de proposer une idée d'entreprise. Une fois son plan d'activités approuvé, le demandeur obtient le financement pour mettre en place sa société à but lucratif. Les participants n'ont pas besoin de créer un social-business (sauf s'ils le souhaitent). De notre côté, nous constituons nos fonds de social-business en tant qu'entreprises sociales. Ils sont financièrement autonomes et leurs bénéfices ne sont pas dévolus à un propriétaire ou un investisseur – seulement au remboursement de l'investissement initial.

Actuellement, nos fonds de social-business acceptent en moyenne 1 000 propositions commerciales par mois. Imaginez un peu : chaque mois, 1 000 jeunes ruraux sans emploi qui deviennent entrepreneurs ! Et en 2017, nous espérons voir ce chiffre quasiment doubler.

J'expliquerai davantage le fonctionnement du programme Nouveaux Entrepreneurs plus tard dans ce livre. Pour l'instant, permettez-moi de souligner que son succès est une conséquence naturelle de l'une des découvertes les plus importantes que nous ayons réalisées grâce à la Grameen Bank : l'idée que chacun possède en lui la capacité de devenir entrepreneur.

L'ADN de l'entrepreneuriat est commun à tous les êtres humains. Nous avons commencé notre vie sur cette planète en tant que chasseurs et cueilleurs indépendants, cherchant notre propre moyen de subsistance à partir des ressources fournies si abondamment dans le monde qui nous entoure.

La capacité de subvenir à ses besoins personnels reste inscrite, même aujourd'hui, en chaque individu.

Soutenir l'esprit d'entreprise est le moyen essentiel de surmonter l'un des pires défauts du modèle économique dominant : la dépendance obligatoire à l'égard de l'emploi, du gouvernement ou de l'entreprise, et le principe que, en tant que créateurs d'emplois, les gouvernements et les entreprises sont les seuls moteurs de la croissance. Je ne vois rien qui empêcherait les jeunes des pays développés de devenir des entrepreneurs, à l'instar de la jeunesse du Bangladesh. Le tout est de créer des institutions financières qui soutiennent leurs débuts de manière accessible et conviviale.

La contre-économie de l'entrepreneuriat

Étant donné l'expansion du social-business aujourd'hui, nous pouvons constater l'émergence d'une alternative au système économique traditionnel et bancal, qui a largement façonné la vision du monde de la plupart des gens dans l'Histoire récente. Une fois que nous aurons remplacé les principes de base de la pensée économique dominante par ceux révélés par le social-business, une nouvelle contre-économie va émerger, plus complète, plus précise et plus efficace.

Tout d'abord, il nous faut rejeter l'idée que les gens sont par nature égoïstes – et donc, que l'égoïsme est la force motrice de tout progrès économique – et se convaincre que les gens sont à la fois égoïstes et désintéressés, et que ces deux motivations peuvent être appliquées à l'activité économique.

Ensuite, nous devons cesser de croire que la majorité des gens est née pour passer sa vie à travailler au profit d'un tiers, et admettre que chacun d'entre nous est un entrepreneur en puissance, doté de capacités créatives illimitées.

Une fois effectué ce changement de paradigme, nous pourrons apprécier la capacité de la nouvelle pensée économique de résoudre les problèmes créés par le système actuel. Nous pourrons utiliser le social-business pour lutter contre ces maux ancestraux que sont la pauvreté, la faim, les maladies, la dégradation de l'environnement et bien d'autres encore. En outre, nous pourrons créer des opportunités pour des millions de jeunes sans emploi, afin qu'ils puissent exercer leurs talents, en les considérant comme des entrepreneurs.

Le social-business consiste à se servir de la créativité pour résoudre les problèmes humains de manière durable. Tout comme la microfinance a ouvert la voie au Bangladesh, avec un système bancaire fondé sur la confiance, notre programme Nouveaux Entrepreneurs pour les jeunes sans emploi ouvrira le chemin vers un changement positif à travers le monde.

Où qu'ils vivent, la priorité des jeunes chômeurs est de trouver un revenu de base pour s'en sortir. Ils répriment ainsi leur besoin de donner un sens à leur vie. Heureusement, la jeune génération, une fois soulagée de la recherche d'un moyen de subsistance, bénéficie d'une position unique pour réussir sa quête de sens. Car cette génération dispose de technologies stupéfiantes. Grâce à l'expansion des nouvelles technologies, même les jeunes des villages les plus reculés d'Asie, d'Afrique ou d'Amérique du Sud ont accès aux téléphones intelligents (smartphones) et autres appareils mobiles. Ce qui fait potentiellement d'eux la génération la plus puissante de l'Histoire humaine. Ils ont grandi dans l'idée que les écrans tactiles, les télécommandes et les applications mobiles peuvent leur permettre de réaliser ce qu'ils veulent. Ils ne sont peut-être pas conscients de toutes les dimensions du pouvoir qu'ils possèdent, mais ils sentent qu'ils sont en capacité de rendre possibles tous les impossibles.

La génération montante d'aujourd'hui – ces centaines de millions de jeunes vivant dans les cités, les villes, les banlieues et les villages du monde entier, du Bangladesh au Brésil, de l'Albanie à Haïti, de l'Inde à l'Irlande, du Japon aux États-Unis – possède le talent, l'énergie, l'intelligence, l'idéalisme et la générosité nécessaires pour transformer le monde. Ces jeunes sont capables de créer une nouvelle civilisation qui échapperait aux ténèbres de la pauvreté, du chômage et de la dégradation de l'environnement. Nous devons maintenant créer le nouveau système économique qui libérera leurs talents et leur permettra de révéler tout leur potentiel. Dans les chapitres suivants, je vais expliquer à quoi pourrait ressembler le nouveau système économique et décrire certains signes encourageants, qui montrent qu'il commence à prendre forme.

II.

LES TROIS ZÉROS

3.

Zéro pauvreté : mettre fin à l'inégalité des salaires

À quoi pensez-vous quand vous entendez parler d'entrepreneuriat ? Peut-être à la Silicon Valley en Californie, avec ses innombrables concepteurs de haute technologie, développeurs d'applications et autres sociétés de logiciels. Ou peut-être encore à l'un des pôles actuels de croissance rapide que sont – pour la biotechnologie, la robotique et les ordinateurs – des villes telles que Boston dans le Massachusetts, Sydney en Australie, Bangalore en Inde, ou encore Vancouver au Canada.

Vous ne pensez sans doute pas à l'Ouganda, ce pays d'Afrique de l'Est. Pourtant, dans un rapport de 2015, le Global Entrepreneurship Monitor[1] (ou GEM) a classé l'Ouganda comme la nation la plus entrepreneuriale du monde[VIII]. Selon ce rapport, plus de 28 % de la population

1. Observatoire mondial de l'entrepreneuriat.

ougandaise a démarré une entreprise au cours des trois dernières années et demie, soit plus de six fois le pourcentage des États-Unis (4,3 %). D'autres études estiment que plus de 80 % des Ougandais créeront une entreprise au cours de leur vie.

Si vous trouvez cela surprenant, il se peut que l'image que vous avez d'un entrepreneur soit trop limitée. Nul besoin d'un diplôme en ingénierie ou en informatique pour lancer une entreprise. Beaucoup d'entrepreneurs sautent le pas en ouvrant un petit magasin, en achetant une chèvre ou une vache, en lançant un service de taxi avec un seul véhicule, ou en proposant quelques produits artisanaux faits main. Tout comme les entrepreneurs de haut vol de la Silicon Valley, ils investissent leur temps et leurs ressources à partir d'une idée en laquelle ils croient. Au fil du temps, si leur affaire marche, ils peuvent développer leur activité, créer des emplois, générer de la richesse et contribuer à accroître l'économie locale.

C'est exactement ce que font des millions d'entreprises – petites pour la plupart –, partout en Ouganda, et dans de nombreux pays en voie de développement. Ce faisant, ils contribuent à sortir progressivement leur pays et sa population de la pauvreté. Ces pays démontrent l'un des principes fondamentaux de la nouvelle structure économique que je préconise : les compétences et les instincts qui rendent possible l'esprit d'entreprise sont partagés par tous les êtres humains, pas seulement par certains. Et l'Ouganda n'est pas seul dans ce cas. Au sein des pays émergents, vous trouverez le même dynamisme entrepreneurial au plus bas niveau de l'échelle économique. Malheureusement, aucun de ces pays ne bénéficie d'un système de soutien idoine – pas même en Ouganda, où le régime bancaire continue d'entraver le développement d'une culture libérale, en dépit des forts instincts entrepreneuriaux de ses habitants.

Désormais, l'Ouganda est l'un des sept pays au monde où opère Yunus Social Business. YSB est une organisation à but non lucratif, qui se consacre à la diffusion du concept de social-business, la formation et le soutien aux pionniers qui souhaitent lancer des entreprises sociales, et à la collaboration avec des compagnies et des chefs d'entreprise qui souhaitent créer des entreprises ou des succursales dédiées au social-business. En aidant à développer le secteur de la nouvelle économie dans les pays où elle est présente, YSB encourage l'émergence d'entreprises autonomes qui conçoivent des solutions à des problèmes tels que la pauvreté, le chômage et la dégradation de l'environnement. Ainsi, il contribue à créer la nouvelle structure économique dont nous avons grandement besoin pour pallier les lacunes du capitalisme traditionnel.

Pour un exemple simple mais marquant de la manière dont YSB fonctionne, observons l'une des entreprises de social-business qu'elle a aidées – une société appelée Golden Bees, dont le siège social est établi à Kampala, capitale de l'Ouganda.

L'agriculture, à la fois pour la consommation locale et pour l'exportation, constitue l'industrie dominante en Ouganda, représentant la plus grande part de son PIB, tous secteurs confondus. Mais les petits agriculteurs des villages locaux peinent à accéder aux marchés national et international. Cela limite leurs revenus potentiels et ne les aide pas à élever leurs familles et leurs communautés au-delà du niveau de simple subsistance.

L'un des secteurs de croissance les plus prometteurs pour ces agriculteurs est l'apiculture. Le miel, qui est un produit commercial populaire en Afrique, est utilisé comme édulcorant dans de nombreux types d'aliments et comme aliment de base dans les cuisines d'innombrables familles. Mais l'apiculture est également à la base d'une large gamme d'autres produits, dont certains sont encore plus rentables que le miel. La cire d'abeille, par exemple, est un important ingrédient dans de nombreux cosmétiques et produits de soins ; le venin d'abeille, récolté à partir de leur dard, est aussi utilisé à des fins médicinales ; et la propolis, parfois appelée « colle d'abeille », est étudiée par les chercheurs pour ses potentielles applications médicales.

Golden Bees est un social-business, dont la mission est de mettre l'apiculture à la portée de milliers de petits agriculteurs ougandais. Dans ce but, cette entreprise vend des biens et des services indispensables aux futurs apiculteurs, elle les forme aux techniques d'apiculture, puis elle collecte, conditionne et commercialise les produits créés. Le revenu que Golden Bees génère grâce à ses activités assure la pérennité de son activité ; les bénéfices sont réinvestis dans le développement, mettant ainsi ses services à la disposition d'un nombre encore plus grand d'agriculteurs.

Mi-2016, Golden Bees est parvenu à installer un réseau de plus de 1 200 agriculteurs, tandis que des centaines d'autres attendent encore pour recevoir formation et équipement. Le plus petit participant entretient seulement trois ruches, tandis que le plus grand en dispose de cinq cents. La société exploite trois petits magasins situés dans des régions agricoles à proximité de la capitale, où sont vendus les produits ainsi créés (dont les revenus aident à payer le salaire des travailleurs), elle apporte formation et conseil aux apiculteurs locaux, et elle vend des ruches, des équipements et du matériel d'apiculteur. Les magasins proposent également des sites de collecte centralisée pour le miel et les produits dérivés. Ainsi, les agriculteurs peuvent acheminer leur marchandise à Golden Bees avant conditionnement.

Une chaîne d'environ quatre-vingts supermarchés situés à Kampala vend le miel et d'autres produits proposés par Golden Bees. Mieux encore, la société développe ses services en direction des marchés national et international. Les commandes de cire d'abeille ont commencé à affluer depuis la Chine, le Japon, le Danemark, et des laboratoires pharmaceutiques du monde entier sont demandeurs de propolis ougandaise. Pour approvisionner ces marchés, Golden Bees travaille à l'amélioration de ses produits afin de répondre aux normes de qualité exigées par les fabricants internationaux – une autre tâche qui serait impossible à gérer pour l'un ou l'autre de ces petits agriculteurs.

L'histoire de Golden Bees est un exemple de la capacité de l'esprit d'entreprise d'aider les pauvres – et même des communautés entières – à échapper à leur condition, fournissant même des revenus supplémentaires aux familles déjà au-dessus du seuil de pauvreté. Les agriculteurs ougandais ont toujours eu la détermination, l'intelligence et l'éthique nécessaires pour créer et maintenir des entreprises d'apiculture rentables à leur échelle. Mais comme ils manquaient d'outils et d'informations pour se lancer, ainsi que de la structure commerciale nécessaire pour accéder aux marchés national et international, Golden Bees s'est chargé de le leur apporter. Ce qui leur permet de se concentrer sur le reste. Cette expérience démontre comment de nouvelles formes d'entreprises peuvent aider à libérer les capacités de l'esprit entrepreneurial, permettant aux pauvres et à leurs communautés de s'en sortir par leur créativité et leur travail.

Trois grands échecs de notre système économique

Depuis trop longtemps, nous tolérons la persistance de la pauvreté, du chômage et de la dégradation de l'environnement, comme s'ils constituaient des calamités naturelles hors du contrôle humain ou, au mieux, comme des dommages inéluctables de la croissance économique. C'est une erreur. Ce sont des échecs que notre système économique a générés – et puisque ce système a été créé par des êtres humains, ces défaillances peuvent être corrigées. Nous devons choisir de le remplacer par un système nouveau, plus proche de la nature humaine, de ses besoins et de ses désirs.

Rappelez-vous, le problème central du capitalisme est qu'il n'admet qu'un seul objectif : la recherche égoïste du profit individuel. En conséquence, seules les entreprises conçues autour de cet objectif sont reconnues et soutenues. Pourtant, des millions de personnes à travers le monde souhaitent poursuivre d'autres buts, tels que la fin de la pauvreté, du chômage et de la dégradation de l'environnement. Ces trois fléaux peuvent être considérablement réduits si nous nous mettons à concevoir des entreprises avec cette finalité à l'esprit. Et c'est là que le social-business joue un rôle fondamental.

Les avantages du social-business ne concernent ni les entreprises à recherche de profit maximal, ni les organismes caritatifs traditionnels. Être libéré des pressions de rentabilité et des exigences des investisseurs en quête de profit permet de rendre les entreprises de social-business viables, même là où les marchés capitalistes actuels échouent, quand le taux de retour sur investissement est proche de zéro, mais où le rendement social est très élevé. Et parce qu'un social-business est conçu pour générer des revenus et devenir ainsi autonome, il n'a nul besoin d'attirer de nouveaux financements pour rester à flot – une nécessité qui accapare le temps et l'énergie de tant de personnes.

Ainsi, l'économie du social-business peut être simple et durable, comme l'illustrent les expériences heureuses déjà lancées un peu partout dans le monde.

Nous vivons une période particulièrement favorable à l'expérimentation de formes d'entreprises innovantes, puisque les nouvelles technologies et techniques de communication peuvent jouer un rôle important dans l'optimisation des capacités des entrepreneurs individuels. Le propriétaire d'un social-business, qui élabore un produit ou un service apportant son aide aux pauvres ou bénéficiant à la société de quelque manière, peut démultiplier son activité en utilisant les réseaux sociaux et d'autres outils en ligne pour se faire connaître. Grâce à Internet, les bonnes idées se propagent plus vite et les modèles commerciaux éprouvés se développent plus rapidement et plus facilement que jamais. L'accès aux soins, l'éducation, le marketing, les services financiers et de nombreux autres domaines économiques peuvent être révolutionnés grâce au pouvoir combiné du social-business et de la technologie.

Il est stimulant d'observer comment ces nouveaux concepts économiques se répandent grâce aux efforts des entrepreneurs, des cadres, des universitaires, des étudiants et des dirigeants politiques. À présent, il est temps d'appliquer le potentiel du social-business à résoudre les problèmes d'inégalité, de chômage et de dégradation de l'environnement – ces ratés du moteur capitaliste.

Nous devons aux générations futures de préparer un monde à trois zéros : zéro pauvreté, zéro chômage et zéro empreinte carbone. Un nouveau système économique qui donne un rôle essentiel au social-business peut permettre d'atteindre ces objectifs.

Un réveil brutal : comment les crises du capitalisme ont exacerbé le problème de la pauvreté

L'humanité vit une période de prospérité inégalée, alimentée par les évolutions de la connaissance, des sciences et de la technologie, en particulier celles de l'information. Cette prospérité a changé la vie de beaucoup d'entre nous. Pourtant, des milliards de personnes souffrent encore de la pauvreté, de la faim et de la maladie. Et au cours de la dernière décennie, plusieurs crises majeures ont combiné leurs forces pour engendrer encore plus de misère et de frustration parmi les quatre milliards de personnes défavorisées[IX].

Peu de gens avaient prévu ces crises. Le XXIe siècle a commencé par de grands espoirs et des rêves idéalistes, incarnés par l'initiative des Nations Unies baptisée *Objectifs du millénaire pour le développement* (OMD). Beaucoup d'entre nous étaient convaincus que les prochaines décennies apporteraient une richesse et une prospérité sans précédent, non seulement pour quelques-uns, mais pour l'humanité tout entière.

Comme je l'expliquerai plus loin dans ce livre, l'établissement des OMD a entraîné des progrès significatifs sur plusieurs fronts dans la lutte contre la pauvreté. Malheureusement, l'année 2008 restera dans l'Histoire comme celle d'un réveil brutal devant les défauts flagrants de notre système capitaliste. Ce fut l'année des crises : la crise des coûts alimentaires, la crise du prix du pétrole, la crise financière et une crise environnementale qui s'est aggravée. Conjuguées, toutes ces crises ont ébranlé ceux qui pensaient jouir d'une compréhension et d'un contrôle complets du système mondial. Surtout, elles ont empêché l'accomplissement de la promesse d'espoir que représentaient les OMD.

Commençons par considérer la crise alimentaire. Au début de 2008, *le Programme alimentaire mondial des Nations Unies* (PAM) a révélé des nouvelles épouvantables : plus de 73 millions de personnes dans 78 pays du monde devaient faire face à une pénurie alimentaire. Nous avons découvert en gros titres des annonces que beaucoup croyaient ne plus jamais revoir : une terrible inflation du prix des produits alimentaires de base comme les céréales et les légumes (le blé a augmenté de 200 % depuis l'an 2000), des pénuries alimentaires dans de nombreux pays, un accroissement du taux de mortalité par malnutrition, et même des émeutes de la faim menaçant la stabilité de plusieurs gouvernements.

Depuis le pic de juin 2008 sur les coûts alimentaires mondiaux, les prix ont continué de fluctuer, atteignant un autre record en 2011. En 2016, ceux-ci avaient légèrement diminué, ce qui donna un court répit à des millions d'individus. Hélas, la reprise de cette augmentation a exercé une pression considérable sur les plus pauvres, pour lesquels les deux tiers de leurs revenus sont consacrés à la nourriture de base[X].

Pour atténuer les effets de la crise alimentaire, des programmes d'urgence furent utilement mis en place. Mais si des secours sont essentiels pour prévenir une famine généralisée, il est également important de prendre du recul et d'examiner les causes plus générales de cette crise. Il nous faut alors analyser comment l'évolution de l'économie mondiale – et en particulier du système de production et de distribution de la nourriture – nous a conduits à la tragédie d'aujourd'hui. Sans qu'on l'ait forcément prévu, les pratiques économiques, politiques et commerciales du monde développé ont eu un impact majeur sur les ressources alimentaires disponibles dans les pays les plus pauvres. Ainsi, la résolution du problème de l'alimentation mondiale nécessitera une refonte du cadre international, pas seulement une série de réformes locales ou même régionales.

Les défis actuels trouvent leurs racines dans l'Histoire. La Révolution verte des années 1950 et 1960 a augmenté les rendements agricoles en Asie et en Amérique latine, et rendu autosuffisants de nombreux pays qui dépendaient des importations. Les taux de famine et de malnutrition ont considérablement diminué. La survie d'un milliard de personnes fut mise au crédit de la production de céréales à haut rendement, rendue soudain possible.

Cependant, une série de tendances interdépendantes a partiellement inversé les bénéfices apportés par la Révolution verte. Une partie du problème réside dans la manière dont la mondialisation des marchés alimentaires a été gérée au cours des trois dernières décennies. Je suis un partisan résolu du libre-échange ; je crois que l'encouragement des gens et des nations à échanger entre eux des biens et des services conduira, à terme, à une plus grande prospérité pour tous. Mais, comme tous les marchés, celui de la mondialisation a besoin de règles raisonnables, qui permettent à tous les participants d'en bénéficier.

Malheureusement, les marchés mondiaux d'aujourd'hui nc sont que partiellement libres, et certaines des restrictions et des dérives laissées en place ont eu des conséquences dévastatrices pour les pays pauvres. Les déséquilibres causés par ce commerce semi-libre faussent les marchés, augmentent les prix, voire détruisent l'agriculture dans des pays pauvres qui s'enorgueillissaient autrefois d'énormes excédents alimentaires[XI].

Les subventions pour l'éthanol dans des pays comme les États-Unis donnent un bon exemple de ce problème. Destinées à encourager la culture du maïs et du soja pour remplacer partiellement les combustibles fossiles, ces subventions pouvaient avoir du sens lorsque le pétrole coûtait 20 dollars le baril. Elles furent conçues pour rendre économiquement viable l'utilisation de biocarburants comme substitut partiel à un pétrole relativement peu coûteux et abondant. Et le système a fonctionné comme prévu, puisqu'en 2007, près d'un quart de la culture de maïs aux États-Unis a été utilisé pour fabriquer de l'éthanol.

Cependant, ces mêmes subventions ne se justifient plus dès lors que le pétrole coûte plus de 50 dollars le baril (comme ce fut le cas au début de l'année 2017) – pas plus que les subventions permanentes pour la production pétrolière, dont bénéficient les grandes entreprises hautement rentables comme Exxon Mobil. Ces deux séries de subventions perturbent les marchés, entraînent des conséquences écologiques, sociales et économiques inattendues, et devraient donc être rapidement supprimées. Sinon, elles continueront à gonfler le prix des denrées alimentaires de base directement et indirectement, y compris en détournant les terres agricoles et leurs ressources vers la production de carburant plutôt que de nourriture.

La demande accrue de viande a également perturbé l'équilibre des coûts alimentaires et aggravé les pénuries à travers le monde. La récente prospérité de certains des pays les plus pauvres est certes une chose merveilleuse. Au cours des trois dernières décennies, des millions de personnes ont pu sortir de la pauvreté. Le crédit disponible a contribué à accroître l'accès à la libre concurrence, au développement technologique et à des programmes tels que le microcrédit, qui permettent à ceux qui étaient autrefois exclus du système capitaliste d'investir.

Mais la prospérité impose aussi ses propres défis. La quantité de viande consommée par le citoyen chinois moyen est passée de 20 kg par an en 1958 à plus de 50 kg aujourd'hui (ce qui reste légèrement inférieur à la moyenne américaine d'environ 57 kg)[XII]. Des augmentations similaires sont observées dans d'autres grands pays comme l'Indonésie et le Bangladesh où de plus en plus de gens passent à un régime plus carné (éloigné de leurs traditions alimentaires à faible consommation de viande) pour adopter le mode de vie « moderne ».

Malheureusement, la consommation de viande n'optimise pas du tout notre utilisation des ressources naturelles. Le nombre de calories nutritives contenues dans la viande est bien inférieur à celles fournies par un apport direct de céréales. Aujourd'hui hélas, les céréales et autres ressources alimentaires sont destinées au bétail plutôt qu'aux êtres humains. Selon certaines évaluations, jusqu'à un tiers de la production mondiale de céréales, ainsi qu'un tiers de la pêche mondiale sont utilisés pour nourrir le bétail. De plus en plus, les terres agricoles de la planète sont ainsi détournées de la production d'aliments destinés à la consommation humaine.

Ces changements ne font qu'ajouter de nouvelles étapes coûteuses à l'objectif de mieux nourrir l'humanité. En raison de ces choix irréfléchis, tels que la décision de convertir des terres à la production d'éthanol et de viande, même les aliments de base deviennent de plus en plus chers.

D'autres facteurs ont aggravé la crise alimentaire pour les pays en développement. L'un d'entre eux est la difficulté croissante pour les agriculteurs des pays pauvres à rester compétitifs sur un marché alimentaire de plus en plus mondialisé. Ces petits agriculteurs souffrent en effet de la concurrence avec les grands producteurs des pays développés. Il s'agit d'une lutte inégale qui, jusqu'à présent, a eu des conséquences dévastatrices pour les paysans les plus pauvres.

Le contrôle croissant des industries sur les ressources agricoles nuit également à ces petits agriculteurs. À mesure que les grandes entreprises agroalimentaires exercent un contrôle quasi monopolistique sur les stocks de semences, ainsi que sur l'approvisionnement en fertilisants et pesticides coûteux, un nombre croissant de petites exploitations se retrouvent exclues de ce nouveau marché mondial de l'alimentation.

Le coût du pétrole est aussi ici un facteur important. Par exemple, de nombreux engrais sont fabriqués à base de pétrole, ce qui signifie que chaque augmentation du coût du baril se répercute sur celui des engrais. Et bien sûr, la hausse des prix du pétrole accroît d'autant le coût de toute activité nécessitant de l'énergie – irrigation, matériel agricole, livraison des produits au marché, expédition des aliments vers les usines de conditionnement.

Tous ces problèmes économiques et sociaux ne cessent d'empirer, tandis que les modifications de notre environnement menacent l'avenir de l'agriculture dans le monde entier. Le changement climatique et la sécheresse transforment en déserts des terres autrefois fertiles. Le besoin de nouvelles terres à cultiver et le développement de l'urbanisation étendent la déforestation, ce qui accélère encore le réchauffement climatique. Des simulations scientifiques suggèrent que, même si les efforts pour combattre le changement climatique augmenteront légèrement la quantité totale de terres arables, la qualité globale des terres cultivées diminuera. En outre, les régions les plus vulnérables à la perte de terres agricoles sont déjà parmi celles les plus touchées sur le plan économique, c'est-à-dire l'Afrique subsaharienne, le Moyen-Orient et l'Afrique du Nord[XIII].

Ma patrie, le Bangladesh, est l'un des pays les plus immédiatement impactés. Doté de la plus grande densité humaine au monde, il est sans relief, avec 20 % de ses terres à moins d'un mètre au-dessus du niveau de la mer. À mesure que ce niveau s'élève, les inondations au Bangladesh deviennent de plus en plus destructrices. Voilà un nouveau type de catastrophe environnementale, qui mène directement à des tragédies humaines.

En 2008, à la crise alimentaire, à celle des prix du pétrole et du climat est venue s'ajouter la plus grande crise de toutes : l'effondrement du système financier américain. D'énormes institutions financières, ainsi que des industries majeures telles que la construction automobile, furent ruinées ou maintenues en vie grâce à des plans de sauvetage gouvernementaux sans précédent.

On a évoqué de nombreuses raisons pour expliquer cette catastrophe économique historique : la cupidité excessive des opérateurs, la transformation des marchés d'investissement en immenses casinos, l'échec des organismes de régulation, etc. Une chose est claire, cependant : le système financier s'est effondré en raison d'une perversion fondamentale de son but initial.

Les marchés financiers furent créés à l'origine pour répondre à des besoins humains, c'est-à-dire fournir aux entreprises le capital nécessaire à leur démarrage ou à leur développement. En contrepartie de ces services, les banquiers et autres prêteurs recevaient un bénéfice raisonnable. Tout le monde y gagnait. Au XXIe siècle, cependant, les marchés financiers furent détournés par une poignée d'individus et d'entreprises ayant à l'esprit un objectif différent : gagner des taux de rendement démentiellement élevés grâce à des astuces d'ingénierie financière. Ils ont transformé les prêts hypothécaires et autres en des instruments sophistiqués, tout en déguisant ou dissimulant leur niveau de risque. Ils ont vendu et revendu ces instruments, gagnant une commission sur chaque transaction. Pendant ce temps, les investisseurs s'acharnaient à spéculer en s'efforçant de créer une croissance artificielle et en misant sur l'espoir que la faiblesse inhérente du système ne se révélerait jamais.

Finalement, l'inévitable s'est produit. Le château de cartes s'est écroulé. Et à cause de la mondialisation, ce tsunami financier s'est étendu au monde entier.

En fin de compte, les riches ne furent pas les pires victimes de cette crise financière. La majeure partie des dommages toucha plutôt les quatre milliards de défavorisés sur la planète, alors qu'ils n'étaient en rien responsables de cette crise. Les plus fortunés ont continué à jouir d'un mode de vie privilégié, tandis que des milliards d'individus furent confrontés à des pertes d'emplois et de revenus qui, pour beaucoup, eurent des conséquences fatales.

Les effets combinés des crises financière, alimentaire, énergétique et environnementale se sont poursuivis au cours de ces dernières années, affectant les quatre milliards de malheureux avec une violence inouïe. Et tandis que les gouvernements des grandes puissances réagissaient en mettant en place de nombreux plans d'urgence, notamment des programmes de sauvetage coûteux pour soutenir les institutions financières et les grandes sociétés en difficulté, rien n'a été entrepris pour résoudre à long terme le problème de la pauvreté. En mettant l'accent sur le soutien aux méga-compagnies « trop grandes pour échouer », ils sous-entendent que les milliards de pauvres sont « trop petits pour compter ».

Une nouvelle approche du capitalisme, qui ménagerait un espace pour le social-business, apporte l'espoir d'atténuer ce problème.

Le social-business comme remède aux nombreux impacts de la pauvreté

Le concept de social-business s'est forgé dans mon esprit grâce à mon expérience avec le développement de la Grameen Bank. Comme je l'ai expliqué, l'idée m'est apparue non comme un concept théorique, mais comme un outil simple et pratique pour réduire les effets de la pauvreté au Bangladesh.

Il est important de commencer par comprendre que la pauvreté n'est pas créée par les personnes démunies. Elle est générée par un système économique dans lequel toutes les ressources tendent à remonter vers le sommet, créant un volume exponentiel de richesses entre les mains de seulement 1 % des personnes. L'image d'un champignon décrit très bien la situation : la tête de ce champignon géant représente les possessions démesurées de quelques-uns, tandis que son pied très long et mince figure les richesses détenues par les 99 % restants de la population. Au fil du temps, ce pied s'amaigrit de plus en plus, tandis que la tête du champignon continue de gonfler.

Le mot « inégalité » est totalement inadapté pour décrire cette situation inacceptable. Si vous vouliez décrire la différence entre une fourmi et un éléphant, vous n'utiliseriez certainement pas le terme d'inégalité !

Nous devons reconnaître le fait qu'il n'y a pas une once de « répartition des richesses » dans le système actuel. Celui-ci est plutôt conçu pour une concentration à sens unique, de la même manière qu'un violent incendie absorbe tout l'oxygène de la forêt. Et aucune solution n'a été prévue pour enrayer ce processus. Le système encourage la monopolisation plutôt que la distribution des richesses.

Dans ce système, les pauvres sont comme des bonsaïs. Ces arbres poussent à partir des mêmes graines que les pins ou les bouleaux de taille normale qu'on trouve dans la nature, mais parce qu'ils sont conservés dans de petits pots et n'ont accès qu'à de petites quantités d'eau et autres nutriments, les arbres bonsaïs ne se développent jamais à la hauteur normale. Au lieu de cela, ils se transforment en minuscules répliques des autres arbres.

C'est la même chose pour les personnes pauvres. Ce sont des « individus bonsaïs », dont on a empêché la croissance. La semence dont ils sont issus n'avait aucun défaut. Mais le système ne leur offre pas les mêmes opportunités qu'aux non-pauvres. En conséquence, ils ne peuvent utiliser leur créativité et leur esprit d'entreprise pour se développer comme les autres.

Le nouveau système économique dont nous avons besoin donnera aux bonsaïs du monde entier les ressources dont ils ont besoin pour pousser droit, grands et beaux.

L'un des effets les plus insidieux et destructeurs de la pauvreté est la façon dont elle sape le bonheur et le bien-être humains à de multiples égards. Chacun de ces coups renforce et aggrave les suivants. Par exemple, les indigents ne sont généralement pas en mesure d'accéder aux soins. Par conséquent, ils traversent des périodes de maladie plus longues et plus graves, qui non seulement réduisent leur espérance de vie, mais aussi leur compliquent considérablement l'accès aux études et à un travail – ce qui, en retour, les enfonce davantage dans la pauvreté. De la même manière, le manque d'eau potable, de logement de qualité et d'accès aux transports se combine pour condamner les pauvres à une vie de lutte et de misère. Les effets de la pauvreté ont pour conséquence évidente d'amplifier encore celle-ci.

Au fil des ans, suite à la création de la Grameen Bank, j'ai mis en place de nombreux projets et entreprises financièrement durables pour résoudre les difficultés rencontrées par les pauvres. Par exemple, des entreprises pour la commercialisation de semences de légumes afin de lutter contre la maladie répandue de la cécité nocturne[1] parmi les enfants des familles pauvres. Ou d'autres pour l'assainissement de l'eau puisée dans les puits tubulaires à pompe manuelle. Plus tard, je me suis mis à lancer des sociétés classiques pour résoudre un grand nombre des problèmes liés aux pauvres du Bangladesh. Qu'il s'agisse de leur fournir des énergies renouvelables, des soins de santé ou encore de nouvelles technologies d'information – nous avons toujours été motivés par la volonté de répondre aux besoins sociaux des plus démunis.

Nous avons conçu ces entreprises pour qu'elles soient génératrices de revenus, mais dans le seul but d'assurer leur pérennité, afin que les produits ou services fournis puissent profiter au plus grand nombre, et de manière continue.

1. Ou héméralopie : difficulté excessive à voir lorsque la luminosité diminue. Cette maladie est généralement causée par une carence alimentaire en vitamine A.

Dans tous ces cas, le critère du besoin social était la seule considération ; le profit pour les propriétaires ou les investisseurs individuels n'entrait aucunement en ligne de compte. Je me suis ainsi rendu compte que les entreprises pouvaient être conçues de cette façon, depuis le départ, en fonction de besoins spécifiques, sans aucune motivation d'enrichissement personnel.

Le concept de social-business a reçu une attention internationale en 2006, lorsque la Grameen Bank a lancé une *joint venture*[1] avec Danone, la multinationale française de produits alimentaires. (Cette histoire est racontée en détail dans mon livre paru en 2007, *Vers un monde sans pauvreté*.) Grameen s'est associée au P-DG de Danone, Franck Riboud, pour créer une entreprise fournissant du yaourt enrichi en vitamines, minéraux et autres nutriments essentiels pour les enfants sous-alimentés du Bangladesh rural. Nous vendons le yaourt aux familles pauvres à un prix abordable, juste suffisant pour rendre l'entreprise autonome. (Un yaourt à l'unité coûte actuellement 10 *takas* bengalis, l'équivalent de 11 centimes d'euros en valeur actuelle.) Au-delà du retour sur l'investissement original de Danone et de Grameen (l'équivalent d'environ un million d'euros), ni Grameen ni Danone ne retirent de bénéfices de cette coopération, conformément aux termes de notre contrat. Une usine de yaourts opère déjà à proximité de Bogra, une ville située au nord de la capitale Dhaka, et nous espérons voir bientôt d'autres implantations dans tout le pays.

1. Il s'agit d'une entreprise commune, créée par deux sociétés ou plus et détenue à part égale par ces dernières.

Grameen Danone Foods contribue à combattre la pauvreté, de plusieurs manières interconnectées. De toute évidence, le yaourt ainsi produit améliore la santé des enfants souffrant de malnutrition – ainsi que le démontre une étude de 2013 menée par une équipe de scientifiques soutenue par l'Alliance mondiale pour l'amélioration de la nutrition (*Global Alliance for Improved Nutrition* ou GAIN)[XIV]. En outre, l'installation de l'usine à Bogra bénéficie à toute la communauté. Le lait utilisé dans la production est fourni par les agriculteurs locaux, ce qui leur apporte une source supplémentaire de revenus réguliers. Les femmes du voisinage vendent les yaourts en faisant du porte-à-porte et complètent ainsi les ressources de la famille avec les commissions qu'elles gagnent. Et les autochtones formés par Danone exploitent l'usine elle-même, ainsi que ses départements de distribution et de commercialisation, ce qui redonne de la vitalité à l'économie rurale.

Grameen Danone Foods n'est que la première co-entreprise de social-business que nous ayons lancée. De plus en plus de compagnies proposent de s'associer avec nous pour créer de nouvelles entreprises sociales. Par exemple, nous avons collaboré avec Veolia, une importante société de distribution et d'approvisionnement en eau, basée en France, pour fournir de l'eau potable dans les villages du Bangladesh. Cette co-entreprise exploite une usine de traitement des eaux desservant 50 000 villageois, dans une région où l'eau disponible est fortement contaminée par l'arsenic. Nous leur vendons cette eau au prix modique de 2,7 centimes d'euros les 10 litres. Cela rend l'entreprise durable, sans aucun bénéfice pour Grameen ou Veolia.

Nous avons créé d'autres co-entreprises de social-business au Bangladesh, avec des sociétés telles que l'américaine Intel Corporation, l'allemande BASF, ou les japonaises Uniqlo, SK Dream et Euglena.

Chacune de ces collaborations a son histoire unique. Grameen Euglena, par exemple, est née de la visite au Bangladesh, en 1998, d'un étudiant de dix-huit ans nommé Mitsuru Izumo. Après un stage à la Grameen Bank, Izumo s'est engagé à résoudre le problème de la malnutrition. Il a changé de domaine d'études, passant de la littérature à l'agriculture, et s'est intéressé aux propriétés remarquables des euglènes – un organisme monocellulaire contenant la plupart des éléments nécessaires à la survie humaine. Convaincu que les euglènes pouvaient être développées comme super-aliment pour le monde, Izumo s'est concentré sur la recherche de leurs moyens de production. Afin de commercialiser ce produit, il a fondé en 2005 sa société Euglena – maintenant cotée à la Bourse de Tokyo. En 2014, il a lancé Grameen Euglena en co-entreprise avec la Fondation Grameen Krishi. Ce social-business produit des cookies à base d'euglènes pour les écoliers. Il commercialise également en masse des haricots mungo, une légumineuse hautement nutritive, augmentant ainsi les revenus de quelque 8 000 agriculteurs bangladais.

D'autres social-business ont été lancés au Bangladesh par Grameen de manière indépendante, plutôt qu'en partenariat avec une société extérieure. L'un des problèmes auxquels nous avons cherché à nous attaquer est celui de la cécité par cataracte – une autre plaie qui affecte la vie des indigents. Pourtant une banale opération permet d'y remédier.

Pour résoudre ce problème, nous avons ouvert en 2008 un hôpital à Bogra qui propose des examens oculaires et une chirurgie de la cataracte, financés selon des principes équitables. Les honoraires réglés par les clients des classes moyennes et aisées contribuent à financer les soins de ceux qui ne peuvent que peu ou pas payer. Bien entendu, tous les patients reçoivent la même qualité de soins, quelle que soit leur contribution. En quatre ans, l'hôpital est devenu financièrement autonome. Un deuxième établissement fonctionnant de la même façon a ouvert à Barisâl dans le sud du Bangladesh en 2009, et a atteint l'équilibre opérationnel en seulement trois ans. Un troisième hôpital a été ouvert en 2016 dans le nord du pays, et un quatrième est en cours de construction pour 2017. À ce jour, nos hôpitaux ont traité plus d'1 million de patients et ont effectué plus de 55 000 opérations pour sauver leur vue.

Grameen Distribution est un autre exemple de social-business réussi. Ce réseau commercial que nous avons créé en 2009 permet de proposer des biens de consommation utiles et abordables aux ménages ruraux. Les femmes pauvres employées en tant que membres du Grameen Marketing Network vendent des produits tels que des téléphones portables et leurs accessoires, des panneaux solaires et des mini-batteries solaires, des moustiquaires traitées chimiquement pour réduire la contagion du paludisme et d'autres maladies infectieuses, ainsi que des luminaires et des ampoules éco-énergétiques. Grâce à une clientèle de plus de 1,5 million de ménages ruraux, Grameen Distribution génère un emploi de base pour plusieurs milliers de villageoises, ce qui augmente leur revenu familial en moyenne de 33 euros par mois. Dans un pays où le salaire mensuel minimum dans l'énorme industrie textile est aussi bas que 61 euros, c'est un coup de pouce appréciable pour ces familles[XV].

Un autre exemple de social-business parmi les nombreux que je pourrais citer est celui de Grameen Caledonian College of Nursing, qui a ouvert ses portes aux étudiantes en mars 2010. Le personnel soignant joue un rôle crucial dans la prestation de soins de santé modernes et de qualité. Mais comme la plupart des pays pauvres, le Bangladesh souffre d'une pénurie drastique de professionnels en ce domaine. Notre population de 165 millions d'habitants est soignée par 23 000 infirmières – soit plus de 6 000 personnes par praticienne. (En comparaison, on compte au Royaume-Uni 680 000 infirmières ou infirmiers pour 60 millions de citoyens, soit un ratio de 88 patients par praticien.) En partie à cause de cette pénurie, environ 87 % des mères bangladaises accouchent sans recevoir de soutien médical – un autre exemple d'impact corollaire de la pauvreté sur la vie des personnes.

Pour s'attaquer à ce problème, Grameen Healthcare Trust a conclu un accord avec la Caledonian University de Glasgow afin de lancer une école de niveau international à Dhaka pour la formation des infirmières et des sages-femmes. En quelques mois, un programme moderne de formation a été élaboré, le personnel académique et administratif a été recruté, et des locaux neufs, des bibliothèques et des laboratoires ont été aménagés, ainsi que des logements pour les étudiants. Le programme a débuté en 2010 avec l'admission de 40 étudiantes – toutes des filles d'emprunteurs de la Grameen Bank. Au printemps 2017, 634 étudiantes ont été admises au collège et 223 ont obtenu leur diplôme d'infirmière. Toutes les diplômées ont immédiatement trouvé un poste dans les principaux hôpitaux du pays. 81 étudiants supplémentaires achèveront leurs études en 2017.

En outre, le collège est déjà presque autonome sur le plan opérationnel. Le Pr Barbara Parfitt, directrice-fondatrice de l'établissement, affirme avoir délibérément résisté à la pression financière dans ses pratiques de gestion. Les programmes et les politiques destinés à fournir une formation de qualité sont d'abord conçus avant de trouver les moyens de les financer de manière durable. C'est là en résumé toute la philosophie qui sous-tend le social-business.

Toutes ces entreprises de social-business au Bangladesh – depuis mon projet de commercialisation de graines de légumes jusqu'à tous ceux lancés au cours des années suivantes – ont contribué à atténuer les effets de la pauvreté dans les villages de mon pays. Des millions de « familles bonsaï » ont pu ainsi bénéficier de ressources qui les aident à accomplir davantage et à vivre une existence plus confortable et plus heureuse – des ressources allant de l'eau potable aux soins médicaux modernes, en passant par les compétences et la formation nécessaires à une carrière professionnelle.

Du Bangladesh au monde : comment l'esprit d'expérimentation économique se répand à l'échelle mondiale

Plus je me suis engagé auprès des pauvres, plus j'ai compris l'importance de traiter les nombreux problèmes qu'ils rencontrent, et plus j'ai été convaincu que les entreprises de social-business conçues de manière créative, libérées de tout objectif de profit personnel, étaient un moyen efficace d'y remédier. Mais les réussites du social-business au Bangladesh m'ont incité à me poser la question suivante : le même modèle pourrait-il être appliqué avec succès dans le reste du monde ?

Souvent invité sur les campus universitaires et dans des séminaires professionnels à travers le monde, je saute toujours sur l'occasion pour partager mes expériences et écouter les commentaires des participants. En 2010, quand je suis intervenu à la London School of Economics and Political Science (LSE), j'étais bien loin de m'imaginer que parmi les étudiants qui écoutaient ma conférence l'une d'entre eux se passionnerait pour le social-business, une fois son diplôme en poche.

Cette jeune femme, Saskia Bruysten, assista ensuite à une autre conférence que je donnai à Berlin, lors d'un événement intitulé *The Vision Conference*. Cette fois, elle vint me parler après ma prestation. Elle m'a demandé comment elle et son amie Sophie Eisenmann pouvaient s'impliquer dans le social-business au Bangladesh et ailleurs. Pour leur simplifier leur tâche, je l'ai présentée à Hans Reitz, un jeune entrepreneur de Wiesbaden, en Allemagne. S'inspirant de nos expériences, Hans s'était déjà personnellement engagé à créer des entreprises de social-business en Allemagne et à promouvoir le concept à l'échelle mondiale. En 2006, Hans a fondé dans ce but une organisation appelée Grameen Creative Lab (GCL) à Wiesbaden.

Hans a immédiatement invité Saskia et son amie à rejoindre GCL. Déjà consultante en gestion pour le Boston Consulting Group (BCG), elle possédait un MBA[1] et une expérience dans les deux secteurs, lucratif et non lucratif. Elle et sa collègue et camarade Sophie ont toutes les deux quitté leur emploi au BCG pour entrer à GCL et se consacrer à la promotion du social-business.

Après une année de travail chez GCL, elles sont parties créer leur propre entreprise, Yunus Social Business (YSB), en collaboration avec Yunus Centre à Dhaka, pour créer des entreprises de social-business à travers le monde. Elles ont débuté en prenant en charge certains projets initiés par GCL en Colombie et en Haïti.

L'objectif d'YSB est d'aider à construire la nouvelle structure économique dont nous avons besoin en diffusant la théorie et la pratique du social-business à travers le monde. Elle emploie pour cela plusieurs méthodes – celles d'un incubateur d'entreprises et d'un fonds de capital-risque. Ce fonds diffère largement des autres modèles conventionnels en matière de rendement visé. En tant que social-business, YSB ne tire aucun bénéfice des entreprises dans lesquelles elle effectue des investissements en actions. Elle se contente de ne prendre que des frais de service pour couvrir ses coûts. Le concept est simple : les directeurs de programme d'YSB sélectionnent les projets les plus prometteurs conçus par les populations autochtones pour résoudre les problèmes locaux de manière durable,

1. Une maîtrise en administration des affaires (*master of business administration*) est le diplôme international d'études supérieures du plus haut niveau dans le domaine de la conduite globale des affaires : stratégie, marketing, finances, ressources humaines et management.

c'est-à-dire avec une capacité d'autofinancement par des activités génératrices de revenus. Les investisseurs ont seulement le droit de récupérer leur mise. Tout bénéfice au-delà sera réinvesti dans l'entreprise ou utilisé de quelque façon pour bénéficier aux populations locales. Tout doit revenir à la communauté.

Golden Bees en Ouganda illustre ce rôle d'incubateur que joue YSB. Son fondateur a approché l'équipe locale d'YSB pour obtenir un conseil, un soutien et un financement pour son concept d'entreprise. YSB l'a mis en relation avec des experts en commerce locaux, qui lui ont fourni une formation et des conseils gratuits sur des questions telles que le plan de financement et l'analyse du marché. Ensuite, YSB a investi des fonds de démarrage pour aider Golden Bees à décoller.

Aujourd'hui, l'équipe d'YSB continue de superviser la croissance de Golden Bees, toujours prête à fournir une assistance supplémentaire en cas de besoin. Il en va de même pour plus d'une douzaine d'autres entreprises commerciales en Ouganda, qui développent par exemple des systèmes d'assainissement de l'eau et des poêles de cuisine améliorés et respectueux de l'environnement.

Depuis 2011, YSB a connu une croissance rapide. Aujourd'hui, elle opère déjà dans sept pays : Haïti, Albanie, Brésil, Colombie, Inde, Tunisie et Ouganda. YSB a attiré une équipe internationale forte de plus de 45 personnes issues de milieux divers, toutes engagées dans le social-business. YSB a contribué à lancer de nombreuses entreprises sociales, telles que Bive, un réseau de fournisseurs de soins de santé abordables pour les personnes pauvres de la région de Caldas en Colombie ; Digo, une entreprise qui permet aux micro-entrepreneurs de distribuer des produits de nettoyage domestique aux paysans pauvres d'Haïti ; ou Seniors House, qui propose des services de logement et d'accompagnement pour personnes âgées en Albanie.

Au-delà de son rôle d'incubateur, YSB travaille également avec des sociétés à but lucratif déjà établies, qui souhaitent éventuellement démarrer des entreprises de social-business. Ce modèle est né de nos expériences de co-entreprise avec les prospères sociétés françaises Danone et Veolia.

Mais pourquoi, vous demandez-vous sans doute, une grande société voudrait-elle créer une entreprise dont la mission est de résoudre un problème social sans le moindre but lucratif ? Les raisons sont diverses. Dans certains cas, les propriétaires ou les cadres supérieurs se passionnent pour un défi particulier : la pauvreté, l'éducation, la santé, la pollution ou tout autre. Parfois, ils ont l'idée de créer un social-business qui profitera de l'expertise de leur propre entreprise pour résoudre le problème en question. D'autres fois encore, ils considèrent cette initiative comme favorable aux objectifs de l'entreprise, parce qu'elle stimule l'engagement et l'enthousiasme de leurs employés, parce qu'elle sera reconnue et appréciée par la communauté, ou parce que cette expérience les aidera à en apprendre davantage sur le principe du social-business et plus largement ses implications pour leurs affaires.

Dans la plupart des cas, cependant, la motivation de ces dirigeants d'entreprise est la même que celle des entrepreneurs, des étudiants et de tous ceux qui sont fascinés par le concept : ils se préoccupent tout simplement des autres et aspirent à améliorer l'existence de leurs semblables. Le social-business est simplement une nouvelle structure économique, qui offre un autre chemin vers l'innovation et les services. En conséquence, un nombre croissant de chefs d'entreprise du monde entier s'enthousiasment pour cette expérimentation.

Parfois, les P-DG et autres dirigeants d'entreprises contactent les membres de l'équipe d'YSB basée à Francfort et à Berlin en Allemagne ou dans l'un de leurs bureaux nationaux. Dans d'autres cas, ils se rapprochent directement de l'équipe de consultants d'Hans Reitz, au Grameen Creative Lab de Wiesbaden en Allemagne, ou des experts du Yunus Centre à Dhaka au Bangladesh, qui reste le quartier général de toutes mes activités locales et internationales. Un nouveau bureau baptisé Yunus Centre Paris sera établi en 2017 dans la capitale française, à la demande de la maire de la ville (j'y reviendrai plus tard). Toutes ces organisations sont habilitées à servir de centres d'information et de conseils pour le démarrage d'un social-business : de quoi il s'agit, comment ça marche, ce qu'il faut faire et ne pas faire.

Le cas échéant, les experts de ces organismes fournissent du coaching, une formation et du conseil aux cadres qui projettent ou lancent un social-business, soit comme entité autonome, soit comme entreprise virtuelle dans un département distinct d'une société préexistante. Ils apportent également leur aide aux dirigeants d'organisations à but non lucratif ou ONG, qui souhaitent transformer certaines de leurs activités en social-business.

Un « *action tank* » français : lutter contre la pauvreté dans une nation riche

L'un des développements les plus excitants de l'expérimentation soutenue par YSB fut la création de ce qu'on appelle les *Social Business Action Tanks*. Terme créé à partir de l'expression anglaise *think tank*[1], un *action tank*[2] rassemble des cadres supérieurs de grandes entreprises qui s'intéressent au social-business. Puis, au-delà de l'étude, ils lancent des entreprises sociales en parallèle à leurs méga-entreprises traditionnelles.

Le premier *action tank* de social-business a été fondé à Paris en 2010. Le P-DG de Danone, Emmanuel Faber, fut l'un des initiateurs de cette démarche – un chef d'entreprise doté d'un esprit imaginatif, d'une profonde sensibilité et d'une volonté d'expérimenter divers modèles économiques pour rechercher des solutions aux défis les plus urgents de l'humanité. Faber et Franck Riboud, président de Danone, s'étaient déjà impliqués dans le concept en lançant la première expérience de co-entreprise avec Grameen Danone Foods au Bangladesh. Cherchant à importer ce modèle en Europe, Faber s'est associé à Martin Hirsch, un militant social, riche d'une longue expérience dans l'aide aux personnes défavorisées. Ensemble, ils constituèrent une équipe afin de mettre en place le groupe d'action.

Les deux hommes ont réussi à fédérer un nombre remarquable de leaders, tels que Jacques Berger, très expérimenté en affaires, qui est maintenant le directeur du groupe.

1. Groupe de réflexion, laboratoire d'idées.
2. Groupe d'action.

Des dirigeants d'autres entreprises ont ensuite rapidement rejoint le projet. Des universitaires venus du domaine des affaires et de l'économie se sont eux aussi engagés pour apporter leurs conseils et étudier les expériences déjà lancées, dans l'espoir de tirer des leçons susceptibles de servir à d'autres. Par exemple, Bénédicte Faivre-Tavignot, directrice exécutive d'un département spécial dédié aux affaires sociales de la prestigieuse école de commerce française HEC, a dirigé les études sur le travail du groupe d'action et partagé ses découvertes avec des universitaires du monde entier.

À partir de l'automne 2016, le groupe d'action français – baptisé *Action Tank Entreprise et Pauvreté* – a lancé plusieurs entreprises de social-business, chacune conçue pour s'attaquer à un problème particulier auquel sont confrontés les pauvres en France.

Aider les pauvres dans un pays riche implique un ensemble de défis différents de ceux que j'ai pu relever au Bangladesh (depuis longtemps l'un des pays les plus pauvres de la planète) ou de ceux que l'équipe d'YSB et ses partenaires entrepreneurs ont pu connaître dans des pays défavorisés comme l'Ouganda. La France est l'une des nations les plus riches de la planète. Elle dispose également d'un système de sécurité sociale bien structuré, destiné à fournir aux personnes dans le besoin certaines des premières nécessités – en termes de soins de santé, d'éducation ou de logement.

Pourtant, la France compte encore une part importante de pauvres – environ 13 % de la population, soit quelque 8 millions de personnes au total. Selon Jacques Berger, leur nombre a régulièrement diminué entre 1900 et 1970, mais la tendance s'est ensuite arrêtée – un signe typique des difficultés à réduire la pauvreté dans un système capitaliste traditionnel. Parmi ces défavorisés français, on trouve des personnes âgées qui vivent de retraites modestes et fixes. D'autres habitent dans des régions rurales lourdement frappées par la crise économique. D'autres encore sont des immigrants des pays du Moyen-Orient, d'Afrique et d'Asie, qui se cherchent désespérément une place dans la société française.

Pour toutes ces personnes bloquées au bas de l'échelle sociale, l'existence est difficile et semée d'embûches qui les empêchent d'avancer. Les entreprises de social business lancées par le groupe d'action français cherchent à réduire ou à éliminer certaines de ces barrières. L'objectif est de relancer les progrès réalisés dans la lutte contre la pauvreté qui stagne depuis 1970 et de mobiliser la France vers l'objectif de « zéro pauvreté ».

L'une de ces entreprises de social-business est Mobiliz, une société lancée par le constructeur automobile Renault, qui cherche à proposer aux personnes démunies des transports abordables. Lors d'une séance de *brainstorming* pour trouver un modèle d'entreprise adapté à cet objectif, les gestionnaires de Renault ont planché sur un certain nombre de projets. Par exemple, ils ont imaginé une automobile à très bas coût que même les pauvres pourraient s'offrir. Mais plus ils en parlaient avec leur cœur de cible (les pauvres eux-mêmes), plus ils se rendaient compte que cela ne résoudrait pas les problèmes de mobilité les plus urgents auxquels ces personnes sont confrontées.

En effet, ils ont compris que beaucoup de défavorisés possèdent déjà une voiture – plutôt des véhicules d'occasion de mauvaise qualité, très anciens et affichant des centaines de milliers de kilomètres au compteur, les seuls qu'ils puissent s'offrir. Malheureusement, le prix de vente d'une voiture est inversement proportionnel à son coût d'entretien. Les vieux tacots tombent souvent en panne et coûtent cher à réparer. Avec leurs véhicules constamment chez le garagiste pour réparation, les pauvres sont dans l'incapacité de se rendre à leur travail – et quand un travailleur marginal avec un emploi de bas niveau manque plusieurs jours à l'appel, il risque fort de se retrouver licencié.

Renault s'est alors rendu compte que la clé de la mobilité des personnes pauvres en France était de rendre l'entretien et la réparation de leurs véhicules plus abordables. Ainsi, en 2010, l'entreprise s'est mise à bâtir un réseau de garages automobiles acceptant de servir les membres de Mobiliz pour un coût réduit, tout en continuant à s'occuper des clients traditionnels pour permettre de compenser les frais remisés. Il existe maintenant plusieurs centaines de ces « garages solidaires », qui servent des milliers de clients éligibles, identifiés pour Mobiliz par des ONG locales travaillant en étroite collaboration avec les nécessiteux. Les garages bénéficient ainsi de la garantie d'un flux régulier de clients, qui de leur côté profitent d'un service de qualité assurant la pérennité de leurs véhicules et leur permettant d'améliorer leur existence.

Les expériences de Renault avec le social-business n'en sont qu'à leurs débuts. La société étudie maintenant d'autres moyens d'étendre les services de mobilité à ceux qui en ont besoin. En rendant, par exemple, les cours de conduite abordables et accessibles, par l'utilisation des smartphones pour mettre le Code de la route à la portée de tous, ou en instaurant à proximité des logements sociaux des services de partage de véhicules électriques à faible coût, louables à l'heure.

Un autre social-business lancé par le groupe d'action français s'appelle Optique Solidaire. Il s'agit d'une division de la société française Essilor, l'un des principaux fabricants mondiaux de lentilles et autres équipements optiques. Beaucoup de Français sont incapables de se payer des lunettes de qualité équipées de verres progressifs, vendues d'ordinaire entre 230 et 300 euros. À Essilor, une équipe d'experts a passé quinze mois à expérimenter de nouveaux modèles de lunettes et de systèmes de services dans le but de réduire ce coût. Désormais, ils ont mis sur pied un réseau de plus de 500 opticiens de détail, qui peuvent fournir des lunettes de qualité pour un prix modique de 30 euros. Conçu à l'origine pour s'adresser aux personnes âgées de soixante ans et plus, le programme a été élargi en 2014 pour inclure les moins de quarante-cinq ans qui en ont besoin. Les personnes éligibles sont celles qui bénéficient du RSA.

D'autres projets de social-business créés par le groupe d'action en collaboration avec les grandes entreprises françaises s'attaquent maintenant à des défis tels que des refuges d'urgence pour les sans-abri, une assurance habitation et des services bancaires accessibles aux plus pauvres[XVI].

En considérant ces projets, il paraît évident que lutter contre la pauvreté dans une nation riche du monde développé est bien différent du défi à relever dans un pays défavorisé d'Asie, d'Afrique ou d'Amérique latine. Parce que les pauvres sont une fraction relativement modeste de la population, qui vit souvent au milieu de voisins riches, l'une des difficultés est d'abord de les trouver, de les identifier et de concevoir le social-business dont ils pourront tirer bénéfice.

Je ne voudrais pas créer un système onéreux de tests ou de règles destinés à écarter les participants qu'on jugerait « indignes ». Mais j'entends veiller à ce qu'un social-business, dont l'objectif est d'atténuer les effets de la pauvreté, remplit bien son objectif. Le fait de rendre un service ou un produit disponible à tous au même prix risque d'évincer ceux qui en ont le plus besoin. C'est pourquoi il est important que les expérimentations des groupes d'action s'attachent à bien cibler les plus démunis.

Les projets créés par le groupe d'action français se sont révélés si passionnants et si fructueux que le concept s'est étendu à d'autres pays. YSB est actuellement en train de lancer d'autres groupes en Inde et au Brésil. Ces deux nations se trouvent dans une situation économique très différente de celle de la France. Ces deux pays émergents sont constitués d'une classe moyenne en plein essor, ainsi que d'une très large et persistante majorité de personnes pauvres, à la fois dans les campagnes et dans les vastes bidonvilles urbains. L'Inde et le Brésil disposent tous deux de très grandes entreprises, d'envergure mondiale. Je suppose que certaines des idées qui surgiront de ces deux nouveaux groupes d'action ressembleront à celles que nous voyons en France, tandis que d'autres seront tout à fait distinctes, adaptées aux besoins de leur propre structure sociale.

En Inde comme au Brésil, les équipes YSB ont déjà reçu l'engagement d'une série d'entreprises qui souhaitaient expérimenter de nouvelles structures économiques. Elles ont également établi des liens avec des universités locales, qui fourniront un soutien à la recherche. Il sera passionnant de regarder ces nouvelles expériences se développer. Des initiatives similaires se mettent en place à présent au Japon et en Australie. Cependant, les groupes d'action ne doivent pas se limiter aux pays riches ou aux grandes nations. Il faut en créer dans des pays pauvres ou modestes, en impliquant les entreprises locales et les multinationales qui y sont implantées. Enfin, nous devrions être en mesure d'utiliser les leçons tirées de ces pays pour nous aider à concevoir des groupes de social-business pour de nombreuses autres villes dans chaque région du monde.

La nouvelle économie et l'objectif de zéro pauvreté

Comme le suggèrent ces exemples, la transformation économique que le social-business contribue à insuffler donne à l'humanité, pour la première fois, l'opportunité de créer un monde sans pauvreté.

Je suis galvanisé par la conviction que la pauvreté n'est pas créée par les pauvres. C'est un fardeau imposé artificiellement sur une population dotée du même potentiel illimité de créativité et d'énergie que n'importe quel être humain, à n'importe quelle étape de sa vie, partout dans le monde. L'éradication de la pauvreté consiste à supprimer les obstacles, afin de libérer la créativité des plus démunis. Car ils ont le pouvoir de changer leur existence, si nous leur offrons les mêmes opportunités qu'à tout le monde.

Les entreprises de social-business créées dans tous les secteurs peuvent réaliser ce vœu de la manière la plus rapide.

J'insiste toujours pour dire que la pauvreté n'appartient pas à la société civilisée. Sa place est dans les musées, où nos enfants et petits-enfants iront découvrir quel niveau d'inhumanité certaines personnes ont connu, en se demandant comment leurs ancêtres ont permis à de telles conditions de persister si longtemps.

La génération montante a le pouvoir d'assurer l'éradication de la pauvreté de cette planète. Nous avons vaincu l'esclavage, nous avons vaincu l'apartheid, nous avons envoyé des êtres humains sur la lune – autant d'accomplissements autrefois jugés impossibles. Nous pouvons donc vaincre la pauvreté, si nous estimons qu'elle n'a pas sa place dans l'avenir que nous voulons créer. Il ne tient qu'à nous de décider que le monde dans lequel nous choisissons de vivre ne connaîtra plus ce fléau, puis de mettre en place le nouveau système économique qui rendra ce monde possible.

4.

Zéro chômage : Nous sommes des créateurs – pas des chercheurs d'emploi !

Depuis la grande crise de 2008-2009, le monde entier a compris que quelque chose ne tourne pas rond dans notre système économique. Le chômage des jeunes en est une preuve particulièrement frappante. En Europe, 18,6 % des moins de vingt-cinq ans sont sans emploi. En décembre 2016, dans certains pays, notamment la Grèce, l'Espagne et l'Italie, le taux dépasse 40 %[XVII]. Et aux États-Unis, un nombre important d'entre eux s'est découragé au point d'abandonner le marché du travail, ce qui améliore les statistiques mais fausse la réalité[XVIII].

Les études montrent en outre que le chômage chez les jeunes n'est pas un problème conjoncturel. Ceux qui passent plusieurs années sans emploi ou occupent des postes peu rémunérés et sans perspective d'évolution en subissent les conséquences à long terme. Même s'ils travaillent dur, ils n'ont guère de chance d'obtenir un travail mieux rétribué qui leur garantirait une stabilité pour la vie – ce qui les empêche donc de créer des opportunités pour la génération suivante.

Le fléau du chômage, si déterminant dans l'existence, est un des facteurs majeurs de la hausse des inégalités économiques qui, comme je l'ai dit, constitue une sérieuse menace pour l'avenir du monde. L'impact psychologique et social est tout aussi grave. Le chômage revient à mettre au rebut une personne tout à fait capable – une forme de punition particulièrement cruelle.

L'être humain est né pour être actif, créatif, dynamique et pour trouver des solutions lui permettant de libérer son potentiel illimité. Comment laisser quiconque « débrancher » un être humain créatif et lui refuser la possibilité d'utiliser ses formidables capacités ? Aujourd'hui, je vois pourtant des millions de jeunes aux États-Unis et en Europe contraints à l'oisiveté par l'échec massif de notre système économique. Avec pour conséquence l'émergence d'une jeune génération désespérée.

Lors de mes voyages, j'ai rencontré un nombre incalculable de jeunes hommes et femmes brillants et pleins d'énergie, qui se sentaient entravés par les limites de l'économie actuelle et de nos politiques inadaptées. Chômeurs ou sous-employés, ils sont dans l'incapacité d'acheter des maisons ou de bâtir une famille, et de rembourser les dettes considérables qu'ils supportent souvent pour financer leurs prêts étudiants. Ils se demandent pourquoi le monde semble n'avoir aucun besoin de leurs talents. Il n'est donc pas étonnant de voir des économistes comme Ludovic Subran en Espagne se lamenter : « C'est une génération tout entière qu'on sacrifie[XIX]. »

Pour ne rien arranger, les tendances démographiques et économiques ne montrent aucun signe d'amélioration. L'Organisation internationale du Travail (OIT) estime qu'avec l'arrivée des jeunes sur le marché, la main-d'œuvre disponible atteindra environ 400 millions de personnes au cours de la prochaine décennie. C'est pourquoi l'OIT parle du « défi urgent » de créer 400 millions d'emplois productifs au cours de la prochaine décennie, soit 40 millions par an[XX].

Le problème est aggravé par des tendances telles que l'automatisation, le développement de la technologie robotique et les progrès de l'intelligence artificielle, qui permettent aux entreprises d'éliminer les travailleurs dans de nombreux domaines sans grever la production. En outre, les gens vivent plus vieux et en meilleure santé, ce qui signifie qu'ils ont à la fois envie et besoin de travailler plus longtemps pour subvenir à leurs besoins, ce qui engorge le marché du travail. Il semble probable que, dans les années à venir, politiciens et gouvernements seront de plus en plus dépassés par les problèmes de création d'emplois et de gestion du chômage.

Quelle est la cause de ce problème ? Que pouvons-nous faire pour y remédier ?

Le problème du chômage : à diagnostic erroné, traitement inadapté

Évidemment, ces jeunes qui luttent aujourd'hui pour trouver des emplois décents n'ont rien à se reprocher – pas plus que les femmes pauvres du monde, prises au piège de la misère. Dans les deux cas, c'est le système économique que nous avons conçu et appliqué avec une confiance aveugle qui est en cause, et cela doit changer.

Le problème du chômage n'est pas créé par les chômeurs eux-mêmes. Il provient de conceptions largement biaisées, qui nous ont inculqué l'idée que les gens sont nés pour travailler au service d'une poignée de capitalistes chanceux. Étant donné que, selon la théorie actuelle, ces quelques créateurs d'emplois sont les moteurs de l'économie, toutes les politiques et les institutions sont taillées à leur mesure. S'ils ne vous embauchent pas, vous êtes finis. Quelle interprétation erronée de la destinée de l'homme ! Quelle insulte pour l'être humain, doté d'une créativité illimitée !

Notre système éducatif reflète cette même théorie économique. Il repose sur le principe que les étudiants doivent travailler dur et obtenir de bonnes notes, afin d'obtenir plus tard de bons emplois auprès des entreprises supposées être les moteurs de la croissance et de toute activité économique. Les meilleures universités du monde se glorifient de voir leurs étudiants arriver à la cérémonie de remise des diplômes, leur agenda déjà rempli de rendez-vous.

Il n'y a rien de mal à travailler toute ou partie de sa vie pour une entreprise. Mais rien ne va plus si le système économique s'obstine à ignorer la possibilité d'une alternative naturelle et attrayante. Les jeunes ne sont jamais informés qu'ils sont tous nés avec ce choix, qu'ils conserveront tout au long de leur existence : celui d'être soit des demandeurs d'emploi, soit des créateurs d'emplois – des entrepreneurs à part entière qui ne dépendent plus de la faveur d'un autre employeur.

Nous ne pouvons pas simplement nous asseoir et regarder toute une génération tomber dans les failles de la théorie économique parce que nous n'osons pas remettre en question la sagesse de nos théoriciens. Nous devons revoir notre copie en reconnaissant le potentiel illimité d'un être humain, au lieu de compter sur la « main invisible du marché » pour résoudre nos problèmes. Nous devons reconnaître que si cette main est invisible, c'est parce qu'elle n'existe pas – ou que si elle existe, c'est qu'elle se limite, de manière invisible, à servir les riches !

Dans le système économique actuel, les théoriciens ne nous ont jamais offert d'autres solutions au chômage que de promouvoir la croissance économique en investissant dans des programmes gouvernementaux de construction d'infrastructures ou de création d'emplois artificiels, associés à un État-providence visant à atténuer les souffrances des plus démunis. Ces politiques peuvent apporter des solutions partielles, mais elles ne parviennent pas à guérir les racines du mal.

Bien sûr, lorsque les gens souffrent du chômage, l'aide gouvernementale est nécessaire pour soulager leur condition. Mais, aussitôt après, la responsabilité beaucoup plus grande de la société – et de l'État qui la représente – est d'aider le plus tôt possible les gens à échapper à cet assistanat. Toute dépendance diminue l'être humain. Notre mission sur cette planète est d'en faire un monde meilleur pour tous, et non pas de tolérer l'existence d'une sous-classe dépendante et dépourvue de la liberté et de l'indépendance qui donnent tout son sens à la vie.

Nous disposons de la technologie et de la méthodologie économique nécessaires pour mettre un terme au fléau du chômage. Il ne nous manque qu'un cadre pour agir et la volonté d'y parvenir.

Surmonter les obstacles à l'emploi

L'un des préjugés qui nourrissent le problème du chômage est l'idée que certaines personnes sont incapables de produire de la valeur économique. Ces individus auraient des tares ou des faiblesses qui les rendent improductifs, et mériteraient ainsi d'être mis au rebut comme autant de déchets. Ils ne seraient bons qu'à recevoir l'aumône d'un gouvernement ou des organismes caritatifs.

Certes, certaines personnes ont besoin d'aide pour surmonter les obstacles qui leur bloquent l'accès à un travail utile. Celles qui souffrent d'un handicap physique ou psychologique requièrent un certain soutien – comme des machines ou des outils spéciaux, ou encore des horaires de travail adaptés. Certains travailleurs, qui ont vu leur poste supprimé en raison de l'automatisation, auraient besoin d'une formation pour les aider à développer de nouvelles compétences. Jamais on n'aurait dû laisser ces difficultés engendrer une population si importante et permanente de chômeurs, ainsi que nous le voyons dans la plupart des pays du monde.

La réalité est que presque tous les êtres humains sont parfaitement capables d'accomplir une tâche utile, qui ajoute de la valeur à la société tout en leur permettant de subvenir à leurs besoins – surtout lorsqu'ils sont libérés de l'exigence de générer des bénéfices toujours croissants pour un capitaine d'entreprise. Aujourd'hui, il existe des entreprises de social-business qui démontrent cette vérité – par exemple, la société Human Harbour Corporation, établie à Fukuoka, au Japon, depuis décembre 2012.

Lorsque j'ai entendu parler de Human Harbour lors d'une visite à l'université de Kyushu en 2012, c'était à l'occasion d'un concours de conception de social-business organisé par le *Yunus & Shiiki Social-business Research Center* de l'université. L'un des projets les plus prometteurs fut présenté par Isao Soejima, qui travaillait comme agent de probation en milieu carcéral. Soejima était préoccupé par le sort des ex-détenus, qui rencontrent de nombreux obstacles pour trouver du travail après leur sortie de prison – des obstacles créés pour l'essentiel par la société elle-même. Exclus des emplois ordinaires par la peur et les préjugés, ils sont nombreux à tomber dans la récidive, en utilisant les contacts noués en prison. Comme la plupart des pays, le Japon connaît un pourcentage élevé d'anciens détenus qui retournent en cellule après avoir commis de nouveaux crimes : les statistiques montrent que le taux de récidive national est passé d'environ 30 à plus de 46 %[XXI].

Soejima a donc voulu créer un social-business pour résoudre ce problème. En partenariat avec un ex-prisonnier nommé Atsushi Takayama, il a fondé Human Harbour Corporation (HH), le premier social-business du Japon. HH s'attaque à deux fléaux de la société : elle collecte et recycle les déchets industriels, réduisant ainsi le problème de la pollution et des dommages environnementaux, et, ce faisant, elle emploie un certain nombre de personnes soi-disant « inemployables », récemment libérées de prison.

Le projet de Soejima a fonctionné. HH est rapidement devenue autonome, atteignant un chiffre d'affaires de 2 millions d'euros en 2016 et visant les 3 millions pour 2017. L'entreprise emploie 26 personnes, dont 9 anciens détenus, sur 3 sites différents : Fukuoka, Tokyo et Osaka. L'un des employés, Taro Tachibana, a quitté l'entreprise en 2015 pour lancer son propre social-business de recyclage des déchets en partenariat avec HH. Ainsi, le concept qui a inspiré cette société se déploie et se développe de manière naturelle, comme souvent les bonnes idées commerciales.

Des entreprises telles que HH viennent confirmer que l'idée que certains seraient incapables de travailler utilement n'est qu'un mythe qu'il faut combattre. Ce n'est qu'un vieux préjugé qui empêche de créer un quelconque nouveau système économique.

Lutter contre le chômage au Bangladesh : le programme Nobin (Nouveaux Entrepreneurs)

Pendant des années, je me suis préoccupé du chômage endémique au sein de la deuxième génération des emprunteurs de Grameen. Ces personnes étaient allées à l'école, et beaucoup avaient même suivi des études supérieures. Néanmoins, des milliers d'entre eux ne parvenaient pas à trouver un emploi.

Finalement, j'ai fait une proposition. Une solution pratique, qui ouvre la porte des opportunités économiques aux jeunes Bangladais.

Comme je l'ai expliqué, la Grameen Bank et le système financier connu sous le nom de microcrédit ont débuté par une modeste initiative dans le village de Jobra en 1976. Ensuite, le microcrédit est devenu un mouvement mondial, qui a aidé plus de 300 millions de familles pauvres à améliorer leur situation économique.

Dès le début, la Grameen Bank s'est occupée de certaines questions fondamentales concernant les pauvres, en attirant leur attention sur l'importance de certaines pratiques, telles que la propreté physique et une bonne hygiène de vie. Nous avons encouragé des choix de vie positifs, comme l'habitude d'économiser, en facilitant l'ouverture de comptes d'épargne pour les emprunteurs de Grameen.

Nous nous sommes également concentrés sur la deuxième génération parmi les familles des emprunteurs. Nous avons encouragé ces familles à utiliser le *Centre House* – une cabane dans laquelle les emprunteurs se réunissent chaque semaine – comme lieu d'apprentissage pour leurs enfants. De nombreux groupes d'emprunteurs locaux payèrent un salaire modeste (généralement environ 500 takas, soit 5,40 euros) à une jeune fille ou une femme du voisinage pour faire la classe chaque jour à leurs enfants en âge préscolaire. Ces nouveaux centres de quartier dédiés au divertissement et à l'apprentissage ont familiarisé d'innombrables enfants à la lecture et à l'écriture, et ont aidé les familles qui n'avaient parfois jamais connu le moindre apprentissage scolaire à combattre leurs craintes et leurs préjugés.

Nous avons également introduit l'obligation d'envoyer chaque enfant à l'école dans la charte des emprunteurs, connue sous le nom des « 16 Décisions ». Ces engagements – dont le septième est : « Nous devrons éduquer nos enfants et veiller à ce qu'ils puissent gagner de quoi payer leurs études » – sont chantés par tous les emprunteurs de la Grameen Bank collectivement à chaque réunion de centre, semaine après semaine, année après année. Nous avons lancé une campagne pour nous assurer que 100 % des enfants des familles Grameen fréquentent bien l'école – un effort audacieux dans un pays où la plupart des enfants pauvres ne sont pas scolarisés – et nous avons attribué des bourses à des milliers d'étudiants chaque année afin de les encourager à poursuivre leurs études et à améliorer leurs performances par l'émulation.

Après l'école primaire, nous les avons encouragés à aller au collège – ce que la plupart d'entre eux ont fait. Et à la fin de leurs études secondaires, nous les avons incités à entrer à l'université, en proposant un nouveau programme de prêts scolaires pour rendre l'enseignement supérieur accessible aux enfants issus de familles pauvres. Désormais, des milliers d'étudiants empruntent à la Grameen Bank pour obtenir un diplôme – médecins, ingénieurs et autres professionnels.

Hélas, cette réussite a entraîné un autre problème. La plupart des nouveaux diplômés ne trouvaient pas d'emploi. Nous avons donc lancé un autre programme, qui a commencé par une campagne visant à réorienter les jeunes esprits : au lieu de s'adonner à la traditionnelle chasse à l'emploi, pourquoi ne pas créer des postes grâce à l'entrepreneuriat ? Nous avons invité les enfants des familles de la Grameen à répéter le mantra suivant : « Nous ne sommes pas des demandeurs d'emploi, nous sommes des créateurs d'emplois. » Et pour les aider à transformer ce vœu en réalité, nous avons créé un nouveau programme d'offres de prêts afin de soutenir les nouveaux entrepreneurs dans leurs efforts pour créer des entreprises. Nous avons commencé à appeler les jeunes qui choisissent cette voie *nobin udyokta* – « nouveaux entrepreneurs » en bengali.

Lorsque nous avons annoncé le programme Nobin en 2001, le taux de création d'entreprises était encore faible. Beaucoup de parents de la Grameen hésitaient à laisser leurs fils ou leurs filles prendre de nouveaux crédits alors qu'ils avaient encore d'importants prêts étudiants à rembourser. En outre, pour la même raison, certains membres du personnel de notre banque rechignaient eux aussi à concéder ces prêts supplémentaires.

Pour trouver une solution et encourager davantage les jeunes de la Grameen à adopter l'esprit d'entreprise, j'ai eu l'idée de créer des fonds de social-business, en dehors de la structure de notre banque, destinés à assumer la responsabilité exclusive du financement des nouveaux entrepreneurs. Pour implanter les idées entrepreneuriales dans l'esprit de tous les investisseurs et pour affiner la méthodologie grâce à une interaction régulière avec des personnes de tous horizons, j'ai décidé de créer une plate-forme ouverte, où les jeunes entrepreneurs potentiels pourraient présenter leurs projets. J'espérais que cette plate-forme encouragerait les jeunes à proposer des idées commerciales, tout en aidant à montrer comment les projets de social-business peuvent être appliqués à des défis sociaux et économiques concrets.

En janvier 2013, le Yunus Center de Dhaka a organisé avec succès le premier *Social Business Design Lab*[1]. Encouragés par cette réussite, nous avons décidé de tenir des sessions régulières. Cet événement mensuel attire maintenant des dirigeants d'entreprises, des directeurs d'ONG, des universitaires, des étudiants, des spécialistes et des acteurs sociaux. Parfois, il arrive que des participants proposent de devenir investisseurs dans certains des projets présentés au cours de la session.

En avril 2017, par le biais des Labos de conception, près de 16 000 nouveaux entrepreneurs ont vu leur projet approuvé. Ils ont reçu des conseils et de l'aide, et bénéficié de fonds d'investissement s'élevant à près de 20 millions d'euros. Outre les sessions publiques mensuelles, bien d'autres se déroulent en interne, portant jusqu'au stade d'approbation finale environ mille projets par mois. D'ici la fin 2017, ce nombre pourrait doubler. Jusqu'à présent, nous avons maintenu une qualité très élevée dans notre sélection et notre suivi. Même si nous avons essayé de ralentir le rythme pour assurer la qualité, nous prévoyons d'atteindre les 25 000 approbations avant la fin de l'année, pour un montant total investi dépassant les 32 millions d'euros.

Notez que les fonds et les investisseurs qui accompagnent les nouveaux entrepreneurs sont des entreprises de social-business, mais ces entrepreneurs eux-mêmes établissent des sociétés conventionnelles qui se consacrent à

1. Laboratoire de conception de social-business.

générer du profit. Pour vous donner un aperçu des types de projets financés par le programme Nobin, en voici six exemples ayant reçu l'approbation d'un Labo en mai 2016 :

- Mitali Tailors : une jeune veuve et mère de deux enfants, du nom de Rumi Mallik, a reçu des fonds pour aider à développer l'entreprise de confection de son défunt mari, huit mois après le décès de ce dernier.
- Priyonto Nursery : un expert en greffe végétale, Ranjan Chandra Sutradhar, a bénéficié d'un investissement pour l'aider à créer ses propres pépinières.
- Etee Jamdani House : Mussamat Parvin, un talentueux tisserand de *jamdani* (beau tissu de mousseline pour saris), a reçu des fonds pour agrandir sa société, basée à domicile.
- Salim Pakha Shilpo : Asma Begum, qui fut contrainte de quitter son mari après avoir subi une longue série de sévices physiques, s'est vu confier des fonds destinés à lancer une entreprise fabriquant des éventails traditionnels en feuilles de palmier.
- Tumpa Rice Mill : Muhammad Ruhul Amin, un riziculteur expérimenté, a obtenu un investissement pour créer sa propre exploitation de rizières.
- Bodhua Beauty Parlor : Hasna Beurg, une esthéticienne expérimentée, a reçu des fonds pour l'aider à développer son activité.

Comme vous pouvez le constater, ce ne sont pas des projets énormes comme ceux que privilégient de nombreux programmes de développement économique traditionnel : aciéries, usines d'électronique et autres centrales hydroélectriques. Il s'agit au contraire de petites et solides entreprises, conçues par des jeunes locaux, qui comprennent les besoins et les préférences de la communauté, nécessitant chacune un financement qui va d'environ 1 000 à 3 000 euros. Chacune de ces sociétés commencera avec l'entrepreneur seul, qui embauchera un ou plusieurs employés supplémentaires au fur et à mesure de son développement. Mais chacune représente l'opportunité pour une jeune personne d'avoir un bon avant-goût de l'esprit d'entreprise et d'indépendance, tout en fournissant un bien ou un service utile à la communauté. Multipliées par des milliers, voire des millions, de telles expériences entrepreneuriales peuvent contribuer à revitaliser l'économie d'innombrables villages au Bangladesh et à transformer les perspectives de notre jeunesse.

Il a fallu quelque temps au Yunus Centre pour doter le programme Nobin d'un système de fonctionnement efficace. Entre janvier et septembre 2013, nous avons développé la méthodologie de base, les modèles de rapports d'activité, le système de suivi quotidien, le système de comptabilité, les procédures d'identification et d'évaluation, etc. Actuellement, nous sommes en train d'élaborer des services collectifs : systèmes de gestion informatisée, logiciels de comptabilité et centres de formation. Une structure de mise en place rigoureuse a été conçue pour s'assurer que les nouveaux entrepreneurs obtiennent une orientation et une formation approfondies dans la gestion des affaires, la comptabilité et la rédaction de rapports, ainsi que l'accès aux services d'assistance.

Initialement, le Grameen Telecom Trust – une autre succursale de la famille Grameen – était l'investisseur principal dans l'émission de fonds destinés aux nouveaux entrepreneurs. Aujourd'hui, d'autres sociétés sœurs, dont la Grameen Kalyan (pour les soins de santé), la Grameen

Shakti Samajik Bybosha (pour la promotion des entreprises) et le Grameen Trust (dédié à l'exportation de la méthodologie Grameen) ont rejoint le programme. Ensemble, elles ont créé un total de quatre fonds de social-business pour mener à bien leurs propres programmes Nobin.

En moyenne, environ 150 personnes assistent à chaque Labo public, tandis que d'autres suivent la session diffusée en direct sur Internet dans plus de trente pays. Les participants posent des questions, suggèrent des moyens d'améliorer le projet ou soulèvent des problèmes omis dans la phase préparatoire.

Le Labo de conception lui-même est en fait l'aboutissement d'un processus élaboré, qui débute par la prospection d'un nouvel entrepreneur potentiel. Chaque fonds de social-business bénéficie de son propre bureau au niveau du village, avec du personnel qui s'occupe de rechercher de futurs entrepreneurs, de rester en contact étroit avec eux et de les aider à résoudre leurs difficultés. On rend visite aux futurs chefs d'entreprise potentiels chez eux, pour en apprendre davantage sur leurs rêves, leurs soucis et leur soutien familial. Une fois que 30 à 50 jeunes hommes et femmes ont été repérés et contactés, le personnel local organise une session d'orientation. Le but est d'y expliquer les règles et procédures du programme Nouveaux Entrepreneurs, d'inviter chaque participant à exposer brièvement son concept commercial et de mener une discussion collective afin d'évaluer chaque projet. Par la suite, les animateurs de la session dressent une courte liste des participants qui les ont impressionnés par leur potentiel de réussite – c'est la première étape du processus de sélection.

Ceux qui échouent à cette sélection sont-ils pour autant condamnés au chômage ? Pas du tout. Nous expliquons notre politique de base à tous les participants : nul n'est rejeté et nul n'est abandonné, même si son projet échoue au stade initial. Nous suivons cette ligne tout au long du processus. Par conséquent, ceux qui ne sont pas sélectionnés pour le programme la première fois sont assurés d'être invités à la session suivante. Pendant ce temps, ils peuvent se préparer pour améliorer la présentation de leur projet.

Les candidats sélectionnés suivent un deuxième cycle d'exercices de développement d'entreprise. Dans ce cadre, ils sont invités à Dhaka, où ils donneront à leur projet une forme définitive et professionnelle, avec l'aide d'un personnel formé. Des résumés de présentation sont préparés en anglais, en vue d'un pitch de cinq minutes au cours d'un Labo de conception.

Habituellement, après ce long processus de préparation, le jury du Labo a le plaisir d'approuver chacun des projets, sans se priver de donner de bons conseils et de pointer certains problèmes pour aider à améliorer la mise en œuvre concrète. Dans de rares cas, on demande à un entrepreneur de modifier son projet pour y apporter des améliorations et le présenter au Labo suivant.

Une fois le projet approuvé, débute alors le processus de mise en œuvre accompagnée. L'investisseur et l'entrepreneur traversent une période de formation et de supervision afin d'optimiser leur collaboration. Outre son investissement, l'entrepreneur débutant reçoit une formation en gestion et des conseils pour assurer le succès de son entreprise. Les investisseurs sont heureux de fournir ces services additionnels, puisqu'ils ont un fort intérêt social à la réussite de l'entreprise. Ainsi, tout comme les capital-risqueurs fournissent coaching et conseils pour maximiser le potentiel de croissance des entreprises qu'ils soutiennent, nos investisseurs en social-business offrent de l'aide et une supervision aux nouvelles entreprises qu'ils accompagnent.

Au cours de cette période, on met à plat tous les problèmes de réglementation liés aux activités proposées, on fournit toute la documentation nécessaire, ainsi que la formation au contrôle de gestion et à la comptabilité.

Enfin, les fonds d'investissement sont mis à disposition et l'entreprise commence à fonctionner. Le logiciel de comptabilité et de suivi développé par Grameen Communication (dédié à la technologie informatique) compile quotidiennement les données clés des activités de chaque nouvel entrepreneur. Tous ces éléments sont dirigés vers un serveur central, qui génère des rapports de suivi quotidiens pour chaque entreprise et présente les données, via des tableaux de bord ergonomiques, à destination des fonds d'investissement.

Le programme Nobin repose sur la solide conviction que tout le monde peut devenir entrepreneur – prendre en mains son existence et contribuer à l'économie et à la société en créant une entreprise fondée sur la créativité individuelle. En regroupant autour des jeunes entrepreneurs, qui ont besoin de capital et de soutien, des fonds de social-business, des investisseurs et des experts en conception d'entreprise, nous démontrons le bien-fondé de cette certitude et nous aidons des milliers de jeunes démunis à échapper au piège du chômage.

Du prêt à l'investissement : promouvoir l'esprit d'entreprise

Lorsque je faisais la promotion du microcrédit pour les femmes pauvres au cours des premières années d'existence de la Grameen Bank, de nombreux experts du monde entier ont affirmé que le concept échouerait parce que l'esprit d'entreprise est une qualité rare – rare chez les pauvres, et encore plus rare chez les femmes pauvres. Mais j'ai pris le pari inverse : que tous les êtres humains sont entrepreneurs dans l'âme, tous sans exception, hommes ou femmes, ruraux ou urbains, riches ou pauvres. Le programme Nobin trouve ses racines dans cette conviction.

La grande différence entre le microcrédit et le programme Nobin est que ce dernier se concentre sur l'accès pour des entrepreneurs en devenir à un financement par capitaux propres, c'est-à-dire via des fonds d'investissement plutôt que des prêts. Permettez-moi de prendre un moment pour expliquer comment fonctionne le financement par apport de capitaux propres dans le monde du social-business.

Dans notre version social-business du capital-risque, les investisseurs ne retirent pas de bénéfices de leur investissement. Ils récupèrent cependant leur mise de départ, augmentée d'une somme que nous appelons « redevance de transfert d'actions » – soit 20 % de l'investissement total, pas plus. Dans le programme Nobin, les entrepreneurs sont ainsi tenus de rembourser l'argent qu'ils ont reçu, augmenté des frais de transfert d'actions, dans un délai convenu. Lorsque ce cap est atteint, la propriété de l'entreprise est transférée à l'entrepreneur.

La redevance de transfert d'actions fixée à 20 % évite d'avoir à évaluer une valeur d'action au moment du transfert de propriété. En considérant les choses sous un autre angle, cette taxe de 20 % peut être considérée comme une modique rémunération pour tous les services de formation, d'assistance, de conseil, de résolution de problèmes et de services comptables dont chaque projet a bénéficié depuis que le nouvel entrepreneur et l'investisseur ont commencé à travailler ensemble. Cette somme permet également de couvrir les coûts de gestion du fonds de social-business lui-même. Avec cette redevance, nous permettons à ces fonds de subvenir à leurs propres besoins en tant qu'entreprises durables et de continuer ainsi à aider les jeunes chômeurs à devenir des entrepreneurs.

La redevance de transfert d'actions offre cette aide à un coût relativement faible. Si l'entrepreneur avait emprunté de l'argent à une banque du Bangladesh, son taux d'endettement aurait, durant une période de remboursement de trois ans, augmenté au moins deux fois plus qu'avec les 20 % que nous avons déterminés. Et avec une période de remboursement plus longue, le montant de l'intérêt augmenterait d'autant. Au final, je pense que le fait de facturer ces frais de transfert d'actions, au moment où l'entrepreneur devient propriétaire de sa société, est un moyen raisonnable de couvrir les coûts associés au financement d'une nouvelle entreprise.

Je suis convaincu que des initiatives telles que le programme Nobin possèdent un potentiel immense. Ce concept offre la possibilité de s'attaquer à la question du chômage des jeunes – ou de toute autre catégorie, d'ailleurs – de manière durable et reproductible. Cela change la donne : on passe de la formule traditionnelle de création d'emplois via des initiatives d'entreprises à profit maximal ou des investissements gouvernementaux dans de grands projets d'infrastructures, au financement simple, direct, durable et à micro-capitaux d'une entreprise créée par le chômeur lui-même. Ici, notre action vise directement la personne en difficulté. La solution n'est plus le sous-produit incertain d'une entreprise conçue dans un but très différent, à savoir optimiser les bénéfices pour autrui.

Comme la Grameen Bank, le programme Nobin a développé une méthodologie solide. Il peut s'appliquer dans n'importe quel pays, n'importe quel quartier de n'importe quelle ville, village ou communauté. Il est indépendant et financièrement autonome. Il est utile partout où règne le chômage ou le sous-emploi, dans les villes bondées comme dans les villages dépeuplés, dans les camps de réfugiés comme dans les communautés d'immigrants, dans les pays à faibles revenus comme dans les pays très riches. Il fonctionne partout parce que son principe de base est identique : tous les êtres humains sont des entrepreneurs nés.

La méthodologie du programme Nobin est relativement facile à appliquer à grande échelle, comme nous le faisons au Bangladesh, ou à un niveau plus modeste, celui d'un seul chômeur en particulier. Tout individu doté d'argent à investir peut l'employer pour s'attaquer au chômage dans la communauté de son choix. Il suffit d'évaluer l'idée d'entreprise proposée par un entrepreneur potentiel, d'offrir des conseils, de l'accompagnement et une assistance pour améliorer les chances de réussite de l'entreprise débutante et, enfin, de fournir un financement par capitaux propres à rembourser par l'entrepreneur sur une période prédéterminée. La redevance de transfert d'actions de 20 % devrait être incluse, ce qui formalise le transfert de propriété de l'investisseur vers l'entrepreneur.

Dans le cas d'un investisseur individuel de social-business qui veut investir dans le projet de deux ou trois nouveaux entrepreneurs, qu'advient-il des capitaux propres une fois que les entrepreneurs ont remboursé ? Après avoir récupéré sa mise initiale, un investisseur en social-business peut choisir d'en faire ce qu'il veut : réinvestir dans un autre nouvel entrepreneur ou l'utiliser à tout autre chose.

L'investisseur qui réinjecte son argent pour aider un autre entrepreneur démontre toute la force et le potentiel de ce nouveau modèle économique. Contrairement à un don caritatif, l'investissement dans un social-business qui est réinjecté ne s'évapore jamais. Au contraire, cet argent continue de travailler, aidant à soulager une personne après l'autre en cas de chômage – ce qui permet d'approcher d'encore plus près le stade du zéro chômage.

Des villages du Bangladesh aux rues de New York : le microcrédit comme outil de promotion de l'esprit d'entreprise

Même dans les pays les plus riches de la planète, un grand nombre de personnes sont réduites à la pauvreté, ou à la quasi-pauvreté, parce qu'elles dépendent des possibilités d'emploi comme seule source possible de revenus.

Dans les pays comme les États-Unis, une grande partie de la détresse économique – une détresse qui a contribué à alimenter la montée de la colère, de la frustration et de l'hostilité aboutissant à la surprenante victoire électorale de Donald Trump en 2016 – peut être attribuée au fait que les personnes sont piégées dans un système qui repose sur les grands employeurs pour maintenir en vie les économies locales. Ainsi, lorsque les grandes entreprises se délocalisent à l'étranger, automatisent leurs usines ou ferment tout simplement, des communautés entières se retrouvent condamnées. Et dans les quartiers occupés en majorité par des personnes défavorisées (comme les gens de couleur, qui sont les derniers à pouvoir accéder aux emplois), le chômage peut devenir permanent, condamnant des générations à des existences de luttes et de souffrances.

Je crois que la solution entrepreneuriale peut jouer un rôle important dans le soulagement de ce fléau, aux États-Unis comme dans d'autres pays riches, ainsi qu'on commence à le voir au Bangladesh. Pour preuve, je signale le succès croissant de Grameen America, la banque qui a exporté les méthodes et la philosophie de la Grameen Bank du Bangladesh aux villes des États-Unis.

Depuis des décennies, les gens se demandent si le microcrédit pourrait donner du pouvoir aux pauvres et atténuer les dommages causés par le chômage dans les pays riches. C'est l'une des raisons pour lesquelles les chefs de gouvernement et d'entreprise du monde entier étudient la Grameen Bank et cherchent à en tirer des leçons. La première exportation de la Grameen Bank aux États-Unis s'est effectuée en 1987 dans l'Arkansas, l'un des États les plus pauvres du pays. C'est ainsi que je suis devenu ami avec Hillary Clinton, alors qu'elle était Première Dame d'Arkansas, bien avant qu'elle ne vive à la Maison-Blanche et qu'elle ne soit élue sénatrice et secrétaire d'État.

Depuis, malgré l'expérience de l'Arkansas, beaucoup de gens ont soutenu que les programmes de type Grameen ne pouvaient pas survivre aux États-Unis, au prétexte que la population et l'économie y sont trop différentes de celles du Bangladesh. Comme j'ai toujours soutenu le contraire, certains m'ont encouragé à démontrer mon point de vue à travers un programme concret mené aux États-Unis. Et j'ai finalement franchi le pas en 2008. Avec le soutien financier et managérial de Vidar Jorgensen, un entrepreneur engagé du Massachusetts, nous avons lancé Grameen America Inc (GAI), en commençant avec une seule unité à Jackson Heights, dans le quartier du Queens à New York.

Les réactions furent immédiatement positives. Beaucoup de femmes du quartier, issues de milieux divers, furent ravies d'avoir accès au crédit qui leur permettrait de démarrer leur propre entreprise ou d'agrandir la société modeste qu'elles possédaient déjà. Tout comme au Bangladesh, la clientèle de GAI se compose de femmes qu'une banque conventionnelle n'aurait jamais considérées comme solvables – sans garantie, ni actif, ni épargne, ni la moindre référence. Tout ce qu'elles avaient, c'était une idée et le puissant désir de travailler dur pour la mettre en œuvre.

En quelques mois, la branche Jackson Heights de GAI a recruté des centaines de « membres » – c'est ainsi que nous les appelons. Avec le succès, les demandes ont commencé à inonder les bureaux de GAI depuis d'autres villes des États-Unis, pour obtenir le même service. Cependant, en constatant que les fonds pour lancer ces autres programmes n'étaient pas facilement disponibles, les dirigeants de GAI ont décidé d'évoluer lentement, en veillant à ce qu'un financement adéquat soit mis en place avant de songer à créer une nouvelle succursale. Ils voulaient également éviter de risquer une expansion excessive, qui aurait exercé une trop grande pression sur leurs ressources humaines limitées et leurs modestes capacités de gestion. Ils ont donc soigneusement sélectionné des lieux où ils estimaient que le besoin local était réel et le soutien financier important.

GAI est maintenant dirigée par Andrea Jung, ancien président et P-DG d'Avon. Son travail dévoué a donné à l'entreprise un cadre organisationnel robuste et financièrement durable. Depuis mars 2017, GAI travaille dans dix-neuf agences situées dans douze villes, dont New York, Los Angeles, Indianapolis, Omaha et Charlotte (en Caroline du Nord). Elle compte plus de 86 000 membres, toutes des femmes, dont beaucoup d'immigrantes sans papiers qui, par conséquent, peinent à accéder aux services sociaux et financiers traditionnels. Les membres de GAI ont reçu des prêts totalisant plus de 590 millions de dollars[1], et maintiennent un taux de remboursement supérieur à 99 %.

L'année prochaine, GAI fêtera son dixième anniversaire. À cette date, elle prévoit une adhésion de plus de 100 000 membres et un total cumulatif de plus d'1 milliard de dollars[2] de prêts. Au cours de la prochaine décennie, Jung espère atteindre 1 million d'emprunteurs, via un réseau de

1. Environ 506 millions d'euros.
2. 860 millions d'euros.

100 succursales. Cela nécessitera environ 1,5 milliard de dollars[1] en prêts et capitaux – une somme qui pourra facilement être augmentée si GAI parvient à obtenir une licence bancaire limitée lui permettant d'accepter des dépôts, ou bien si elle lance un fonds de social-business pour mobiliser des capitaux.

Une des leçons essentielles de GAI réside dans le fait que les principes et systèmes de fonctionnement qui assurent la réussite du microcrédit dans des endroits comme New York et le Nebraska sont presque exactement les mêmes que ceux que nous avons développés dans les villages du Bangladesh. Nous ne prêtons à une femme qu'une fois qu'elle a pu réunir cinq personnes ou qu'elle a pu se joindre à un groupe en train de se constituer. Les femmes ainsi regroupées s'échangent soutien, conseils et encouragements. Avant de recevoir un prêt, un membre doit présenter au personnel de GAI son projet d'entreprise et un plan viable pour le mener à bien. Les membres s'engagent également à maintenir leurs enfants à l'école, à entretenir la santé et le bien-être de leur famille, et en général à œuvrer pour un avenir meilleur. Sous tous ces aspects, la formule de microcrédit Grameen aux États-Unis est exactement la même que celle utilisée au Bangladesh.

Il est important de comprendre que toutes les organisations du monde qui ont pris le train du microcrédit n'ont pas respecté les mêmes règles. De nombreuses ONG ont lancé des programmes de microcrédit qui ignorent ou contournent les principes qui ont rendu la Grameen Bank prospère et efficace. De manière flagrante, certaines

1. 1,3 milliard d'euros.

ont converti le microcrédit d'un social-business dédié à aider les personnes pauvres (et, dans le cas de la Grameen Bank, détenue et contrôlée par les pauvres eux-mêmes) en un système destiné à générer des revenus pour enrichir les nantis.

Certaines de ces entreprises de microcrédit facturent des taux d'intérêt de 80 % ou même davantage, soit plusieurs fois le maximum facturé par la Grameen Bank. Elles justifient ces taux exorbitants en soulignant les difficultés liées au service des miséreux et aux risques de non-remboursement. Mais la Grameen Bank a surmonté ces mêmes difficultés, tout en s'assurant que les pauvres conservent et utilisent l'essentiel de l'argent qu'ils gagnent dans leurs entreprises, plutôt que devoir le payer à la Grameen Bank en remboursement de leurs prêts.

D'autres organisations de microcrédit exigent une garantie pour leurs prêts : un bien immobilier, que les emprunteurs engagent pour garantir leur dette. Cette pratique exclut les personnes les plus démunies, celles-là mêmes pour lesquelles j'ai conçu le microcrédit. Dans d'autres cas, les entreprises qui vendent des produits de consommation non essentiels incitent les pauvres à les acheter en organisant des financements par le biais de programmes dits de microcrédit. Une telle pratique est totalement contraire à l'objectif de Grameen. Nous prêtons de l'argent pour soutenir les investissements productifs afin que les emprunteurs puissent construire des actifs et se sortir eux-mêmes, et leurs familles, de la pauvreté. L'endettement excessif pour la consommation tend à piéger les gens et à les enchaîner au lieu de les libérer.

Pour toutes ces raisons, j'exhorte les personnes qui veulent comprendre comment le microcrédit fonctionne vraiment à étudier les organisations Grameen, dont la Grameen Bank au Bangladesh, GAI aux États-Unis et bien d'autres à travers le monde. Et je condamne fermement les programmes de microcrédit conçus pour rapporter de l'argent à leurs riches propriétaires. Il s'agit là d'une perversion du modèle que nous avons créé pour aider les pauvres, qui perturbe la compréhension de ce qu'est véritablement le microcrédit.

Bien sûr, les conditions économiques et sociales au Bangladesh et aux États-Unis diffèrent profondément. Il en va de même pour certaines caractéristiques du marché dans lequel fonctionnent les deux programmes. Par exemple, au Bangladesh, la Grameen Bank travaille dans les villages ruraux, où la plupart des pauvres du pays sont concentrés. Aux États-Unis, la pauvreté se retrouve à la fois dans les zones rurales et urbaines, mais jusqu'à présent, on ne trouve des agences GAI que dans les centres urbains. Cela signifie que les types de petites entreprises que GAI soutient sont ceux conçus pour réussir en milieu urbain, au service d'une clientèle essentiellement urbaine.

En outre, l'investissement nécessaire pour démarrer une entreprise est généralement beaucoup plus important aux États-Unis qu'au Bangladesh. Le prêt moyen y est beaucoup plus élevé. Au Bangladesh, beaucoup de femmes sont en mesure de démarrer une entreprise en empruntant seulement 40 à 50 dollars[1] – assez pour acheter une machine à coudre, un métier à tisser ou des produits simples leur

1. Environ 34 à 43 euros.

permettant d'ouvrir une petite boutique de village. Aux États-Unis, les prêts de lancement de GAI se situent généralement entre 1 000 et 1 500 dollars[1]. À mesure que les membres remboursent leurs prêts initiaux et créent leur entreprise, ils deviennent éligibles à d'autres prêts qui sont généralement plus élevés.

Voici quelques exemples d'entrepreneurs à succès que GAI a soutenus grâce à des prêts :

• Damaris M. a rejoint GAI en 2014 et utilisé son premier prêt de 1 500 dollars pour acheter des fournitures destinées à son nouveau restaurant à Boston, *Sabor de Mi Tierra*, où elle sert des spécialités des Caraïbes et d'Amérique centrale. Trois ans plus tard, elle en est à son sixième prêt et a élargi ses activités avec un montant d'emprunts cumulé de plus de 17 000 dollars[2]. Damaris emploie une personne à temps partiel et, pour répondre à la demande croissante, bénéficie de l'aide de son fils Brian, qui s'occupe des courses tôt le matin, et de sa fille Diana, responsable des livraisons.

• Reyna H., mère de famille, s'est tournée vers l'entrepreneuriat pour subvenir aux besoins de ses sept enfants et pour leur démontrer la valeur du travail acharné. En 2015, elle a adhéré à GAI, empruntant 1 500 dollars afin d'acheter de la peinture, des marchandises, des étagères et des caisses de bijoux pour aménager la vitrine de sa boutique à North Austin, au Texas. Parvenue à son troisième prêt, Reyna s'est équipée pour accepter les paiements par carte de crédit et espère acquérir une plus grande boutique, plus proche de ses clients du centre-ville d'Austin.

---

1. Environ 860 à 1 300 euros.
2. Environ 14 600 euros.

• Greisy N. est propriétaire de son salon de beauté depuis plus de quinze ans. Jusqu'alors, elle n'avait jamais eu les moyens d'agrandir ses locaux pour répondre à la demande croissante. En 2016, elle a rejoint la succursale de GAI à Newark, dans le New Jersey, et a reçu un prêt de 1 300 dollars[1] qu'elle a utilisé pour acheter des teintures capillaires et autres produits de beauté. Elle a également souscrit un compte d'épargne ouvert et économise une partie de son revenu chaque semaine dans l'espoir de financer les rénovations dont son salon a besoin.

Des histoires comme celles-ci illustrent le fait que le système de prêt que nous avons développé pour les pauvres dans les villages ruraux du Bangladesh fonctionne aussi bien pour les personnes défavorisées des États-Unis. Les ajustements nécessaires pour reproduire le programme en Amérique se sont révélés mineurs. Il s'avère que les qualités fondamentales des êtres humains – notamment leur potentiel entrepreneurial – sont les mêmes dans tous les pays et parmi tous les groupes ethniques. Cela me donne l'espoir qu'une méthode contre le chômage qui fonctionne dans un endroit peut finalement fonctionner partout.

Maintenant que GAI est solidement établie, la prochaine étape sera naturellement de développer un programme Nobin pour investir dans des entreprises lancées par des jeunes Américains à faibles revenus. Nous y travaillons, et j'espère que nous pourrons lancer prochainement ce nouveau programme.

1. Environ 1 120 euros.

L'entrepreneuriat, la nouvelle économie et l'objectif du chômage zéro

Pour nombre de lecteurs, l'histoire que je viens de raconter dans ce chapitre semble probablement paradoxale. Beaucoup de gens, y compris de nombreux économistes, considèrent les États-Unis comme la nation capitaliste la plus dynamique et la plus novatrice de l'Histoire, et donc comme le modèle même d'une économie entrepreneuriale. Pourtant, ce bastion dynamique du libéralisme économique est depuis longtemps en proie au fléau apparemment insurmontable du chômage, qui condamne des millions de personnes à l'oisiveté.

La nature même de ce fardeau a même incité les économistes à inventer le concept contradictoire de « plein-emploi ». Il ne s'agit pas véritablement d'un emploi à 100 %, mais plutôt d'un niveau de chômage minimal vaguement défini (peut-être 4 ou 5 %) et qui laisse au ban de la société un nombre « acceptable » de quelques millions de personnes. Ce concept laisse entendre non seulement qu'il n'est pas grave de laisser sans emploi des millions de personnes, mais aussi qu'on a bien de la chance de s'en sortir avec un nombre aussi insignifiant !

Mon expérience avec la Grameen Bank m'autorise à contester cette doctrine du désespoir. Je me suis rendu compte que lorsque les personnes engluées dans l'inactivité peuvent gagner leur vie et alors réaliser leurs rêves. Leur esprit peut se réveiller. L'embauche ou non par un recruteur ne décidera plus de leur sort. Elles ne seront plus à la merci des autres.

Il est intéressant de noter que mon idée de transformer les chômeurs en entrepreneurs est née dans un pays qui, jusqu'à il y a quarante ans, était presque exclusivement composé de petits agriculteurs. Aujourd'hui, je demande instamment à l'Occident hautement industrialisé d'adopter cette idée pour résoudre le problème du chômage, en particulier celui des jeunes. Cette adhésion renversera le préjugé selon lequel les idées nouvelles s'inventent en Occident avant de se répandre progressivement vers les pays du Sud. J'espère que mes amis des pays riches ne rechigneront pas à appliquer cette idée uniquement en raison de sa provenance inhabituelle.

Si nous pouvons convertir le chômage en entrepreneuriat, la quantité de créativité, de talent et de productivité humains que nous libérerons sera incalculable. Mieux encore, nous pourrons sauver des centaines de millions de personnes de la dépendance étatique et du malheur de se sentir inutiles.

Cette métamorphose aura un impact essentiel sur le processus toujours croissant de concentration des richesses. Tout d'abord, chaque nouveau micro-entrepreneur que nous lançons deviendra un micro-détenteur de richesses. Celles-ci ne seront plus concentrées entre les mains d'1, 2 ou même 5 % des entrepreneurs. Peu à peu, de nouveaux foyers de prospérité se développeront pour aider à sortir de la misère ces communautés où le fameux 1 % ne met jamais les pieds.

Ensuite, cette élite de 1 % trouvera moins de personnel. Tous les micro-entrepreneurs occupés à gérer leurs propres entreprises ne seront plus disponibles pour travailler comme des mercenaires à son service, ce qui ralentira d'autant l'évasion des richesses vers le haut de la pyramide.

Enfin, la propagation de l'esprit d'entreprise permettra aux femmes de participer plus pleinement à l'économie – ce qui demeure un problème dans le monde, tant dans les pays riches que dans ceux en développement. Sur le marché actuel de la recherche d'emploi, les femmes sont gravement désavantagées. La plupart des postes leur sont fermés. Des règlements rigides entrent en conflit avec le rôle que beaucoup de femmes aspirent à jouer en tant que mères, que pilier de la vie familiale. Les efforts concédés pour ajuster ces règles n'ont que partiellement abouti. Par conséquent, des millions de femmes se sentent forcées de sortir du monde du travail, et la communauté tout entière est privée de leur créativité.

Dans le cadre d'un entrepreneuriat universel, les femmes pourront organiser leur vie professionnelle comme elles le souhaitent, en utilisant la technologie pour travailler quand elles le veulent et d'où elles veulent. Elles révéleront des aspects de l'économie inconnus des hommes, et l'apport de cette nouvelle force de travail féminine dopera considérablement la productivité.

À la suite de ces changements, l'essor de l'esprit d'entreprise accélérera le développement économique. Au lieu de reposer sur quelques moteurs géants, la croissance et la création d'emploi seront stimulées par un esprit d'entreprise universel. Celui-ci augmentera les revenus et les taux de consommation parmi les gens ordinaires et dynamisera considérablement l'économie, bien plus qu'en essayant de vendre quelques biens de luxe supplémentaires à une poignée de personnes riches qui possèdent déjà bien plus que nécessaire.

Espérons que, dans les années à venir, le nouveau système économique que nous mettons en place entraînera le ralentissement ou même le renversement du flux unidirectionnel des richesses, et que le rêve d'un monde égalitaire deviendra une réalité. La dépendance actuelle à l'égard des prestations sociales gérées par les gouvernements ou des organismes caritatifs privés cédera la place à un nouveau système, où tout le monde pourra profiter des opportunités offertes par le libéralisme pour soutenir sa famille et pour contribuer au progrès de la société.

Un tel objectif pouvait paraître inaccessible. Mais nous savons désormais qu'il n'en est rien. Sa réussite n'est empêchée que par notre propre mauvaise connaissance des capacités humaines.

À travers ce nouvel objectif, la nécessité identifiée par l'Organisation internationale du Travail de trouver du travail pour 40 millions de jeunes chaque année semble bien différente. Plutôt que de voir 40 millions de jeunes attendre en file indienne pour répondre à des offres d'emploi, je vois 40 millions de nouveaux entrepreneurs entrer sur le marché mondial, créer de nouvelles entreprises, résoudre des problèmes, rajeunir et réformer les communautés et donner une grande impulsion à l'économie. Au fil du temps, je vois se développer une main-d'œuvre, non pas en surabondance, mais insuffisante au contraire. Femmes, jeunes, personnes âgées ou handicapées – tous vont inonder le marché du travail avec leur talent et créer des vraies surprises entrepreneuriales. Les bureaux de placement ne seront plus chargés de trouver des postes aux demandeurs d'emploi, mais plutôt de tenter de persuader les gens d'accepter de travailler pour les autres.

Tout ce que nous devons faire, c'est de changer le système économique. Ce qui commence par remettre en question l'orthodoxie qui le contrôle actuellement.

5.

Zéro empreinte carbone : vers une économie de la durabilité !

Après une existence entière passée au Bangladesh, qui était encore il y a peu l'une des nations les plus pauvres au monde, on n'est sûrement pas surpris de me voir développer un tel intérêt pour la pauvreté et le chômage. Ma préoccupation envers l'environnement, en revanche, n'est peut-être pas aussi évidente. Mais le Bangladesh est également l'un des pays les plus vulnérables de la planète sur le plan environnemental. À bien des égards, il est en première ligne pour le futur impact dévastateur du réchauffement climatique.

Si vous êtes comme la plupart des Américains, vous aurez peut-être du mal à localiser le Bangladesh sur une carte du monde. C'est un petit pays situé au nord-est de l'Asie du Sud, coincé entre deux voisins géants, qui se développent rapidement : l'Inde et la Chine. Cependant, le

Bangladesh possède l'une des plus importantes populations du monde. En fait, avec 165 millions de personnes, c'est la 9e nation la plus peuplée de la planète. Ses dimensions modestes (avec ses 143 000 km^2, le Bangladesh est un peu plus petit que l'État américain de l'Iowa) en font l'un des pays les plus densément peuplés de la planète. Si les États-Unis avaient la même densité de population que le Bangladesh, il contiendrait toute la population mondiale.

Cette densité considérable est l'une des raisons de notre vulnérabilité environnementale. Nous avons sacrifié les riches ressources naturelles du Bangladesh dans une recherche désespérée de croissance économique pour entretenir notre immense population. Les vastes zones rurales, autrefois luxuriantes, ont été déboisées afin de produire du bois et des matériaux pour la construction des maisons, la fabrication de meubles, de papier et autres produits. En se développant rapidement, sans se soucier véritablement de la réglementation environnementale, des industries ont créé de graves problèmes de pollution de l'eau et de l'air. La dépendance aux poêles à bois et à charbon pour la cuisine et le chauffage – surtout dans des maisons mal ventilées – a conduit à des milliers de cas de maladies pulmonaires et de troubles associés.

Pourtant, certains de ces problèmes environnementaux peuvent être résolus par des transformations technologiques et politiques au sein du pays. Mais même si le Bangladesh travaille à relever ces défis, un danger environnemental encore plus important, sur lequel il n'a presque aucune prise, menace de détruire une grande partie de notre pays.

À cause de sa forte densité démographique et de sa faible altitude, avec ses dizaines de millions d'habitants vivant dans ou près du vaste delta situé à l'embouchure du Gange, le Bangladesh est depuis longtemps soumis à des inondations dévastatrices qui submergent périodiquement les grandes villes, ravagent d'innombrables fermes et villages, et contraignent des millions de personnes à se déplacer. Ces inondations sont l'une des raisons de la pauvreté persistante du pays. Lorsque les agriculteurs sont régulièrement forcés à tout recommencer, après avoir vu leurs récoltes anéanties chaque année, il est difficile d'accumuler le capital nécessaire pour bâtir un avenir économique serein.

Aujourd'hui, notre pays est particulièrement vulnérable aux conséquences du changement climatique. Les experts en environnement expliquent que la consommation mondiale des combustibles fossiles et les gaz qu'elle dégage contribuent à la fonte des calottes glaciaires, qui risque à son tour d'entraîner une élévation du niveau de la mer de plus de 90 cm d'ici à la fin du XXIe siècle. Et, bien que le Bangladesh produise lui-même seulement 0,3 % des émissions mondiales de carbone responsables du réchauffement climatique, notre pays et ses habitants figureront parmi les premières victimes. Selon Atiq Rahman, expert en climat et directeur exécutif du *Bangladesh Centre for Advanced Studies*, d'ici 2050, il est probable que la mer inondera en permanence près de 17 % du pays, obligeant 18 millions de personnes à fuir[XXII]. Et à moins que le monde ne prenne des mesures sérieuses pour inverser la tendance, ce ne sera que le début de la catastrophe.

Pour toutes ces raisons, les Bangladais, tout comme les habitants des pays les plus pauvres du monde, sont soucieux de résoudre en profondeur les pratiques environnementales qui ont conduit l'humanité jusque-là. Pour simplifier, je résume cet objectif sous le titre *zéro émission carbone*. En plus d'éliminer toutes les formes de pollution environnementale, notre plus grand souci devrait être de réduire les émissions de carbone au plus bas niveau possible et d'atténuer l'impact de celles que nous ne pouvons éliminer par des méthodes permettant de capturer le carbone, telles que la plantation d'arbres. Sachant que la consommation d'énergie est un élément de base dans quasiment toute activité économique, j'ai trouvé avec ce zéro émission carbone un moyen pratique de se référer à l'ensemble des défis environnementaux que notre nouveau cadre économique doit respecter.

Certains habitants des pays riches sont étonnés d'apprendre avec quel sérieux les populations du Bangladesh, de l'Inde et de la Chine s'impliquent pour la santé de notre planète. Ils pensent peut-être que les pays en développement souhaitant poursuivre leur croissance économique sont relativement peu préoccupés par les problèmes environnementaux. Après tout, ce fut l'attitude des grandes puissances économiques d'aujourd'hui pendant leur période de croissance rapide. Au cours de la révolution industrielle des XVIIIe et XIXe siècles, et de l'expansion continue de la mécanisation et de l'urbanisation au XXe siècle, de nombreux pays d'Europe et d'Amérique du Nord n'ont guère prêté attention aux dégâts environnementaux qu'ils causaient. Ils ont rasé des forêts, brûlé des montagnes de charbon et des océans de pétrole, converti à la monoculture des kilomètres de terre vierge, épuisé les stocks de pêche et largement gaspillé les autres ressources.

Aujourd'hui, les grandes puissances industrielles tentent, tardivement, de compenser les dommages causés. Elles peuvent aisément supposer que les pays actuellement en développement – par exemple, la Chine, l'Inde, le Brésil, l'Indonésie et le Vietnam – suivront le même chemin d'une croissance économique imprudente et irresponsable, sans souci des conséquences environnementales. En Occident, pour éviter de consacrer des efforts et des ressources à la protection de l'environnement, certains ont d'ailleurs utilisé cette excuse pour justifier leur inaction : « Nous pourrions dépenser des milliards de dollars pour nettoyer nos industries, disent-ils, mais à quoi bon, quand on sait que la Chine et l'Inde n'en feront jamais autant ? À mesure que les nations les plus pauvres continuent de se développer, la pollution mondiale va fatalement empirer, quoi que nous fassions en Occident. »

Cette hypothèse est fausse, fondée sur la croyance erronée qu'il existe un conflit entre croissance économique et protection de l'environnement. En réalité, il est tout à fait possible de développer l'économie, de sortir les communautés et des sociétés entières de la pauvreté, tout en protégeant l'environnement. Les technologies modernes rendent cette stratégie plus facile que jamais à mettre en place. Scientifiques et ingénieurs ont énormément progressé dans le développement de l'énergie renouvelable et durable, de systèmes moins polluants pour la fabrication et l'expédition des biens de consommation, et de techniques pour l'agriculture, la pêche, l'exploitation minière et d'autres formes d'extraction de ressources qui ne dégradent pas l'environnement.

Grâce à ces avancées, les pays aujourd'hui en développement sont à bien des égards mieux placés que les anciens pays industrialisés pour jouir d'une croissance propre. Ils ne sont pas liés aux technologies du passé : ces centaines de centrales électriques conçues pour brûler des combustibles fossiles, ces réseaux de communications câblés coûteux à entretenir, et ces vieux parcs de voitures, camions et avions qui gaspillent du carburant. Cela signifie que nos pays peuvent basculer directement vers des technologies plus efficaces et plus propres, que la science moderne met aujourd'hui à leur disposition. Il n'y a aucune raison pour que nous, pays en développement, tolérions une période de pollution et de destruction de l'environnement pour des raisons de croissance économique. En fait, la Chine et l'Inde, les plus grands pays en développement du monde, ont adhéré à l'Accord de Paris dont j'ai parlé au chapitre 2 et prennent des mesures sérieuses pour mener à bien leurs engagements.

Le bilan environnemental du Bangladesh est malheureusement loin d'être parfait. Aujourd'hui, alors que ses habitants lancent un appel au monde pour arrêter cette dégradation de la planète qui met le pays en grande souffrance, le gouvernement bangladais a lancé deux projets qui menacent la nature.

Il s'agit, pour l'un, d'une centrale électrique alimentée au charbon, de 1 320 mégawatts, située à Rampal, dans le sud du Bangladesh, très proche des Sundarbans, la plus grande forêt de mangroves au monde. Le projet menace cette forêt, pourtant classée au patrimoine mondial de l'Unesco.

Des voix s'élèvent contre ce projet et, sur place comme de l'étranger, les écologistes ont présenté des contre-arguments convaincants. Mais le gouvernement avance, sans s'en préoccuper. Le Bangladesh a certes besoin d'énergie, mais pas au détriment des existences et des moyens de subsistance. En insistant sur ce projet, notre pays envoie un très mauvais signal au monde – il indique qu'il ne s'intéresse pas aux problèmes environnementaux sur son propre territoire et qu'il cherche des gains économiques immédiats au détriment de la nature. En conséquence, le Bangladesh risque de manquer du soutien dont il a besoin pour surmonter ses difficultés croissantes liées au réchauffement climatique.

Le deuxième projet concerne une centrale nucléaire, conçue pour générer 2 000 mégawatts d'électricité. Je me suis toujours opposé au nucléaire depuis le désastre de Tchernobyl en 1986, et encore davantage après l'accident de 2011 à Fukushima. Ces deux tragédies ont tiré la sonnette d'alarme. Chaque centrale nucléaire est potentiellement capable de provoquer des ravages considérables sur les vies humaines et des séquelles sur plusieurs générations. Ces centrales sont vulnérables aux catastrophes naturelles, comme les tremblements de terre et les inondations, et peuvent être victimes de négligence, de sabotage, d'attaques terroristes et d'agressions ennemies.

Le Bangladesh et les régions environnantes sont les plus densément peuplés au monde. Je ne comprends pas pourquoi nous devrions implanter une telle arme potentielle de destruction massive au milieu de la population humaine la plus concentrée de la planète.

Le Bangladesh a désespérément besoin d'énergie. La croissance économique qui crée cette nécessité offre aux Bangladais une belle opportunité pour inciter le monde à proposer une initiative globale vers des solutions d'énergie propre. Ces solutions existent. L'une d'entre elles implique une collaboration entre voisins : l'énorme capacité du

Népal à produire de l'énergie hydroélectrique pourrait facilement être employée à cette fin. Et une telle solution aiderait le Bangladesh à se positionner en chef de file du mouvement écologiste.

La communauté internationale des activistes contre le dérèglement climatique pourrait jouer un rôle proactif dans la recherche de solutions énergétiques pour le Bangladesh. C'est pour le monde une excellente occasion d'exprimer sa solidarité pour ce pays impacté, en proposant des options technologiques de pointe pour générer de l'énergie verte de manière rentable, ainsi que pour aider à financer ces projets. En conséquence, le Bangladesh ne se sentirait pas obligé de recourir à de l'énergie « sale » et montrerait un excellent exemple pour d'autres pays confrontés au même problème. Je pense qu'il est encore temps pour le monde de présenter ces options afin que le Bangladesh ne s'engage pas dans les voies autodestructrices du charbon ou de l'énergie nucléaire.

Le fait est qu'il n'y a pas d'incompatibilité entre les trois grands objectifs que je propose pour notre nouveau modèle économique. Il est possible de viser le *zéro pauvreté* et le *zéro chômage* tout en poursuivant le *zéro empreinte carbone*. En réalité, il est même essentiel de poursuivre ces trois objectifs en même temps, car ils se complètent et se soutiennent mutuellement. Si nous visons une croissance économique qui détruit l'environnement, nous finirons par causer des milliards d'euros de dommages à notre planète et aux ressources dont dépend la vie tout entière. Une croissance malsaine est une croissance intenable, non seulement en termes d'environnement, mais aussi par simple pragmatisme économique.

En outre, l'Histoire nous montre que lorsqu'on poursuit des politiques environnementales destructrices, ce sont les pauvres qui en pâtissent le plus. Dans le monde développé, politiciens, décideurs et chefs d'entreprise ont tendance à choisir d'implanter des industries et des installations polluantes, dangereuses, toxiques et destructrices au sein des communautés où vivent les pauvres. À l'échelle mondiale, les entreprises internationales se rendent compte qu'il est facile et peu coûteux d'implanter des industries « sales » dans les pays défavorisés. Lorsque la population d'un pays réclame désespérément un travail et un revenu, ses dirigeants politiques sont tentés d'ignorer les problèmes environnementaux et de ne pas appliquer ou de supprimer les règles qui empêchent de polluer. Il en résulte peut-être du travail pour les plus démunis, mais ce sont souvent des emplois salissants, dangereux et destructeurs, qui laissent les communautés encore plus mal loties qu'auparavant.

Ces crimes environnementaux commis contre les pauvres sont à la fois le résultat des inégalités mondiales et un facteur contribuant, parce que la pollution endémique empêche davantage les pays pauvres de sortir de la misère. C'est encore un nouvel exemple de la manière dont les plus défavorisés souffrent de problèmes auxquels contribue toute la communauté humaine. Ce constat souligne combien il est essentiel de s'attaquer à tous ces problèmes de front, parce que ceux-ci s'auto-alimentent.

Grameen Shakti : l'entrepreneuriat écologique transforme le marché de l'énergie

Cette entreprise pionnière en matière d'énergie renouvelable, Grameen Shakti, que j'ai lancée au Bangladesh en 1996, offre un autre exemple de la manière dont le développement économique et la protection de l'environnement peuvent marcher main dans la main au lieu de s'opposer.

Lorsque j'ai parlé de Grameen Shakti dans *Vers un nouveau capitalisme* (Lattès, 2008), la société avait déjà installé 100 000 systèmes de panneaux solaires dans les maisons du Bangladesh. À l'époque, cette réalisation a fait de Grameen Shakti l'un des plus grands fournisseurs mondiaux de systèmes solaires à domicile. Depuis que cette entreprise a montré la voie, les énergies renouvelables se sont développées à un rythme incroyable. Nous avons fêté l'installation de notre millionième système solaire par une cérémonie en janvier 2013. Et au début de l'année 2017, le nombre de maisons que nous avons équipées a dépassé 1,8 million d'unités.

Il est difficile d'exagérer l'importance de cette réalisation. La plupart des villages bangladais ne sont pas desservis par le réseau électrique national. Ceux qui sont alimentés subissent de fréquentes pannes. Et, bien sûr, les sources traditionnelles d'énergie, comme les centrales au gaz ou au charbon, aggravent de manière significative le changement climatique, frappant le Bangladesh des terribles calamités dont j'ai déjà parlé.

Pour toutes ces raisons, le fait d'apporter une énergie propre, abordable et fiable dans les foyers de quelque

12 millions de Bangladais représente un gigantesque pas en avant. Elle fournit aux élèves de la lumière pour pouvoir faire leurs devoirs. Elle encourage les commerçants, les centres communautaires, les cabinets médicaux et les mosquées à prolonger leurs heures d'ouverture dans la soirée, enrichissant aussi un nombre considérable de personnes et élargissant les opportunités économiques. Elle aide les agriculteurs à irriguer leurs terres et à utiliser des outils permettant d'économiser la main-d'œuvre ; elle met des machines à coudre électriques à la portée des entrepreneures rurales. Et elle ouvre Internet à des millions de Bangladais, pour accéder aux mêmes sources d'information et de connaissances que le reste du monde.

De même que le programme d'électrification rurale lancé par le *New Deal* dans les années 1930 a aidé les zones démunies d'Amérique du Sud à entrer dans l'économie du XXe siècle, de la même façon, la diffusion de l'énergie solaire contribue à intégrer les villages du Bangladesh dans le XXIe siècle.

Grameen Shakti n'est pas la seule organisation à mettre l'énergie renouvelable à la disposition des pauvres du Bangladesh. Inspirées par notre succès, une trentaine d'autres entreprises – organisations à but lucratif ou non – ont vu le jour pour concurrencer Grameen Shakti et offrir leurs propres systèmes d'énergie solaire. Nous nous félicitons de cette émulation, qui a apporté l'électricité renouvelable à environ 1,5 million de foyers supplémentaires.

Grameen Shakti s'est aussi diversifiée dans d'autres offres de produits, tous axés sur l'énergie propre et renouvelable. Elle commercialise un modèle de fourneau amélioré, qui réduit beaucoup de problèmes liés au fourneau rural traditionnel, limitant ainsi la pollution domestique et les résidus de combustion. Environ un demi-million de ces fourneaux améliorés sont maintenant utilisés. Grameen Shakti a également installé des dizaines de milliers d'usines de biogaz, qui convertissent les déchets naturels comme les bouses de vache en méthane utilisable pour la cuisson.

Grameen Shakti a transformé la technologie respectueuse de l'environnement en un social-business prospère, susceptible d'être reproduit à l'échelon national.

Haïti : sauver un pays ravagé et une population dépendante de son environnement naturel

Au chapitre 4, j'ai longuement parlé de l'importance de l'entrepreneuriat pour lutter contre le chômage et la pauvreté. Comme je l'ai expliqué, je pense que les idées traditionnelles de développement économique ont donné trop de poids au rôle joué dans la croissance par les grandes entreprises et les énormes projets industriels. Une approche plus saine et plus durable consiste à donner un poids égal, voire plus important, au fait de libérer la créativité de millions de personnes ordinaires, capables d'apporter de nouvelles idées qui répondent aux besoins de leurs communautés. Donner à ces personnes les outils pour convertir leurs rêves entrepreneuriaux en réalité – notamment en leur fournissant le capital d'investissement dont ils ont besoin pour lancer leurs entreprises – peut contribuer à améliorer les perspectives économiques de villages, villes ou régions, et même de pays tout entiers.

Mais si je souligne l'importance de l'esprit entrepreneurial comme outil essentiel de la croissance économique, je reconnais aussi que les grandes entreprises ont un rôle à jouer dans la création du nouveau système que notre monde exige. En dépit de ma formation universitaire en économie, je ne suis ni théoricien ni idéologue, mais plutôt un pragmatique – quelqu'un qui a compris ce qui fonctionne ou pas à travers les succès ou les échecs de nombreuses expériences concrètes. Au fil du temps, j'ai découvert que certains problèmes sociaux peuvent profiter de l'application judicieuse des ressources dont les grandes entreprises regorgent, c'est-à-dire de l'argent à dépenser, l'accès aux marchés, une technologie sophistiquée et un large éventail de personnel talentueux possédant une expertise et une expérience de gestion.

L'essentiel, cependant, est qu'une grande entreprise qui s'intéresse à notre nouveau mouvement économique soit prête à changer réellement ses perspectives : renoncer aux préjugés d'un monde fondé sur l'optimisation des profits et considérer les défis sociaux sous un angle différent, avec une nouvelle panoplie de références et d'objectifs. Cela requiert généralement l'initiative d'au moins un dirigeant visionnaire – quelqu'un doué de suffisamment d'imagination pour se libérer des vieilles manières de penser et prêt à expérimenter une nouvelle approche, qui exige différentes qualités humaines : idéalisme, générosité, désintéressement.

Dans mon parcours, j'ai rencontré quatre chefs d'entreprise de cet acabit : Franck Riboud, président de Danone, Emmanuel Faber, P-DG de Danone, Jean Bernou, président régional de McCain Foods, et Richard Branson, fondateur du conglomérat Virgin.

Je connais Branson depuis plusieurs années. En plus d'être un homme d'affaires à succès et un entrepreneur brillant (avec un don pour les cascades promotionnelles hautes en couleur), Branson est également le cofondateur d'une organisation baptisée *B Team*[1]. Il s'agit d'un groupe de chefs d'entreprise et de dirigeants qui ont relevé le défi de « mettre en place un plan B », c'est-à-dire une action concertée et positive qui permettra aux entreprises de devenir une force motrice au service de la société, de l'environnement et de l'économie. Selon les termes de leur site internet, « Le plan A, où les entreprises sont motivées principalement par le profit, n'est plus une option[XXIII] ». La B Team s'efforce donc d'inciter les entreprises traditionnelles à passer d'une orientation purement lucrative vers une recherche du profit plus soucieuse de la planète et de ses habitants.

Je suis membre de la B Team. On trouve à mes côtés, entre autres, l'entrepreneur du numérique Marc Benioff, la créatrice de médias Arianna Huffington, l'homme politique norvégien et ancien directeur général de l'Organisation mondiale de la santé (OMS) le Dr Gro Harlem Brundtland, l'ancienne présidente de l'Irlande Mary Robinson, l'homme d'affaires brésilien Guilherme Leal, le philanthrope Jochen Zeitz, et Kathy Calvin, la présidente et P-DG de la Fondation des Nations Unies.

Connaissant l'intérêt de Branson pour les projets d'entreprises qui aident à protéger la planète, je suis allé à sa rencontre, en 2013, pour lui proposer d'investir dans l'un d'eux. Haiti Forest a été conçue par Yunus Social Business

1. L'Équipe B.

(YSB) afin de contribuer à l'effort pour reboiser l'île – une tâche cruciale pour soustraire les Haïtiens de la pauvreté dans laquelle un trop grand nombre d'entre eux est piégé.

Les forêts ont toujours joué un rôle prépondérant dans l'écologie et l'économie d'Haïti. Sous le climat des Caraïbes, les forêts sont essentielles pour réduire l'impact des tempêtes tropicales, aider à prévenir l'érosion des sols et réguler le cycle de l'eau.

En 1923, 60 % de l'île d'Haïti étaient couverts de forêts. Dans les dernières décennies, cette végétation a été dévastée. Plusieurs responsables sont à blâmer. Les grandes entreprises de la filière bois ont pratiqué une déforestation intensive sur de vastes zones, éradiquant des forêts séculaires en seulement quelques années. Cette exploitation a enclenché un cycle qui a rendu tout reboisement presque impossible sans une intervention extérieure. Certaines entreprises ont tenté de reconstituer les forêts en plantant de nouveaux arbres, mais il faut hélas attendre de nombreuses années pour qu'ils atteignent leur taille adulte. Les Haïtiens, dont beaucoup sont désespérément pauvres, ont eux aussi coupé indifféremment de vieux arbres comme des millions d'arbrisseaux, parce qu'ils avaient besoin de bois pour leurs abris ou fabriquer du charbon – que ce soit pour alimenter leurs propres feux ou se procurer une source de revenus.

Aujourd'hui, les forêts n'occupent plus que 2 % de la superficie d'Haïti – un désastre. Là-bas comme dans d'autres pays où l'on a détruit la forêt, il n'y a plus d'arbres pour jouer leur rôle de transformation du dioxyde de carbone en oxygène, ce qui accentue l'impact du réchauffement climatique.

L'agriculture se trouve également fortement affectée par cette déforestation. Sans les forêts, la couche arable est facilement drainée par l'eau de pluie qui ruisselle à flanc de collines, pour finir au fond des rivières, des lacs et des baies. Les agriculteurs se retrouvent avec un sol appauvri et moins fertile, et les nappes phréatiques se renouvellent difficilement en raison du sol érodé qui ne retient plus les eaux. La pauvreté s'enracine encore plus profondément, et le cycle de la destruction forestière – et de la souffrance humaine – se poursuit de plus belle. Les difficultés du pays sont en outre exacerbées par des décennies de régime autoritaire et par des catastrophes naturelles qui s'enchaînent, telles que le tremblement de terre dévastateur qui a frappé Haïti en 2010. À cause de ces problèmes environnementaux, Haïti est aujourd'hui le pays le plus pauvre de l'hémisphère occidental.

Haiti Forest a été lancée pour débuter le processus de reboisement d'Haïti, arbre après arbre. C'est une initiative de social-business soutenue par des ONG telles que Nature Conservancy, qui fournit une expertise environnementale, agricole et forestière. En outre, la fondation de Branson, Virgin Unite, et la Fondation Clinton apportent elles aussi un ensemble de donations humanitaires et d'investissements en social-business (où le financement initial sera remboursé sans aucuns intérêts ni dividendes). Haiti Forest projette de planter chaque année plus d'1 million d'arbres, dans le but de reboiser 1 000 hectares autour de la ville de Saint-Michel-de-l'Attalaye, sur le plateau central d'Haïti.

En plus de reconstituer l'habitat naturel gravement endommagé d'Haïti, le projet améliorera les moyens de subsistance des agriculteurs. La production de produits forestiers tels que fruits, café et huiles est en pleine expansion, ce qui accroît les revenus agricoles et les offres d'emploi pour la population locale. Le projet créera aussi des postes supplémentaires en dehors du secteur agricole, en aidant à soutenir les entreprises qui commercialisent des produits issus de matériaux forestiers.

Kreyol Essence, par exemple, est une marque de produits de beauté éco-luxe, fabriqués à partir d'huile de ricin noir haïtienne. La société a été fondée par Yve-Car Momperousse et Stéphane Jean-Baptiste. Ces deux Haïtio-Américains vivaient à Philadelphie quand les cheveux de Yve-Car furent abîmés par un coiffeur qui les avait trop chauffés durant un traitement. Yve-Car s'est alors souvenue que les femmes de son pays natal, Haïti, utilisaient l'huile de ricin noir locale comme remède pour les cheveux endommagés. Elle a alors cherché en vain le produit en Amérique. Stéphane et elle ont eu l'idée de créer une entreprise qui relancerait cette vieille tradition et la rendrait accessible aux femmes du monde entier.

Aujourd'hui, Kreyol Essence travaille avec des agriculteurs haïtiens, essentiellement des femmes. La société plante des ricins en coopération avec ces petites exploitantes et, ensuite, achète les plants et les graines au-dessus du prix du marché afin d'assurer des revenus durables pour les acteurs de la filière. C'est l'une des nombreuses entreprises qui contribuent à reboiser la campagne dévastée d'Haïti, tout en créant une activité économique qui atténue la pauvreté endémique dont souffre cette île.

Ouganda : des solutions entrepreneuriales pour répondre aux défis environnementaux quotidiens

Au chapitre 2, j'ai parlé de la manière dont une vague entrepreneuriale a renforcé les perspectives économiques de ce pays africain. Les jeunes Ougandais se sont lancés dans la création d'entreprises qui génèrent de l'activité et aident leur pays à sortir peu à peu de la pauvreté.

Parce que l'Ouganda est encore un pays défavorisé, avec près d'un quart de ses habitants vivant officiellement sous le seuil de pauvreté, la recherche de croissance économique est importante. Mais cette croissance ne doit pas s'obtenir au détriment de la durabilité environnementale. À l'instar d'Haïti et de nombreux autres pays en développement, l'Ouganda rencontre d'importants problèmes écologiques qui exigent de l'attention. L'essor démographique a conduit à un développement agricole incontrôlé, qui endommage les réserves forestières et les zones humides, provoquant une érosion des sols et un épuisement des réserves d'eau. Aujourd'hui, environ 20 % des citadins ougandais et plus de 50 % des ruraux n'ont pas accès à l'eau potable. La pollution générée par la surnatalité, et par des industries manufacturières et minières mal réglementées, a introduit des toxines dans les nappes phréatiques. Cette pollution menace également un certain nombre d'espèces rares d'oiseaux, d'animaux et de plantes – ceux-ci sont aussi source d'intérêt pour les visiteurs des réserves et des parcs nationaux.

Étant donné l'importance de ces défis environnementaux, il est urgent pour les entrepreneurs de social-business ougandais, de non seulement créer des emplois et soutenir la croissance économique, mais aussi de s'attaquer au problème de la pollution et de la qualité de l'eau. L'YSB en Ouganda soutient ainsi un certain nombre d'entreprises de social-business qui ont placé des problèmes environnementaux au cœur de leur mission.

Savco Millers, par exemple, fabrique et vend des produits fabriqués à partir de déchets de plastique recyclés. Comme beaucoup de villes à croissance rapide dans le monde entier, Kampala, la capitale de l'Ouganda, fait face à une énorme quantité de déchets, dont la plupart sont en plastique : sacs d'épicerie, emballages de produits, bouteilles d'eau et de soda, etc. On estime à plus de 108 tonnes le volume de déchets plastiques générés en Ouganda chaque jour, soit le double de sa capacité de recyclage. Une grande partie de ces ordures se retrouve dans des décharges urbaines, immondes et surtout nuisibles pour les quartiers pauvres de Kampala.

Cependant, l'accumulation régulière de déchets plastiques crée également une opportunité d'affaires pour les résidents entrepreneurs de Kampala. Beaucoup d'entre eux complètent leurs revenus en triant les ordures dans les décharges locales, en choisissant et en vendant des rebuts de plastique recyclables. C'est un travail salissant et dangereux, mais au moins il génère un revenu substantiel pour les plus démunis.

La mission de Savco Millers, avec le soutien d'YSB, est d'améliorer les conditions de ce travail pour les habitants de Kampala, tout en s'occupant des problèmes générés par tout ce plastique. La société travaille directement avec les ramasseurs, en leur fournissant une formation, un équipement de protection et un prix fixe exceptionnellement élevé pour le plastique qu'ils collectent. Ce tarif privilégié est rendu possible par le fait que l'entreprise court-circuite les intermédiaires qui gèrent normalement le processus de collecte, et réclament une commission exorbitante. Savco Millers traite ensuite le plastique dans sa propre usine, en le transformant en nouveaux produits, tels que sacs d'arrosage pour arbres, bâches pour la construction et sacs-poubelles. Les produits sont vendus à la communauté locale à des prix abordables.

Certains des ramasseurs travaillant pour Savco Millers ont ainsi pu échapper au vagabondage et à la pauvreté – comme par exemple William Male, un ancien « enfant de la rue » à Kampala, qui raconte que sa collecte de déchets plastiques lui a permis d'échapper à une vie qui se résumait à faire le « pickpocket et à renifler de la colle ». Par son modèle économique simple mais efficace, Savco Millers traite ainsi simultanément deux graves problèmes sociaux : le chômage et la dégradation de l'environnement.

Basée à Bugolobi, un quartier de Kampala situé à environ sept kilomètres au sud du centre animé de la ville, Green Bio Energy est un autre exemple de social-business soutenu par YSB. Cette société fabrique et commercialise deux gammes principales de produits : des briquettes de charbon utilisées dans la cuisine domestique et collective, et des petits fourneaux portables, juste assez grands pour recevoir et chauffer une seule marmite.

Les fourneaux à bois et à charbon sont connus de tous en Ouganda. Le charbon de bois est habituellement fabriqué en coupant et en brûlant les arbres des forêts ougandaises, qui se déboisent rapidement. Mais Green Bio Energy propose une version de ces ustensiles bien différente des autres.

Les deux modèles ont été conçus, dessinés et fabriqués dans le respect de l'environnement et de l'économie. Les briquettes de charbon de bois, vendues dans de gros sacs en papier sous la marque Briketi, sont fabriquées entièrement à partir de charbon recyclé et de diverses formes de déchets agricoles : pelures de manioc et de bananes, balle de riz, pulpe de café, etc. Cette initiative réduit considérablement la nécessité de couper les arbres. Le charbon ainsi produit brûle plus longtemps, ce qui le rend plus économique pour les familles qui l'utilisent, et se consume « proprement », c'est-à-dire en dégageant beaucoup moins de suie et de fumée que le charbon traditionnel. C'est un avantage important pour les femmes, qui passent souvent des heures penchées sur le fourneau à l'intérieur de petites habitations mal ventilées.

Surtout, les briquettes sont vendues au détail à environ 1,76 euro pour un sac de 5 kg – ce qui suffit aux besoins d'une famille moyenne pendant cinq jours. C'est un prix raisonnable, que même la plupart des familles pauvres peuvent se permettre. Sans surprise, les briquettes de Briketi sont désormais les plus vendues sur le marché de Kampala, plébiscitées non seulement parmi les familles, mais aussi par les collectivités : restaurants, hôpitaux, écoles et autres institutions proposant de la cuisine.

Parallèlement, l'éco-fourneau EcoStove de la marque Briketi offre une série d'améliorations, modestes mais significatives, par rapport au modèle traditionnel du fourneau domestique ougandais. Il présente des aérations plus petites et plus nombreuses, une plus grande épaisseur de céramique et un centre de gravité plus bas. Ces modifications de conception rendent le fourneau hautement éco-énergétique, d'une combustion propre et sans danger, avec un risque réduit de basculement. Vendus dans les épiceries urbaines comme dans les petites boutiques et kiosques de village, ces produits se sont révélés très populaires. Au cours des trois premières années qui ont suivi leur mise sur le marché en 2013, l'*EcoStove* a vu ses ventes grimper d'environ 80 unités par mois à plus de 2 500.

Fondé en 2011 par quelques expatriés français tombés amoureux de l'Ouganda et de ses habitants, Green Bio Energy emploie actuellement plus de 70 personnes locales aux postes de gestion, de vente, de logistique et de production. Leur équipe d'ingénieurs, assistée de son personnel de recherche et de développement, travaille sur de nouvelles idées de produits, tous dédiés à des solutions écologiques pour l'Ouganda.

Impact Water offre un autre exemple d'un social-business avec une mission environnementale, soutenu par YSB. J'ai déjà précisé que la pollution de l'eau pose un grave problème en Ouganda. Plus de 9 millions d'Ougandais n'ont pas accès à l'eau potable et environ 440 enfants meurent chaque semaine de maladies d'origine hydrique. Un nombre encore plus élevé d'entre eux tombe malade et souffre d'affections liées à l'eau contaminée, ce qui entraîne une baisse de la fréquentation scolaire. Voilà un excellent exemple de la manière dont la pauvreté, le chômage et la dégradation de l'environnement interagissent : les personnes pauvres étant les moins susceptibles d'accéder à l'eau potable, leurs enfants tombent malades et manquent l'école. Accumulant du retard ceux-ci se retrouvent avec une éducation incomplète. Ce qui augmente considérablement la probabilité qu'ils connaissent le chômage et sombrent dans la pauvreté – et voilà le cercle vicieux.

Des millions d'Ougandais essaient de résoudre ce problème en faisant bouillir l'eau avant tout usage. Ce processus, long et coûteux, exige une grande patience, au point que beaucoup d'entre eux ne laissent pas bouillir assez longtemps pour éliminer la totalité des bactéries. Et parce que le bois est le combustible le plus populaire, la nécessité d'assainir l'eau quotidiennement ne fait qu'aggraver le problème de déforestation dont j'ai parlé plus haut.

Impact Water cherche à briser cet autre cercle vicieux en rendant l'eau potable disponible là où les enfants passent la plupart de leur temps – à l'école. Les ingénieurs de l'entreprise ont développé une variété de systèmes de purification d'eau conçus pour produire d'excellents résultats au coût le plus bas possible, adaptés au besoin d'écoles de différentes tailles et à des sources d'eau variées. Les petites écoles se satisfont d'un système de filtration en céramique qui fournit 3 à 5 litres d'eau par heure, sans besoin d'électricité. Pour les écoles plus importantes, on a recours à un système qui purifie l'eau à travers des filtres à charbon et des membranes à fibres creuses – là encore une fois, sans besoin d'électricité. Et pour les plus grandes écoles, on recommande un mode de désinfection par ultraviolets, qui purifie l'eau avant de la stocker dans un grand réservoir en acier inoxydable. Ce dernier système ne nécessite qu'une à deux heures d'électricité par jour – une exigence raisonnable, dans un pays où le réseau électrique n'est pas fiable, voire inaccessible pour certaines régions.

Impact Water optimise son service aux écoles en offrant deux années de garantie de maintenance préventive (incluse dans chaque installation) et des systèmes de paiement bien conçus, qui rendent l'eau pure abordable même pour les petites écoles aux budgets modestes. Par exemple, la société propose aux établissements d'échelonner leurs paiements pour correspondre au versement des frais de scolarité. Elle a signé des contrats avec des écoles de tout le pays en leur permettant de proposer l'eau potable comme un atout attractif pour les familles. Dotés de filtres à eau Impact Water, ces établissements peuvent ainsi se vanter d'être modernes et de favoriser le bien-être de leurs élèves – qui, par conséquent, pourront rester en bonne santé et manquer moins de cours.

Fin 2016, Impact Water avait déjà installé ses systèmes dans plus d'un millier d'écoles, pour une population cumulée de plus d'un demi-million d'élèves. Si la société cherche à attirer plus d'établissements scolaires, elle travaille également sur des projets qui lui permettront de se développer sur de nouveaux marchés, comme les casernes militaires et les prisons. Plus Impact Water pourra toucher de personnes avec ses solutions technologiques, plus l'effet sera bénéfique dans la lutte contre les maladies d'origine hydrique.

L'Ouganda est un pays en croissance rapide, confronté à une variété de problèmes environnementaux nécessitant des solutions. Les entreprises de social-business comme Savco Millers, Green Bio Energy et Impact Water abordent ces problèmes à la source, tout en créant de l'emploi et de la croissance économique. Elles contribuent à prouver que les préjugés traditionnels sur le lien entre développement économique et dégradation de l'environnement ne sont plus valides, et que la croissance propre n'est pas un fantasme, mais une réalité.

La nouvelle économie et l'objectif du « zéro empreinte carbone »

Comme l'illustrent les exemples que je viens de citer, un nombre croissant d'entreprises de social-business dans le monde entier se consacrent spécifiquement à vendre des biens et des services qui s'attaquent aux problèmes environnementaux – de la déforestation à l'accumulation des déchets de plastique, en passant par le manque d'eau potable. Nous l'avons vu, les principes de base de ces entreprises sont : être durables sur le plan environnemental, avoir pour but principal de réduire la pauvreté, de fournir des soins de santé, d'améliorer l'éducation…

J'espère que la raison en est évidente : le but de notre expérimentation économique est avant tout de rendre ce monde meilleur. Si un social-business aide à réduire le chômage ou améliore l'alimentation des enfants, mais qu'en même temps il contribue à détruire l'environnement et à rendre notre planète moins vivable, alors l'humanité n'en tirera aucun avantage à long terme. Notre existence dépend d'une planète saine. Il est donc impossible d'imaginer un véritable social-business qui ne s'occupe pas de l'environnement avec le respect et le soin qu'il mérite.

Ce serait cependant une erreur de penser que le social-business peut à lui seul résoudre la crise environnementale que nous traversons. Nous devons aborder les problèmes sous tous leurs aspects : les préoccupations concernant le mode de vie, les politiques gouvernementales en matière d'énergie, les mines et les entreprises, et d'autres facteurs encore. Et puisque les entreprises lucratives représenteront probablement l'essentiel de l'activité commerciale dans l'avenir, nous devons exiger qu'elles opèrent de manière écologiquement responsable. La réglementation gouvernementale, ainsi que la pression sociale des consommateurs et des associations citoyennes joueront un rôle important dans l'application de cette exigence. Il ne serait pas logique de créer un monde dans lequel les entreprises de social-business travaillent à réparer les dégâts causés à l'environnement par le comportement humain, tout en autorisant les compagnies à maximiser leurs profits en créant de nouveaux dégâts.

Cela signifie que toutes les entreprises doivent rejoindre cette immense initiative qui consiste à défendre notre humanité commune, en se comportant de manière éthique et responsable envers notre environnement. Ce qui est unique concernant le social-business, c'est que, puisque ses entreprises ne sont pas motivées par la recherche du profit, elles jouissent de davantage de flexibilité et de liberté pour expérimenter de nouvelles façons d'améliorer et de soigner l'environnement. Ce détachement des attentes du marché permet aux entreprises de social-business de privilégier d'autres objectifs, comme la protection des richesses mondiales communes – c'est-à-dire notre héritage universel d'air pur, d'eau potable, de terres agricoles… – sans se préoccuper de savoir si leurs activités peuvent enrichir certains.

Le besoin de social-business abordant les problèmes environnementaux est tout aussi pressant dans les pays développés que dans les pays à faibles revenus comme Haïti et l'Ouganda. Il est facile d'imaginer ce type d'entreprises dans les pays riches d'Amérique du Nord, d'Europe et d'Asie de l'Est, dédiées à des besoins allant des énergies renouvelables au recyclage des ordures, en passant par l'eau potable et des pratiques agricoles durables, des emballages de produits moins polluants et des systèmes de transport économes en énergie. Les possibilités ne sont limitées que par l'imagination humaine.

Avancer vers l'objectif de zéro empreinte carbone est une tâche gigantesque qui nécessite la contribution de tous et de toutes sortes d'organisations. La condition préalable essentielle à la réalisation de ce but consiste en l'instauration d'un nouveau cadre économique, qui laisse suffisamment d'espace aux entreprises dédiées à des objectifs sociaux.

6.

Itinéraire pour un avenir meilleur

L'opinion publique vis-à-vis du monde et de son avenir semble fluctuer d'un extrême à l'autre, souvent en fonction des tendances politiques, de la présence ou l'absence de dirigeants soudain inspirés. Parfois, les médias et le grand public semblent très optimistes et pleins d'espérance ; d'autres fois, ils sombrent dans le pessimisme, voire le désespoir.

À l'heure actuelle, nous traversons plutôt une période de pessimisme extrême. Beaucoup pensent avec cynisme que rien ne peut être fait pour résoudre les problèmes les plus graves du monde actuel, comme si les gouvernements nationaux, les organisations à but non lucratif et les agences internationales étaient impuissants à produire des changements significatifs. Certains semblent en avoir conclu que les êtres humains sont incapables d'agir contre les effets d'un libéralisme économique supposé tout-puissant.

Comme je l'ai précisé plus haut, je crois que les problèmes auxquels l'humanité est actuellement confrontée sont de la plus haute gravité. Des questions comme la concentration des richesses, la pauvreté mondiale, les inégalités face aux soins de santé et à l'éducation, le mépris des droits de l'homme, la dégradation de l'environnement et le changement climatique exigent toutes une attention immédiate et concertée. Dans quelques cas, en particulier le changement climatique, des experts estiment que nous abordons un tournant crucial, qui nécessite des actions fortes et rapides pour éviter des conséquences potentiellement catastrophiques.

Cependant, même si je considère les difficultés de la société humaine comme très sérieuses, je reste fondamentalement optimiste quant à l'avenir. Je suis convaincu que nous avons le pouvoir d'opérer tous les changements nécessaires pour résoudre ces problèmes et améliorer la vie de presque tout le monde sur Terre.

Un certain nombre de raisons explique mon optimisme. L'une des plus fondamentales est la simple logique : puisque les problèmes auxquels nous sommes confrontés sont fabriqués par l'homme, ils peuvent être résolus par l'homme. Changer notre réflexion et notre comportement aura un impact décisif sur l'avenir de notre civilisation.

Une autre raison qui nourrit mon optimisme est le fait qu'il existe déjà des histoires encourageantes de coopération internationale réussie. Celle des « Objectifs du Millénaire pour le développement » et des « Objectifs de Développement durable » est l'une d'entre elles.

Les Objectifs du Millénaire pour le développement (OMD) ont été établis à l'issue du Sommet du Millénaire des Nations Unies en l'an 2000. À cette époque, chacun des 189 États membres de l'ONU, et au moins 22 organisations internationales se sont engagés à aider le monde à atteindre les 8 OMD d'ici à 2015. Ces objectifs étaient les suivants :

1. Éliminer l'extrême pauvreté et la faim.
2. Atteindre l'enseignement primaire universel.
3. Promouvoir l'égalité des sexes et l'autonomisation des femmes.
4. Réduire la mortalité infantile.
5. Améliorer la santé des mères.
6. Lutter contre le SIDA, le paludisme et d'autres maladies.
7. Assurer la durabilité environnementale.
8. Mettre en place un partenariat mondial pour le développement.

Chaque objectif comportait des buts et des dates spécifiques à respecter. Pour accélérer le mouvement, les ministres des Finances des huit principales puissances économiques mondiales (connues sous le nom de G8) ont décidé, en juin 2005, d'appuyer leurs engagements d'un recours financier supplémentaire. Ils ont convenu de fournir suffisamment de fonds aux banques de développement et au Fonds monétaire international (FMI) pour annuler 40 à 55 milliards de dollars de dettes de certains des pays les plus pauvres du monde, ce qui permettrait à ces derniers de concentrer leurs ressources vers des programmes de réduction de la pauvreté et d'amélioration de la santé et de l'éducation.

L'existence même des OMD représentait une étape importante dans l'histoire de l'humanité. Avant leur conception, il n'existait pas de cadre pour promouvoir le progrès mondial décidé par les dirigeants des nations du monde – par les pays riches comme par les plus pauvres. L'accord sur les OMD représentait l'ensemble de décisions les plus importantes jamais prises sur la base d'un consensus mondial avec des objectifs quantifiables.

Comme prévu, les OMD furent accueillis avec enthousiasme par des optimistes comme moi, tandis que pessimistes et cyniques haussèrent les épaules avec scepticisme. Le délai pour les objectifs ambitieux des OMD est désormais passé. Quels ont été les résultats, et qu'avons-nous appris de cette expérience ?

Les optimistes comme moi se réjouissent des objectifs atteints, tandis que les pessimistes soulignent les échecs. Je suis particulièrement heureux de la reconnaissance que le Bangladesh a reçue pour ses grands succès, en particulier en matière de réduction de la pauvreté. L'objectif national était de réduire ce taux de pauvreté à 29 % pour 2015. Deux ans plus tôt, en 2013, ce taux fut ramené à 26,2 %, soit à près de 3 points de mieux que l'objectif fixé. Le Bangladesh a également atteint la parité parfaite dans le taux de scolarisation en primaire et secondaire, une forte réduction de la mortalité infantile et infantilo-juvénile et une amélioration majeure des soins de santé maternelle. Au final, notre pays a réalisé des progrès significatifs sur l'ensemble des huit OMD[XXIV]. Cette réussite impressionnante a grandement stimulé le moral du peuple bangladais et l'a préparé à accomplir davantage dans le futur.

Au regard des 8 Objectifs posés, les progrès réalisés par les autres pays du monde furent inégaux. Un certain nombre d'entre eux ont atteint plusieurs buts, tandis que d'autres, en proie à des problèmes tels que dysfonctionnements politiques et déficits financiers, n'ont obtenu aucun résultat. Il est important de rappeler que les sept dernières années du programme des OMD – soit quasiment la moitié de l'ensemble du processus – se sont déroulées dans le contexte de la Grande Récession, la pire crise économique que nous ayons vécue depuis la Grande Dépression des années 1930, dont l'impact sur le monde en développement fut encore plus grand que sur les nations riches de l'Occident.

Et pourtant, malgré ce contexte, il est remarquable de noter les progrès extraordinaires réalisés pour l'ensemble des OMD. Bien que le monde dans son ensemble n'ait pas atteint les objectifs, quelques pays en particulier, comme le Bangladesh, ont relevé certains des défis les plus difficiles, tout en obtenant de bons résultats dans les autres domaines. Un certain nombre de réalisations mondiales importantes fut également accompli. En voici quelques exemples.

- Le monde a réussi à réduire le nombre de personnes vivant dans l'extrême pauvreté (c'est-à-dire bénéficiant d'un revenu inférieur à 1,10 euro par jour) de plus de la moitié, passant de 1,9 milliard de personnes en 1990 à 836 millions en 2015.
- Si l'objectif de l'enseignement primaire universel n'a pas été atteint, le taux de scolarisation dans les pays en développement a atteint 91 % en 2015, soit une nette

amélioration par rapport aux années précédentes, et un pas immense vers l'objectif de la participation à 100 %.

• La parité sexuelle s'est considérablement améliorée. Par exemple, alors qu'en 1990, en Asie du Sud seulement 74 filles étaient inscrites à l'école pour 100 garçons, en 2015 ce chiffre est monté à 103 filles pour 100 garçons. La présence des femmes dans les législatures nationales a pratiquement doublé entre 1990 et 2015 (même si les femmes ne représentent encore qu'environ 20 % des législateurs dans le monde).

• Le taux de mortalité infantile a diminué de plus de moitié, passant de 90 ‰ en 1990 à 43 ‰ en 2015.

• Les nouvelles infections au VIH ont diminué d'environ 40 % entre 2000 et 2013, alors que l'incidence du paludisme a diminué d'à peu près 37 %, ce qui a permis d'épargner environ 6,2 millions de vies.

Nous vivons une période unique dans l'Histoire – une période où la société dispose d'immenses ressources économiques, d'outils technologiques inédits et d'un niveau de paix, de liberté et de coopération relativement plus élevé que jamais auparavant. Comme l'indiquent les progrès impressionnants réalisés grâce aux OMD, la société humaine peut atteindre tous les objectifs qu'elle décide de se fixer en toute sincérité. C'est la raison majeure pour laquelle je me range parmi les optimistes quant à l'avenir de notre espèce, et que je souhaite obtenir davantage d'alliés pour accomplir des exploits encore plus grands dans les années à venir.

Une liste mondiale des tâches à accomplir : les Objectifs de Développement durable

Grâce aux résultats encourageants des OMD, les États de l'ONU se sont ensuite réunis pour fixer un ensemble de défis mondiaux encore plus ambitieux. Il s'agit des Objectifs de Développement durable (ODD). Développés grâce à un vaste processus d'études, de consultations et de discussions qui a impliqué experts techniques, décideurs et acteurs sociaux du monde entier, les ODD incluent 17 Objectifs généraux et 169 cibles spécifiques, définis chacun en termes quantifiables afin que les progrès puissent être clairement définis, observés et mesurés. L'objectif général est d'atteindre ces 17 Objectifs d'ici 2030.

Comme les OMD, les ODD représentent une percée remarquable dans l'histoire de la civilisation humaine. Jamais auparavant les représentants de l'ensemble de la planète n'avaient joint leurs forces pour s'attaquer aux problèmes auxquels est confrontée l'humanité tout entière (riches et pauvres, hommes et femmes, jeunes et moins jeunes, de toute ethnie, culture ou religion) en poursuivant un ensemble ambitieux d'objectifs partagés, dans un cadre reflétant les réalités environnementales qui façonneront l'avenir de la vie sur Terre.

Le mot *durable* dans l'appellation des ODD est le message le plus important de ces objectifs. Tout ce que nous faisons – de la construction d'infrastructures à la création de nouvelles industries, en passant par la fondation de villes et le développement de technologies innovantes – nous affecte tout autant que l'écosystème planétaire dont nous dépendons. La manière dont nous choisissons d'utiliser les ressources naturelles, d'aborder l'évolution de la démographie, de produire et de consommer de l'énergie, et de partager les richesses produites par les activités sociales – toutes ces actions ont un impact sur l'environnement naturel et donc sur la viabilité future de notre espèce. Nous devons commencer à fonder ces décisions non pas sur des besoins immédiats ou à court terme, mais en songeant aux espoirs et aux besoins des générations futures.

Que signifie la durabilité ? Cela veut dire consommer les fruits sans nuire aux arbres, voire en rendant les arbres plus productifs, afin qu'avec le temps tout le monde puisse profiter de davantage de fruits. Au cours des dernières décennies, responsables gouvernementaux, scientifiques, économistes, hommes d'affaires, acteurs sociaux et autres dirigeants se sont progressivement mis d'accord sur l'idée que tout plan ou programme pour le développement futur doit être conçu en tenant compte de sa durabilité.

Le problème du changement climatique offre l'exemple le plus clair de la manière dont notre réflexion doit changer pour répondre aux exigences de la durabilité. Il y a trente ou quarante ans, lorsque quelques experts visionnaires concernant la biosphère de notre planète ont commencé à nous avertir du danger posé par les émissions de carbone, la plupart des gens pensaient qu'ils étaient fous : « Le monde existe depuis des millions d'années, en subissant des changements constants de climat et de météo, et maintenant vous nous dites que la pollution de quelques voitures et de quelques usines va condamner notre planète dans les cinquante à soixante-dix années à venir ? Vous délirez ! »

Personne, ou presque, ne parle ainsi désormais. À mesure que les preuves scientifiques s'accumulent, nous comprenons maintenant comment, dans un passé lointain, les changements climatiques ont réellement conduit à de nombreux cas d'extinction de certaines espèces – notamment, la disparition des dinosaures il y a environ 65 millions d'années. Nous percevons également des signes évidents de la façon dont le climat actuel évolue, et beaucoup plus rapidement que les experts ne l'avaient imaginé. Enfin, les chefs de gouvernement se sont réunis et ont déclaré : « Nous devons arrêter cela maintenant. Nous devons prendre des mesures pour éviter que la température moyenne ne grimpe au-delà de 1,5 °C de plus qu'au début de l'ère industrielle. » L'Accord de Paris, dont j'ai parlé au chapitre 2, en fut le résultat. Il énonce les pratiques et principes de base qui doivent être respectés pour que les activités économiques que nous lancerons dans les années à venir n'alimentent plus le réchauffement climatique.

Mais ce changement climatique n'est pas le seul problème de durabilité auquel est confrontée l'espèce humaine. D'autres bouleversements affectant la relation entre les hommes et leur environnement naturel méritent notre attention, si nous voulons garantir notre survie à long terme. Par exemple, même en dehors de l'impact sur le climat mondial, nous ne pourront plus continuer à exister en tant qu'espèce si nous continuons à détruire les forêts au rythme actuel. Nous ne pouvons pas espérer répondre aux futurs besoins nutritionnels de la population humaine si nous continuons à surpêcher les poissons et les fruits des mers du monde entier comme nous le faisons actuellement. La capacité des agriculteurs de demain à nourrir la population mondiale sera compromise si nous continuons à pratiquer des monocultures à base de produits chimiques qui épuisent les sols et accroissent la vulnérabilité des cultures aux fléaux et aux maladies. La surconsommation permanente en antibiotiques augmente le risque d'épidémies dévastatrices, susceptibles de tuer des centaines de millions de personnes. Si nous n'apprenons pas à ne plus laisser les déchets plastiques finir dans nos canaux et nos rivières, venant grossir le vortex de déchets qui se développe au milieu de l'océan Pacifique, nous mangerons bientôt du poisson gavé de micro-granules indigestes et boirons de l'eau polluée aux microfibres.

Tous ces exemples illustrent bien comment les décisions que nous prenons aujourd'hui déterminent notre vie sur la planète dans les décennies et les siècles à venir. D'autre part, la durabilité implique des défis sociaux, économiques et politiques qui ne sont pas directement liés à l'environnement ou à des facteurs biologiques. Prenons le cas de l'inégalité économique. Si les tendances actuelles se confirment, et que de plus en plus de richesses et de revenus convergent vers une fraction toujours plus étroite de la population, les tensions et les frictions entre groupes sociaux vont fatalement s'aggraver. Les personnes désespérément pauvres seront acculées à la délinquance ; troubles à l'ordre public, émeutes et violence se développeront parmi les personnes contraintes à vivre dans des bidonvilles ou des camps provisoires par notre système économique dysfonctionnel ; des réfugiés vont déborder par millions les frontières nationales, exigeant une part équitable des ressources que les nations les plus riches ont accumulées ; et le risque de guerres va s'accroître entre les pays au sujet des ressources économiques, du pétrole et des minerais, de l'eau et des terres agricoles. Les sociétés démocratiques déchirées par des conflits économiques seront tentées de donner du pouvoir aux oligarques qui promettent de contrôler les troubles civils en construisant des murs et en armant les milices pour contenir les pauvres.

La société humaine ne sera pas durable dans ces circonstances. Car l'équité économique est inextricablement liée à nos espoirs pour une société juste, démocratique et pacifique.

Vaincre la pauvreté est essentiel pour assurer la paix entre les peuples. La répartition équitable des richesses est en fin de compte un problème de durabilité, autant que le changement climatique, la pollution de l'air ou la surexploitation des ressources naturelles.

Les 17 Objectifs qui constituent les ODD doivent être lus en tenant compte de ces réalités. Ensemble, ils présentent une vision convaincante pour un monde meilleur que l'on peut construire – ou tout au moins, mettre en chantier – d'ici l'échéance visée de 2030.

Voici ces 17 Objectifs de Développement durable :

1. **Zéro pauvreté** : mettre fin à la misère partout et sous toutes ses formes.

2. **Zéro famine** : éradiquer la faim dans le monde, assurer la sécurité alimentaire, améliorer la nutrition et promouvoir une agriculture durable.

3. **Santé et bien-être** : assurer une vie saine et promouvoir le bien-être pour tous, à tous les âges.

4. **Éducation** : fournir à tous une éducation équitable et de qualité, et promouvoir des possibilités d'apprentissage tout au long de la vie pour chacun.

5. **Parité sexuelle** : parvenir à l'égalité des sexes et autonomiser les femmes et les filles.

6. **Eau potable et assainissement** : assurer pour tous un accès raisonné et durable à l'eau et à l'hygiène.

7. **Énergie propre** : permettre à chacun d'accéder à une énergie abordable, fiable, durable et moderne.

8. **Travail et croissance économique** : soutenir une croissance économique inclusive et durable, un emploi pour tous, productif et décent.

9. **Industrie, innovation et infrastructures** : construire des infrastructures résistantes, promouvoir une industrialisation inclusive et durable, et favoriser l'innovation.

10. **Inégalités** : réduire l'inégalité des revenus à l'intérieur d'un pays et entre les pays.

11. **Villes et communautés** : rendre les villes et les agglomérations inclusives, sûres, résistantes et durables.

12. **Consommation et production** : assurer une consommation durable et mettre en place des modèles de production responsables.

13. **Action sur le climat** : prendre des mesures urgentes pour lutter contre le changement climatique et ses impacts, en réglementant les émissions de gaz et en favorisant le développement des énergies renouvelables.

14. **Vie sous-marine** : préserver les mers et les océans, et consommer leurs ressources marines durablement.

15. **Vie terrestre** : protéger, restaurer et promouvoir l'utilisation durable des écosystèmes terrestres, gérer durablement les forêts, lutter contre la désertification, stopper et inverser la dégradation des sols, arrêter la dégradation de la biodiversité.

16. **Paix, justice et institutions** : promouvoir des sociétés pacifiques et inclusives pour un développement durable, donner accès à la justice pour tous et créer des

institutions efficaces, responsables et inclusives à tous les niveaux.

17. **Partenariats pour les Objectifs** : renforcer les moyens de mise en œuvre et revitaliser le partenariat mondial pour le développement durable[XXV].

Chacun des 17 Objectifs est associé à un certain nombre de cibles spécifiques. Par exemple, sous l'intitulé de l'Objectif n° 1 de Zéro pauvreté, l'ONU a établi les 7 cibles suivantes :

- D'ici 2030, éradiquer l'extrême pauvreté pour toutes les personnes, partout dans le monde (actuellement évaluée en nombre de personnes vivant avec moins de 1,10 euro par jour).
- D'ici 2030, réduire au moins de moitié la proportion d'hommes, de femmes et d'enfants de tous âges vivant dans la pauvreté sous toutes ses formes, selon les définitions nationales.
- Mettre en place à l'échelle nationale des systèmes et des mesures de protection sociale appropriés, y compris des niveaux planchers, et d'ici à 2030, assurer une protection substantielle des pauvres et des personnes vulnérables.
- D'ici 2030, veiller à ce que tous les hommes et les femmes, en particulier les pauvres et les personnes vulnérables, aient le même accès aux ressources économiques, ainsi qu'aux services de première nécessité, à la propriété foncière et toute autre forme de propriété, à l'héritage, aux ressources naturelles, aux nouvelles technologies appropriées, aux services financiers, y compris la microfinance.
- D'ici à 2030, assurer la résilience des pauvres et des personnes vulnérables, les protéger des événements extrêmes

climatiques et d'autres chocs et catastrophes économiques, sociales et environnementales.

• Assurer une mobilisation importante des ressources provenant de diverses sources, notamment par une coopération renforcée, afin de fournir des moyens adéquats et prévisibles aux pays en développement, en particulier ceux les moins avancés, pour mettre en œuvre des programmes et des politiques visant à éradiquer la pauvreté sous toutes ses formes.

• Créer des cadres politiques solides aux niveaux régional, national et international, fondés sur des stratégies de développement favorables aux pauvres et tenant compte des différences entre les sexes, afin de soutenir l'investissement dans les actions d'éradication de la pauvreté[XXVI].

Vous remarquerez que ces objectifs sont définis de manière claire et précise, avec des objectifs quantitatifs le cas échéant, afin qu'analystes experts et acteurs sociaux puissent tirer des conclusions objectives quant à savoir si ces objectifs sont atteints et sinon, exactement comment et où ont surgi les lacunes, afin que des mesures correctives puissent être prises. Les succès déjà obtenus dans le cadre des OMD nous donnent de bonnes raisons d'espérer des résultats encore meilleurs dans le cadre des ODD. Par exemple, le fait que le Bangladesh ait réduit son taux de pauvreté de moitié entre 2000 et 2013 nous autorise à imaginer que l'extrême pauvreté pourra y être entièrement éliminée d'ici 2030.

Comme pour les Objectifs du Millénaire pour le développement, des pays, des entreprises commerciales, des organisations à but non lucratif et des personnes influentes à travers le monde se sont engagés pour soutenir les ODD. Les grandes puissances de ce monde – les États-Unis et la Chine, toutes les principales institutions financières mondiales, les grandes sociétés internationales et bien sûr les Nations Unies elles-mêmes – auront un rôle majeur à jouer dans la promotion de chacun des 17 Objectifs. Et d'innombrables groupes ou individus sont déjà impliqués dans des activités de soutien. Quels que soient votre travail ou vos intérêts principaux en tant que citoyen concerné et activiste social, vous trouverez parmi ces objectifs un ou plusieurs que vous pouvez soutenir directement dans votre communauté et dans le monde.

Je suis honoré de faire partie des personnes impliquées dans la sensibilisation et l'engagement envers les ODD à travers le monde. En janvier 2016, le secrétaire général de l'ONU, Ban Ki-Moon, a annoncé la formation d'un groupe destiné à la promotion des ODD. Mandatés dans le but de soutenir le secrétaire général dans ses efforts pour générer un élan et un engagement à remplir les Objectifs d'ici 2030, les membres de ce groupe ont ajouté leur voix afin d'encourager la mise en place d'un programme de développement durable, visionnaire et révolutionnaire. Ils s'engagent avec des partenaires de la société civile, des universités, des législateurs de tous les continents et des dirigeants du secteur privé pour développer des idées novatrices et des moyens de promouvoir la mise en œuvre des ODD.

En tant que militant des ODD, j'encourage tout le monde à les adopter comme objectifs personnels et à les promouvoir au sein de toute organisation, entreprise ou association civique à laquelle on est associé ou que l'on peut conseiller. En tant que citoyens du monde, nous devons faire tout notre possible pour permettre la réalisation de chacun de ces points.

La triste vérité est que notre civilisation mondiale actuelle n'est pas durable, pour des raisons environnementales, sociales et économiques. Afin de garantir notre avenir, nous devons créer une civilisation nouvelle – un chantier auquel nous ne pouvons pas nous soustraire. Les ODD fournissent un programme substantiel pour les changements que nous devons opérer. Le fait que les nations du monde aient accepté d'assumer conjointement cette tâche est une étape remarquable dans l'histoire de l'humanité.

Comment les entreprises de la « nouvelle économie » stimuleront l'accomplissement des ODD

Une vieille route mènera toujours à une ancienne destination. Pour changer la destination, créons une route nouvelle. Cette règle ne connaît pas d'exception.

Le social-business jouera un rôle central dans la création de cette route menant à la nouvelle civilisation dont nous avons besoin. Car cette logique s'applique aussi bien dans la théorie que dans l'expérience pratique. De nombreuses entreprises de ce type contribuent déjà à la mise en œuvre d'une ou plusieurs des ODD.

Les Balkans est l'une des zones géographiques dans lesquelles Yunus Social-business (YSB) est active. Dans cette région la plus pauvre du continent européen, chômage, pauvreté, dégradation de l'environnement et déclin des institutions sociales sévissent depuis des décennies.

Dominés pendant longtemps par l'Union soviétique, les pays de la péninsule des Balkans dans le sud-est de l'Europe étaient économiquement en retard sur le reste du continent. Avec l'effondrement de l'Union soviétique et la fin de la Guerre froide, les Balkans ont entamé une transition vers l'économie de marché. Mais celle-ci fut perturbée par les guerres internes qui ont suivi la dissolution de la nation multiethnique de Yougoslavie. À partir de 1991, une série de pays indépendants sont nés – la Slovénie, la Croatie, la Bosnie-Herzégovine, la Macédoine, le Monténégro et la Serbie. Les anciens conflits ethniques, ainsi que les crimes contre l'humanité commis par des dirigeants tels que le dictateur serbe Slobodan Milosevic ont causé d'énormes souffrances dans la région et paralysé son développement économique et social. Des millions de personnes furent chassées de leurs foyers ; plusieurs milliers ont fui la région en tant que réfugiés.

Aujourd'hui, la plupart des pays des Balkans vivent en paix. Mais les populations continuent de souffrir économiquement. Le PIB par habitant en Albanie, Serbie et autres pays des Balkans occidentaux représente environ un quart de celui des pays d'Europe occidentale, comme l'Allemagne, la France et le Royaume-Uni. Des années de négligence, de sous-investissement et de destruction pendant la guerre ont gravement endommagé les infrastructures, ainsi que les structures sociales et économiques de la région. Malgré les efforts de reconstruction matérielle, économique et sociale, le taux de chômage en Bosnie-Herzégovine, par exemple, reste très élevé, soit 40 % (en 2017).

Les membres de l'équipe YSB ont commencé leur travail dans les Balkans en étudiant les conditions économiques et sociales et en discutant avec les diverses populations locales. Ils ont cherché le moyen d'y appliquer le concept de social-business en commençant modestement. Ils ont rencontré un grand nombre d'entrepreneurs actifs – beaucoup d'entre eux très bien éduqués – qui désiraient utiliser leur créativité et leurs talents pour revitaliser leur patrie, mais se trouvaient paralysés par le manque de capital à investir et d'autres défis structurels. Par exemple, 85 % des entrepreneurs interrogés par le personnel d'YSB ont déclaré que les taux d'intérêt des banques conventionnelles sont trop élevés pour soutenir les entreprises débutantes. Cela oblige les trois quarts d'entre eux à compter sur des aides privées – familles ou amis – pour réunir l'argent nécessaire. Une taxation confuse et des problèmes de réglementation compliquent également le processus de démarrage[XXVII].

En réponse, YSB a mis au point un programme accéléré pour les entrepreneurs des Balkans, semblable à celui fourni par les capital-risqueurs pour les entreprises prometteuses de haute technologie de la Silicon Valley californienne ou d'ailleurs, mais dans un contexte différent – celui du social-business. Au cours d'un atelier classique d'une durée d'une semaine, organisé dans la capitale albanaise Tirana, les entrepreneurs en herbe ont reçu une bonne formation en social-business, acquérant des compétences telles que l'analyse de marché, la prospection commerciale, la conception et l'expérimentation de produits.

La formation fournie par YSB est axée sur l'application du nouveau concept de social-business pour résoudre les problèmes spécifiques auxquels sont confrontés citoyens et entrepreneurs autochtones. Par exemple, de nombreux entrepreneurs peinent à accéder aux riches marchés des grandes villes européennes via des programmes d'exportation, des grossistes ou des grandes chaînes de vente au détail. L'équipe YSB inclut des experts qui peuvent les aider à trouver des moyens de surmonter ces obstacles.

Udruzene est l'une des entreprises qui ont bénéficié du soutien d'YSB. Basée en Bosnie, cette société propose des produits artisanaux d'excellente qualité, réalisés en tricot et au crochet.

La fondatrice d'Udruzene, Nadira Mingasson, a fui sa Bosnie natale à l'âge de dix-neuf ans, quand la guerre a éclaté. Elle s'est réfugiée à Paris, où elle a fini par intégrer la prestigieuse industrie de la mode. En 2008, en visite dans sa patrie, elle a découvert les beaux tissus fabriqués à la main par des femmes pauvres de la campagne et s'est rendu compte qu'il existait là une opportunité de création commerciale. Elle a ensuite lancé son entreprise, en la baptisant *udruzene* – « femmes unifiées », en langue bosniaque.

Aujourd'hui, les vêtements fabriqués par les artisanes d'Udruzene sont commercialisés par certains des créateurs de mode les plus en vue en Allemagne, au Japon, en Norvège, en Italie et dans d'autres pays. « Je savais que ces femmes étaient capables de répondre aux critères requis, dit Mingasson. Elles avaient seulement besoin de mettre à jour leurs compétences[XXVIII]. » Les produits sont créés par des femmes issues des régions rurales des Balkans, des artisanes qualifiées qui, sans cette entreprise, seraient presque certainement victimes du chômage endémique qui sévit dans leur pays. Udruzene emploie actuellement plus de trois cents tricoteuses dans toute la Bosnie-Herzégovine – chacune d'entre elles, devenue cheffe d'entreprise à part entière, a pu accéder à un marché plus large grâce aux réseaux de vente et de distribution fournis par Udruzene. Ainsi, l'entreprise aide les femmes qui ont souffert de la guerre, de la violence et de la marginalisation sociale, en utilisant le tricot comme moyen de les réintégrer dans la société, grâce à l'autonomisation économique et sociale apportée par un social-business.

Rizona est un autre exemple de social-business soutenu par YSB dans la région des Balkans. Cette société a créé un marché fiable au service des légumes cultivés biologiquement par une centaine de petits agriculteurs dans la région de Rahovec, au Kosovo. Citons également St. George Valley Organic Farm, un social-business en herbes médicinales fondé par un entrepreneur local nommé Emiland Skora. Située à proximité de Tirana, cette société cultive des plantes destinées à la distillation, qui sont ensuite vendues sur les marchés internationaux pour un usage médical ou cosmétique – un commerce beaucoup plus rentable que la plupart des formes d'agriculture. St. George loue ses terrains à quelque 60 agriculteurs locaux et leur enseigne les techniques et pratiques de cette culture spécifique, ce qui leur permet de créer plus de revenus pour eux-mêmes et leurs familles. Et parce que l'utilisation médicinale des herbes nécessite des procédés strictement biologiques, cette entreprise est également respectueuse de l'environnement.

Comme le montrent ces exemples, un social-business est une entreprise destinée à résoudre des problèmes, quels qu'ils soient. Il traite directement et indirectement certains ODD, offrant des opportunités, des emplois, de la parité, une réduction de la pauvreté, etc.

J'aimerais vous présenter deux autres exemples de social-business, en Colombie et en France. Ils sont intéressants à plusieurs égards. Dans les deux cas, il s'agit de *joint venture* avec une multinationale dans le domaine de l'agriculture, en particulier de la production alimentaire.

Campo Vivo, entreprise commerciale établie en Colombie, fut créé par YSB en partenariat avec McCain Foods, une société familiale basée au Canada, fondée en 1957 et bien établie en Europe et dans le monde depuis 1960.

Jean Bernou, le président de McCain pour l'Europe continentale, le Moyen-Orient et l'Afrique du Nord, est une personne atypique. Vivant en France, à Lille, il s'est fortement intéressé au concept de social-business il y a plusieurs années. Il a commencé par assister à toutes mes conférences et à rejoindre toutes les réunions auxquelles je participais, puis il m'a appelé pour discuter de la manière dont les ressources commerciales, les talents et l'expertise de McCain pourraient contribuer à l'élaboration d'un nouveau système économique susceptible de résoudre les problèmes les plus difficiles rencontrés par l'humanité. Il m'a aussi présenté moi-même et d'autres membres de l'équipe Grameen à la famille fondatrice de McCain au Canada. Celle-ci s'est également intéressée au concept de social-business et a décidé de s'impliquer. L'occasion pour nous de travailler ensemble s'est finalement présentée lorsque YSB a commencé à chercher des solutions pour certaines difficultés rencontrées par les plus démunis en Colombie.

Environ 31 % de la population colombienne vit dans les zones rurales, où l'agriculture est la source principale de revenus pour les communautés. En Colombie, les agriculteurs sont souvent confrontés à de graves difficultés, comme partout ailleurs : notamment, un accès restreint au capital, aux nouvelles technologies agricoles et à une assistance technique, ainsi qu'un faible pouvoir de négociation pour la vente de leurs récoltes. Ces dernières années, ces problèmes économiques se sont particulièrement aggravés. La Colombie a perdu une partie de son marché pour le café, autrefois si célèbre. Lorsque les producteurs asiatiques, dans des pays tels que le Vietnam et l'Indonésie, ont conquis une part croissante de ce commerce, les producteurs de café colombiens se sont soudain retrouvés face à une grave crise économique, qui a plongé des communautés entières au bord de la catastrophe.

McCain est spécialisée dans la culture, la transformation et la commercialisation des pommes de terre. Dans ses usines du monde entier, l'entreprise transforme chaque année plus de cinq millions de tonnes de pommes de terre en frites et produits associés. La popularité des frites de style américain continuant de croître, nous y avons vu, pour les agriculteurs colombiens en péril, l'opportunité de changer d'activité. C'est ainsi qu'est née l'idée de Campo Vivo.

Campo Vivo est une *joint venture* entre McCain Foods et YSB, dédiée à l'amélioration des moyens de subsistance des agriculteurs locaux et de leurs familles, issus des communautés défavorisées de la Colombie rurale qui n'ont pas accès aux marchés et aux réseaux pour vendre leurs produits. La société applique l'expertise incomparable de McCain en matière de pommes de terre pour aider les agriculteurs locaux à cultiver des tubercules de qualité grâce à des techniques qui permettent le plus haut rendement possible.

Le 13 mai 2014, à la ferme Ramada, située dans la municipalité de Une, dans le Cundinamarca, à l'est de la Colombie, furent plantées les premières pommes de terre de type R12 – une variété réputée pour ses rendements particulièrement importants. Il s'agissait d'un modeste projet de développement, impliquant 84 personnes issues de 21 familles.

Le 11 novembre 2014, fut récoltée la première production de pommes de terre de Campo Vivo. Les résultats agricoles et économiques étaient encore meilleurs que prévu, à savoir un taux de productivité de 54,4 tonnes par hectare, bien supérieur à la moyenne nationale d'environ 22 tonnes par hectare. Les récoltes suivantes ont été également couronnées de succès.

Inspirée par l'expérience de Campo Vivo, McCain a eu l'idée de créer un social-business en France en partenariat avec plusieurs autres entreprises. Baptisé *Bon et Bien*, il s'attaquait à un problème rencontré par les dirigeants de McCain depuis de nombreuses années dans le cadre de leurs activités, mais qu'ils ne pensaient pas pouvoir régler. Leur implication dans le social-business en Colombie a changé la donne, en leur permettant de repérer là une belle opportunité.

Je veux parler du problème des pommes de terre invendues. Il s'avère que, dans le marché conventionnel de la production agricole, les cultivateurs ne peuvent vendre que 20 % des pommes de terre qu'ils récoltent parce que le reste ne présente pas une forme appropriée pour fabriquer des frites ou des chips. Elles ne sont pas adaptées aux machines utilisées dans les usines de transformation gérées par des entreprises comme McCain. D'autre part, 6 % de la récolte ne sont pas ramassés par les machines ordinaires et restent donc sous la terre. En conséquence, un quart de la récolte réelle produite ne parvient pas jusqu'aux consommateurs – un gaspillage majeur de nourriture.

La pomme de terre n'est pas la seule culture générant des gaspillages importants. Aujourd'hui, les experts considèrent que plus de 30 % des aliments que nous produisons (soit environ 1,3 milliard de tonnes métriques par an) ne sont ainsi jamais consommés – alors que plus de 800 millions de personnes souffrent de faim et de malnutrition. Sachant en outre que la population mondiale devrait passer de 7 à 9,6 milliards au cours des trente-cinq prochaines années, nos ressources agricoles seront soumises à une pression encore plus grande. Il est donc tout simplement inacceptable de gaspiller la moindre nourriture.

Le gaspillage alimentaire est dû à une variété de facteurs. Il se produit à chaque phase de la chaîne de fabrication de l'industrie alimentaire, depuis la récolte en passant par le stockage, le transport, le conditionnement et la vente, jusqu'à sa consommation et ce pour des raisons inhérentes à chaque étape. Mais la cause essentielle est notre système économique dysfonctionnel, qui détermine que tout produit ne pouvant être vendu à un tarif qui génère un bénéfice industriel moyen doit être jeté ou détruit.

Comment décliner cette responsabilité, comment ne pas nous sentir obligés de trouver une solution à ce problème ? 30 % des légumes produits en Europe sont gaspillés pour une raison étrange : parce qu'ils ont poussé sous une forme irrégulière ou disgracieuse. Dans le métier, on les surnomme les « légumes moches ». Ils ne correspondent pas aux canons parfaits que nous voyons sur nos étals des supermarchés ; en conséquence ils sont rejetés, même s'ils sont parfaitement comestibles et regorgent de valeur nutritionnelle.

McCain a récemment créé l'opération *Bon et Bien* pour s'attaquer à ce problème ancien. Ils ont convaincu d'autres partenaires de se joindre à leur initiative, dont cinq entreprises membres de la Coalition internationale contre le gaspillage alimentaire : les supermarchés E. Leclerc, les experts en recrutement Randstad France, les banques alimentaires de France et le Groupement (français) des agriculteurs producteurs de pommes de terre pour l'industrie (GAPPI). Chacun de ces groupes apporte une contribution unique à *Bon et Bien.* En octobre 2014, ils ont lancé une stratégie pour transformer les vilains légumes en aliments attrayants.

Voici comment l'opération fonctionne. McCain s'associe à quelques milliers de producteurs régionaux pour collecter des légumes frais mais vilains. Ces légumes (pommes de terre, carottes, endives et oignons) sont ensuite transformés en une variété de soupes, conformément aux recettes fournies par des chefs locaux. Le simple fait de débiter les légumes élimine le principal obstacle vers la consommation de ces aliments délicieux et nutritifs, car le client n'a aucun moyen de savoir quelle forme ils avaient à l'origine.

Tous les ouvriers qui travaillent pour *Bon et Bien* ont connu un chômage de longue durée et souhaitent revenir sur le marché du travail. Randstad France gère le processus de recrutement et offre une formation et un soutien social. Les banques alimentaires de France jouent un rôle consultatif. Et le GAPPI agit comme facilitateur entre les producteurs et ce social-business. Enfin, les soupes sont mises en bouteille sous la marque *Bon et Bien* et vendues à l'hypermarché de Templeuve, géré par le groupe E. Leclerc.

Lors du lancement de l'opération, Jean Bernou a expliqué : « Ce projet est une solution gagnant-gagnant pour tous. Nous collaborons avec nos partenaires producteurs et un client clé, E. Leclerc, dans la lutte contre le gaspillage alimentaire. Dans le même temps, nous créons des emplois locaux et une source de production de flocons de pommes de terre dans nos usines. Et tous les bénéfices générés par *Bon et Bien* seront réinvestis pour le déploiement de l'activité et un impact social et environnemental accrus[XXIX]. »

Aujourd'hui, après plus de deux ans de succès, *Bon et Bien* se diversifie dans la production de garnitures de légumes (vilains) prêtes à cuisiner. L'expérience se poursuit également en Belgique et en Grèce, et à compter de la fin 2017 au Maroc.

Campo Vivo et *Bon et Bien* abordent des ODD importants, à savoir le n° 1 contre la pauvreté, le n° 2 contre la faim, le n° 8 pour un travail décent et la croissance économique, et le n° 12 pour une consommation et une production responsables. Parce que ce sont des entreprises durables, elles peuvent être reproduites à l'infini.

Un nouveau système économique qui rend les objectifs humains réalisables

Les initiatives Campo Vivo et *Bon et Bien* ont forcé les portes de l'innovation entrepreneuriale. Bien des gens autour du monde trouveront des idées encore plus brillantes que celles-ci. Puisque le social-business nous offre la possibilité de poser sur le monde un regard nouveau, nous y découvrirons de toutes nouvelles perspectives. Et celles-ci nous permettront de réaliser tous les ODD au fil du temps.

Les ODD définissent les problèmes clés rencontrés aujourd'hui sur notre planète. Voilà ce qu'une organisation mondiale telle que les Nations Unies est en mesure d'accomplir. Malheureusement, lorsque l'ONU commence à exposer les processus qui ont généré ces problèmes au départ, elle déclenche des débats tumultueux et sans fin. Il est plus facile pour moi d'exposer mon opinion en tant qu'individu.

Dans ce cadre, je peux affirmer que la liste des ODD permet de révéler les faillites du système économique actuel. On pourrait la décrire comme un acte d'accusation, énumérant tous les préjudices. Or, pouvons-nous compter sur le système qui a créé tous ces problèmes pour les résoudre lui-même ? Et même s'il y parvenait, avons-nous la garantie que le même système n'engendrera pas, selon toute logique, à nouveau les mêmes problèmes ?

Pour cette raison, je pars du principe que nous devons réinventer notre système économique pour réinventer le monde. Nous avons besoin de chemins nouveaux pour atteindre une destination nouvelle. Dans un monde où la permanente concentration des richesses est considérée comme seule activité économique légitime, les ODD, même s'ils sont atteints, ne seront pas garantis. Il en va de même pour les trois zéros – zéro pauvreté, zéro chômage et zéro empreinte carbone – que j'ai présentés comme ma propre version simplifiée des objectifs que notre civilisation doit poursuivre. Pour réussir, nous avons besoin d'un système alternatif à partir de concepts, d'institutions et d'objectifs de vie différents.

Le social-business représente un élément crucial dans la transition de notre civilisation actuelle, bâtie sur la cupidité, vers une civilisation nouvelle, fondée sur les valeurs humaines plus profondes du partage et de l'altruisme. Nous devons parvenir à cette transition si nous voulons transmettre un mode de vie véritablement durable aux générations qui suivront.

III.

DE MÉGAPOUVOIRS POUR TRANSFORMER LE MONDE

7.

Jeunesse : dynamiser et autonomiser les jeunes du monde

Pour beaucoup, la nouvelle provoqua un choc. « Une majorité parmi la génération du Millénaire rejette maintenant le capitalisme », titrait le *Washington Post.* Selon un sondage de 2016 mené par des experts de l'université d'Harvard auprès de jeunes adultes de dix-huit à vingt-neuf ans, seulement 42 % affirment soutenir le capitalisme, contre 51 % d'avis contraires. Ce récent sondage n'a fait que montrer une fois de plus la méfiance profonde que de nombreux jeunes ressentent envers le système économique en général. Par exemple, un sondage de 2012 par le respecté Pew Institute a révélé que si 46 % de cette génération ont une vision positive du capitalisme, elle est négative pour 47 % d'entre eux. Le journaliste Max Ehrenfreund a décrit les résultats de Harvard comme reflétant « un rejet apparent des principes fondamentaux de l'économie américaine[XXX] ».

Ce résultat était pour le moins surprenant. En 1991, avec l'effondrement de l'Union soviétique, disparaissait le seul obstacle réel au capitalisme. Que s'est-il passé pour que la jeune génération d'aujourd'hui tourne le dos au système qui avait apparemment triomphé seulement vingt-cinq ans plus tôt ?

Les défenseurs du sacro-saint libéralisme économique ont réagi avec stupeur et consternation. Écrivant sur le site de la Foundation for Economic Education, l'économiste Michael Munger semblait considérer les résultats du sondage comme non avenus : « On ne peut pas "rejeter" le capitalisme, pas plus qu'on ne peut rejeter le principe de la gravité[XXXI]. » Certains commentateurs ont souligné que les jeunes interrogés n'imaginaient aucune alternative claire au capitalisme ; par exemple, seulement 33 % déclaraient qu'ils préfèrent le socialisme. D'autres ont souligné le fait qu'on n'a donné aux sondés aucune définition économique claire et ont spéculé que peut-être que les résultats du sondage reflétaient simplement une confusion sur la définition précise du « capitalisme ».

Mais le meilleur commentaire fut peut-être celui de Sarah Kendzior, rédigé pour le magazine *Foreign Policy* : « Est-il étonnant que la moitié des jeunes de dix-huit à vingt-neuf ans en Amérique disent qu'ils ne soutiennent pas le capitalisme ? », s'est-elle interrogée, avant d'ajouter :

> Nul besoin d'un sondage pour juger du sort de la jeunesse américaine. On peut consulter leurs comptes bancaires, les emplois qu'ils occupent, ceux que leurs parents ont

perdus, les dettes qu'ils ont contractées, les opportunités qu'ils recherchent et qu'on leur refuse. Nul besoin de jargon ou d'idéologie pour mettre en cause le *statu quo*. L'acte d'accusation le plus clair du *statu quo* est le *statu quo* lui-même[XXXII].

Personnellement, les résultats du sondage ne m'ont nullement surpris. Mon travail m'entraîne sur de nombreux campus universitaires à travers le monde. J'ai souvent l'occasion de parler avec les jeunes de leur vie, des défis auxquels ils sont confrontés, de leurs espoirs et de leurs rêves pour l'avenir. Il me semble depuis longtemps que partout, dans les nations riches comme dans les pays les plus pauvres, les jeunes sont profondément insatisfaits du système social et économique dont ils ont hérité. Ils sont parfaitement conscients de ses lacunes, non seulement en raison des difficultés qu'ils éprouvent personnellement (chômage, crédits étudiant, manque d'opportunités), mais aussi à cause des problèmes mondiaux dont ils sont témoins autour d'eux, depuis la persistance de la pauvreté et la dégradation de l'environnement jusqu'aux inégalités généralisées et à la violation des droits de l'homme. Cependant, je ne pense pas qu'ils comprennent clairement que tous ces problèmes sont dus au capitalisme. Je pense qu'ils disent simplement qu'ils n'aiment pas ce qu'ils voient autour d'eux. Plus important encore, ils ne considèrent pas « le système » comme sacré, et ils ne pensent pas non plus que les effets produits par le libéralisme économique sont toujours parfaits, comme l'affirment certains idéologues. Ils jugent le système par les effets qu'il engendre et, sur cette base, ils le considèrent comme défectueux.

D'autre part, la majorité des jeunes d'aujourd'hui ne sont convaincus par aucune des idéologies proposées autrefois comme des alternatives au capitalisme, comme le socialisme ou le communisme. Ils jugent ces systèmes tout aussi imparfaits. En réalité, ils recherchent avec enthousiasme une nouvelle approche – un cadre nouveau qui refléterait plus précisément les réalités de la nature humaine et permettrait de libérer la créativité des personnes pour résoudre les graves problèmes de l'humanité. Je remarque une chose commune chez les jeunes d'aujourd'hui : ils sont davantage que les générations précédentes disposés à se rendre utiles pour autrui. Ils se cherchent une utilité pour le monde.

Les sondages montrent seulement que les jeunes sont mécontents du système, parce qu'il ne fournit pas de résultats satisfaisants. Pour le dire poliment, ils ne se sentent pas inspirés par le système. Ils recherchent, peut-être pas activement, un nouveau modèle économique. Certains se sentent enfermés entre les murs du marché boursier ou des politiques monétaires et fiscales traditionnelles. Ils accueillent volontiers tous ceux qui leur proposent de respirer un air frais à l'extérieur de ces murs. Cela explique l'engouement que je rencontre chaque fois que j'expose mes idées au public jeune de tous les continents.

Les jeunes d'aujourd'hui sont ceux qui dirigeront le monde de demain en créant la nouvelle civilisation dont nous avons désespérément besoin. Ils travaillent déjà dur, en quête d'idées et d'un programme d'action. Dès qu'ils auront défini leur objectif, ils pourront l'atteindre beaucoup plus facilement que trente ans auparavant.

Car cette jeunesse bénéficie de remarquables atouts. Mieux éduquée que les générations précédentes, elle compte des individus venus de tous les horizons et connectés avec le monde entier, grâce au pouvoir de la communication numérique et des nouvelles technologies. Les voyages internationaux, les stages d'étudiants et les programmes d'échange, sans parler du réseautage via les médias sociaux, ont aidé beaucoup d'entre eux à se lier au-delà de toutes les barrières nationales, ethniques ou religieuses.

Les jeunes d'aujourd'hui n'ont encore qu'une image floue du monde dans lequel ils veulent vivre. Cependant, ils se rendent compte que le milieu académique et le monde politique n'ont pas réussi à leur indiquer un bon itinéraire et qu'ils ne leur ont pas non plus fourni les outils nécessaires pour le tracer eux-mêmes.

Leur frustration les pousse dans deux directions différentes. Certains ont tendance à devenir des pessimistes et à se retirer de la société, tandis que d'autres espèrent encore que les choses prendront une meilleure tournure. Ils sentent qu'ils disposent d'un pouvoir énorme, mais n'arrivent pas à imaginer comment s'en servir. Si l'on parvient à leur proposer une vision de l'avenir cohérente avec leurs envies profondes, alors ils seront capables de déployer une force irrépressible, telle que le monde n'en a jamais connue auparavant.

Comme partie intégrante du programme d'éducation, je propose que, tous les ans, chaque classe passe une semaine à imaginer les contours du monde qu'ils aimeraient créer si on leur en laissait la liberté. Les deux premiers jours, ils rassembleraient les idées et dresseraient la liste des caractéristiques du projet que chaque étudiant a imaginé individuellement. Ensuite, pendant le reste de la semaine, ils travailleraient ensemble à constituer une ou plusieurs listes de caractéristiques unanimes d'un monde taillé selon leurs désirs.

Actuellement, on ne dit jamais aux étudiants qu'ils peuvent créer un monde qui leur ressemble. Je pense cependant que ce type d'exercices devrait être la partie la plus importante du programme éducatif. Une fois ce monde défini, ils peuvent commencer à réfléchir à la manière de passer de l'imagination à la réalité. Et quand on visualise un projet, il a de bonnes chances de se réaliser. Si nous ne l'imaginons pas, il n'a aucune chance. En élaborant leur propre monde, les élèves se rendront compte à quel point il est éloigné du modèle actuel. Cette prise de conscience sera pour eux le début de l'engagement.

La jeunesse d'aujourd'hui représente l'un des trois « mégapouvoirs » qui, selon moi, transformeront la société mondiale dans les prochaines décennies, en redessinant radicalement la structure économique pour libérer le pouvoir créatif des hommes et des femmes à travers le monde. Ils veilleront à ce que le système ne reste pas une machine élégamment conçue pour produire une poignée de riches éléphants et laisser des milliards d'autres passer leur vie en fourmis de labeur. Une fois que les jeunes sauront clairement quel genre de monde ils désirent, il sera tellement plus facile de le faire advenir.

Les écoles et les universités peuvent permettre aux jeunes d'imaginer leur propre monde

Comme je l'ai expliqué, l'un des principaux problèmes du système économique actuel réside dans les présupposés et les attitudes que nous inculquons chez les jeunes au cours de leur éducation. Nous élevons nos enfants dans l'idée que leur vie commence par le travail. Sans travail, pas d'existence – ce message leur est proclamé haut et fort de toutes parts : à la maison, à l'école, dans les médias, dans les débats politiques. Partout. Devenu adulte, on doit présenter ses compétences sur le marché du travail. Notre destinée est de trouver un travail. Si l'on échoue, alors la misère nous attend. Mais personne ne dit aux jeunes qu'ils ont davantage de dispositions naturelles pour devenir des entrepreneurs que des candidats à l'embauche.

L'autre message que nous, la société actuelle, délivrons à nos jeunes est que la finalité du travail est de générer des revenus et des richesses personnelles. Nous leur enseignons que toute autre motivation, notamment les buts désintéressés, à savoir la volonté d'aider les autres et de rendre le monde meilleur, sont d'une importance secondaire et ne peuvent être poursuivis que dans le « temps libre », comme une forme de « rétribution » en nature. Sur la base de ces préjugés, les jeunes sont contraints et limités dans leurs domaines d'engagement et de réussite. Ils se contentent de maigres réalisations, en oubliant leur capacité innée à réaliser des rêves à portée internationale et à les transformer en réalité. Si nous souhaitons créer une nouvelle civilisation qui reconnaisse, honore et habilite l'éventail plus large des désirs et des capacités humaines, nous devons modifier notre système éducatif et les présupposés qui le sous-tendent.

Je suis heureux de constater de nouvelles tendances sur les divers campus que je visite régulièrement. Au cours des dix dernières années, de nombreuses universités ont ajouté des cours de social-business à leurs programmes. Un réseau croissant de ce type de programmes se tisse à travers les pays, où professeurs et étudiants recherchent, étudient, expérimentent et apprennent de nouvelles façons d'organiser et d'accroître l'activité économique.

Aujourd'hui, des universités de tous les continents instaurent des Yunus Social Business Centres (YSBC), où l'on donne des cours, mène des recherches et échange des informations concernant des projets de social-business à destination des chefs d'entreprise, des fondations, des ONG, des acteurs sociaux, des organisations gouvernementales, des institutions financières, etc. Certains de ces centres organisent des concours pour inventer des solutions de social-business pour résoudre des problèmes que les étudiants ont identifiés sur leurs campus, dans leur pays et même dans le monde. Les étudiants diplômés sont accueillis dans ces centres pour y mener des recherches plus approfondies sur divers aspects du social-business. Des conférences sur le sujet s'y déroulent régulièrement au mois de novembre dans diverses grandes villes. On y présente des documents de recherche et on y partage de nouveaux programmes et de nouvelles expériences.

En conséquence, un nombre croissant de jeunes développent les outils et les idées dont ils ont besoin pour mettre en pratique de nouvelles formes de réflexion économique et diffuser encore plus largement ces idées neuves.

Le 9 avril 2017, un accord a été signé par le Yunus Centre pour établir le plus récent de ces centres universitaires à l'université Lincoln de Christchurch, en Nouvelle-Zélande, soit le 34e Yunus Social Business Centre au monde. D'autres ont été établis à la Caledonian University de Glasgow, en Écosse ; à la Trobe University Business School de Melbourne, en Australie ; au Becker College de Worcester, dans le Massachusetts ; à l'université d'État de Californie, dans les Channel Islands ; à l'université chinoise de Hong Kong ; au King's College de Londres ; à l'université centrale nationale de Taiwan ; à l'université Renmin de Pékin ; à l'école de commerce HEC de Paris, en France, et de Montréal au Canada ; à l'université de Florence, en Italie ; à l'université nationale d'économie de l'Azerbaïdjan (UNEC) ; à l'Institut asiatique de technologie à Khlong Luang, en Thaïlande ; dans un groupe d'universités à Barcelone, en Espagne, et dans diverses autres institutions à travers le monde, de l'Allemagne au Japon, de la Malaisie à la Turquie. Davantage de centres sont déjà prévus dans d'autres régions du monde et, dans les mois à venir, le nombre d'YSBC dépassera 50.

Comme vous pouvez l'imaginer, chacun de ces Yunus Centres est unique, s'appuyant sur les ressources spécifiques de l'université partenaire, sur les intérêts et les enjeux les plus importants pour l'économie locale et nationale, et sur d'autres caractéristiques distinctives. Par exemple, nos centres à la Caledonian University de Glasgow et à l'université de New South Wales en Australie mettent particulièrement l'accent sur les problèmes de santé, notamment les besoins médicaux des personnes pauvres, comme celles vivant dans des quartiers défavorisés des villes écossaises et australiennes. Les YSCB de l'université de Kasetsart et de celle de Lincoln se focalisent sur l'agriculture. L'YSCB installé au SSM College of Engineering au Tamil Nadu, dans le sud de l'Inde, s'intéresse davantage aux opportunités de social-business pour les étudiants diplômés dans les disciplines de l'ingénierie et de la technologie. Ailleurs, les Yunus Centres peuvent se concentrer sur les industries, l'agriculture, la production ou les services, en fonction des besoins et des ressources de chacune des institutions.

En dehors de ces différences, tous les Yunus Centres universitaires partagent certaines activités. Chacun peut être considéré comme une sorte de groupe de réflexion pour les questions liées à l'innovation économique et le social-business, en mettant particulièrement l'accent sur la réduction de la pauvreté et la durabilité, en organisant ateliers, séminaires, conférences et autres réunions pour discuter des dernières recherches et des plus récents développements sur le terrain. Chacun propose des cours sur le social-business et d'autres formes d'innovation économique, tant pour les étudiants que pour les entrepreneurs. Et chacun d'entre eux sert de plaque tournante pour faciliter l'échange d'idées entre universitaires, chefs d'entreprise, entrepreneurs et fonctionnaires.

Située dans la banlieue sud de Paris, l'école de commerce HEC illustre certaines des différentes façons dont les universités avancent et diffusent des connaissances sur l'innovation économique. L'enseignante Bénédicte Faivre-Tavignot est co-fondatrice du Centre Society & Organization, mais aussi titulaire de la Chaire « Social-business / Entreprise et pauvreté ».

Titulaire d'un doctorat, Mme Faivre-Tavignot a contribué au lancement d'une série de projets liés à l'innovation économique à HEC. L'université délivre maintenant un certificat de social-business aux étudiants qui complètent ce cursus d'études et de recherches spécifique. Elle sponsorise également un programme éducatif en ligne (un « vaste cours ouvert en ligne » ou MOOC) appelé *Ticket4Change*, qui a jusqu'ici aidé à former environ 40 000 étudiants dans les techniques et les stratégies pour la formation de ce que Mme Faivre-Tavignot appelle les « entrepreneurs du changement ». En outre, HEC propose un programme d'éducation des cadres pour les chefs d'entreprise sous le titre « Inclusive Business and Value Creation ». Enfin, toutes ces formes de recherche et d'apprentissage sont reliées par HEC à des expériences de développement commercial réel par l'intermédiaire de groupe d'action français, que j'ai décrit au chapitre 3.

D'autres universités faisant partie du réseau des Yunus Social Business Centres ont développé leurs propres cursus et offres de formation. La Caledonian University de Glasgow offre un Master of Science (MSc) en social-business et microfinance. Le Yunus Social Business Centre de l'université de Florence organise des « journées de formation » annuelles, qui présentent le concept de social-business à plus d'un millier d'étudiants des universités et des lycées. Dans un certain nombre d'universités, comme l'école de commerce La Trobe, des modules sur le social-business ont intégré le tronc commun.

Beaucoup de Yunus Centres promeuvent activement l'expérimentation économique en travaillant avec des enseignants et des entrepreneurs sur des projets de social-business. Par exemple, le Yunus Social Business Centre du Becker College s'associe à des organisations à but non lucratif existantes et nouvelles dans les collectivités environnantes, pour lancer et développer des entreprises de social-business. En partenariat avec Millbury National Bank, il a également créé un programme de microcrédit pour accorder des prêts dans le Massachusetts, en mettant particulièrement l'accent sur les projets lancés par les étudiants du Becker College ou les récents diplômés.

Comme le montrent ces exemples, il existe une énorme demande internationale parmi les jeunes pour des informations et des idées sur le social-business et d'autres formes d'expérimentation économique. Les jeunes sont mal à l'aise avec le système économique actuel et frustrés par l'absence d'une alternative. C'est un signe encourageant de voir comment les établissements d'enseignement du monde entier répondent aux besoins des jeunes en leur proposant de nouvelles options.

Ce sont les jeunes sur les campus et les universités elles-mêmes qui décideront si le concept de social-business peut s'inscrire durablement dans l'économie ou devenir une sorte de vieille utopie pratiquée brièvement par quelques amateurs. Je suis heureux de voir grandir leur enthousiasme et l'ardeur des universités à vouloir créer des YSBC sur leurs campus. La maturité de ces Centres sera atteinte lorsqu'on offrira des cours de licence et de masters en social-business et lorsque les *action tanks* seront devenus une généralité dans les villes accueillant ces Centres.

Les élèves plus jeunes du secondaire et du primaire doivent également participer au changement. Des programmes adaptés commencent aujourd'hui à voir le jour. En juin 2016, des experts du Grameen Creative Lab ont aidé à coordonner un programme éducatif visant plus de 10 000 élèves du secondaire en Europe. Financé en partie par l'Union européenne (UE), cet atelier a impliqué des étudiants de 373 écoles dans sept pays, qui ont travaillé avec 507 enseignants et plus de 200 consultants commerciaux pour maîtriser les concepts qui fondent le social-business et pour développer leurs propres idées de projets. Au total, 668 idées de social-business ont émergé au cours du programme. Encore plus impressionnant, 97 % des élèves qui ont participé disent qu'ils espèrent lancer des social-business dans l'avenir.

Les éducateurs impliqués dans l'atelier envisagent de prolonger l'expérience. Par exemple, ils espèrent créer un « écosystème de social-business » permanent, qui encouragera l'étude continue et l'expérimentation de nouveaux modèles économiques dans les écoles secondaires en Europe. Ils souhaitent également développer un système d'évaluation des étudiants, qui pourrait conduire à la création d'un certificat spécifique de compétences entrepreneuriales. Ce genre de qualification n'est pas important en soi, mais si elle encourage davantage d'enseignants et d'étudiants à se passionner pour le social-business et la voie entrepreneuriale vers le progrès économique et social, je suis évidemment pour.

Nous avons besoin de beaucoup d'autres programmes comme cet atelier à travers le monde et de commencer encore plus tôt qu'au lycée. Dès leur plus jeune âge, il faut inculquer aux enfants une compréhension plus large de l'économie – qui reconnaisse le côté désintéressé de la nature humaine autant que son côté égoïste, et définisse les diverses motivations qui stimulent la créativité et la productivité humaines, au-delà de l'enrichissement personnel. Nous devrions dire à nos garçons et filles qu'ils peuvent être soit des demandeurs d'emploi, soit des créateurs d'emplois, et qu'ils devraient se préparer à faire ce choix. Nous devons encourager nos fils et filles à rêver plus grand, à imaginer le genre de monde dans lequel ils aimeraient vivre, puis à planifier des projets et des entreprises spécifiques qu'ils peuvent créer pour contribuer à faire de ce monde rêvé une réalité.

La jeunesse en action : le réseau mondial émergeant des entrepreneurs de social-business

Des programmes de formation dans les écoles et collèges peuvent jouer un rôle important dans la dynamisation des jeunes pour aider à transformer notre économie. Mais, d'ores et déjà, des milliers de jeunes du monde entier n'ont pas attendu que les établissements traditionnels leur montrent le chemin. Beaucoup s'informent individuellement sur le social-business, cherchent des personnes déjà engagées dans une expérimentation économique et font de nouvelles découvertes sur eux-mêmes et leurs potentiels de la manière la plus efficace – en faisant, tout simplement !

Prenons l'exemple de MakeSense, un organisme fondé sur la technologie qui se consacre au social-business de différentes façons. Son jeune fondateur, Christian Vanizette, a une histoire personnelle intéressante. Originaire de Tahiti, dans le Pacifique Sud, Vanizette a étudié les sciences et l'ingénierie, avant de poursuivre une carrière brillante en haute technologie après l'université. Il gagnait un bon salaire et accédait à de plus en plus de responsabilités et de pouvoir lorsqu'un jour, son P-DG l'a convoqué pour lui expliquer le prochain projet qu'il souhaitait lui confier. Il s'agissait de passer les mois suivants à travailler pour un client sur la manière de connecter des réfrigérateurs à un réseau de communications électroniques – dans le cadre de ce phénomène en pleine croissance qu'on appelle « l'internet des objets ».

Vanizette se montra sceptique. Il savait que ce serait un travail intéressant et stimulant du point de vue technologique. Mais il s'interrogeait sur l'aspect pratique et social du bénéfice visé. Plus il y pensait, moins il y trouvait du sens : « Il doit y avoir une meilleure façon pour moi d'utiliser mes capacités que d'enseigner aux réfrigérateurs comment communiquer entre eux », a-t-il finalement décidé. Il s'est rendu compte qu'il voulait en apprendre plus sur ce nouveau concept, dont il avait entendu parler quelque part : le social-business. Alors, à la grande stupeur de sa famille et de ses amis, Vanizette a quitté son poste très bien rémunéré.

Vanizette a retiré ses économies de la banque et entrepris un voyage autour du monde pour comprendre le social-business. Il a rencontré de nombreux entrepreneurs, depuis l'Asie jusque l'Afrique, en passant par l'Europe et les Amériques, afin d'étudier les problèmes sociaux et économiques des différents pays, et de connaître les besoins et les désirs de ces nombreux pauvres et tous ceux confrontés aux défis majeurs de l'existence. Au bout de plusieurs mois, il a élaboré un projet qui allait lui permettre de faire le lien entre ses connaissances en technologie et les diverses opportunités rencontrées pour mettre en œuvre du social-business. C'est ainsi qu'a germé l'idée de MakeSense.

Christian Vanizette et ses nombreux amis à travers le monde sont devenus des acteurs de premier plan dans le mouvement du social-business. Plus de 25 000 jeunes participent maintenant à MakeSense, proposant des idées et un soutien à des entreprises de social-business présentes dans divers pays. Je parlerai plus en détail de MakeSense au chapitre 8, et en particulier de son utilisation de la technologie pour aider à diffuser le social-business.

Citons également la croissance de Yunus & Youth (Y & Y), une autre organisation internationale de jeunes qui se consacrent au social-business. Co-fondée par Cecilia Chapiro, une jeune femme énergique dotée d'une solide expérience du monde des affaires et de l'entrepreneuriat sans but lucratif, Y & Y a été conçue au Sommet mondial du social-business en 2013 à Kuala Lumpur, destiné à réunir les leaders en la matière. Les participants y ont repéré un angle prometteur : et si la génération actuelle des chefs d'entreprise en social-business partageait ses connaissances avec la génération suivante d'entrepreneurs sociaux ? Y & Y est née de cette vision. Son principal objectif est de fournir aux jeunes entrepreneurs de social-business, ardents et ambitieux, la supervision, les conseils et le soutien dont ils ont besoin pour réaliser leurs rêves.

Aujourd'hui, Y & Y possède des bureaux aux États-Unis, au Brésil et au Maroc. L'organisation est dirigée par une équipe mondiale de jeunes professionnels de différents domaines, venus de huit pays : étudiants et consultants diplômés, journalistes et graphistes (dont d'anciens salariés de Google, de McKinsey & Co et de la Grameen Bank), ainsi que des boursiers de Rhodes et Fulbright[1], des ingénieurs, et même des poètes. Leur principale mission est de repérer, de recruter et de former certains des dirigeants de social-business de la prochaine génération. Les jeunes sélectionnés suivent un programme unique, qui leur enseigne des principes de base pour l'élaboration de social-business prospères, durables et stratégiquement solides.

Sur une période de six mois, les boursiers Y & Y assistent aux webinaires[2] bihebdomadaires dispensés par des experts commerciaux, se connectent à un réseau mondial d'innovateurs et de grands professionnels, et reçoivent des informations et un soutien personnalisés de l'équipe Y & Y. Les boursiers sont également suivis par des tuteurs – entrepreneurs et hommes d'affaires qui ont connu la réussite et sont disposés à transmettre leur expertise pour aider les boursiers à maximiser le potentiel de leurs projets. Ces start-up apportent de vrais changements sociaux, parce que leurs fondateurs sont proches des problèmes dont ils s'occupent et des communautés qu'ils secourent.

La promotion 2016 comprend 26 boursiers Y & Y provenant de 17 pays. En voici quelques profils :

• Diego Padilla, venu du Pérou, fondateur de Recidar, un social-business fondé sur le recyclage. Recidar collecte des objets domestiques réutilisables, les revend à bas prix

1. Prestigieuses bourses universitaires, respectivement d'origine britannique et américaine.

2. Séminaires en ligne.

dans les communautés pauvres et utilise le revenu des ventes pour lancer des projets de développement des capacités. L'objectif de Diego est de créer une chaîne de solidarité qui relie les gens entre eux et avec la nature, tout en réduisant les déchets et en créant des opportunités entrepreneuriales au sein des communautés à faibles revenus.

• Walaa Samara, de Palestine, a créé Bella Handmade Jewelry, qui travaille sur l'autonomisation et la création d'emplois pour les femmes des camps de réfugiés. Le rêve de Walaa est d'apporter de l'espoir à ces femmes qui vivent dans des conditions terribles et de leur donner un moyen de gagner leur vie pour elles-mêmes et leurs familles.

• Hendriyadi Bahtiar, d'Indonésie, a fondé Sahabat Pulau, un social-business qui œuvre à améliorer l'existence des femmes de pêcheurs, grâce à la production d'un plat national indonésien à base de poisson. Sa vision à long terme est de sortir de la pauvreté 22 millions d'Indonésiennes et leurs familles, et de les élever à un niveau de revenus d'au moins 2,50 euros par jour.

• Jezze Jao, des Philippines, a créé le projet Carrier Pigeon, un e-commerce dans le domaine de la mode, dont les bénéfices sont utilisés pour financer des bourses d'études et des programmes d'alphabétisation pour les enfants philippins défavorisés. L'objectif de Jezze est d'utiliser l'éducation comme un tremplin pour sortir les individus de leur condition actuelle et leur donner une chance de réaliser leurs rêves.

MakeSense et Y & Y ne sont pas les seules organisations qui aident les jeunes à profiter du potentiel du social-business. On peut citer encore Social Business Youth Alliance (SBYA), une initiative mondiale active depuis

2013. SBYA enseigne le social-business aux jeunes grâce à des programmes de formation, des ateliers et des compétitions. Elle crée également des opportunités pour que les jeunes entrepreneurs prometteurs rencontrent des investisseurs potentiels, surmontant ainsi l'un des grands obstacles auxquels est confronté tout créateur d'entreprise : l'accès à un capital de lancement.

L'une des activités de SBYA, sous le nom de Social Business Champ, consiste en une compétition de projets de social-business à destination des étudiants de niveau universitaire, afin qu'ils puissent démontrer leurs compétences entrepreneuriales et leur créativité dans la proposition de solutions face aux problèmes sociaux les plus urgents. Le centre d'incubation de social-business YY Goshti offre un autre exemple. Il propose le YY Goshti Innovation Camp, un programme intensif, où les participants sélectionnés reçoivent soixante heures de formation et participent à des visites de présentation pour étudier le fonctionnement des entreprises existantes. Ce parcours de développement se clôture par un événement public, où les participants présentent leurs modèles de social-business devant un public d'entrepreneurs, d'investisseurs et d'actionnaires seniors – dont des opérateurs de fonds de social-business tels que Spark International (basé en Australie) et le programme Blue Gold (parrainé par le gouvernement des Pays-Bas). Les lauréats entrent alors dans une session d'opérations de lancement de trois mois, durant laquelle ils bénéficient de bureaux, de supervision et d'autres ressources essentielles nécessaires à leurs futures entreprises.

SBYA organise également des congrès réguliers qui rassemblent des jeunes du monde entier passionnés par le potentiel du social-business. Ces rassemblements sont parmi les activités les plus impressionnantes que sponsorise SBYA. C'est ce qu'explique Shazeeb M. Khairul Islam, président de SBYA :

> Nous réunissons trois cents esprits brillants pour deux journées passionnantes consacrées à développer leurs réseaux. Venus d'universités, d'entreprises de social-business, de communautés de start-up, d'incubateurs, d'accélérateurs et de divers fonds d'investissement, les participants se rassemblent pour discuter ensemble des possibilités et des défis auxquels est confronté le social-business d'aujourd'hui. C'est un "kit complet" parce que nous offrons un accès aux connaissances, aux ressources humaines et aux éventuelles perspectives de financement[XXXIII].

Enfin, je souhaite partager avec vous une dernière histoire sur de jeunes entrepreneurs en social-business : celle d'Impact Hub. J'ai eu le plaisir de découvrir cet organisme remarquable lors d'une visite surprise à Berlin, en avril 2017. En 2010, j'avais été l'invité d'honneur de la cérémonie de lancement de leur maison mère, l'Impact Hub de Vienne, et je n'avais alors aucune idée de la manière dont elle se développerait par la suite. Sa filiale berlinoise est logée dans des locaux impressionnants : un bâtiment lumineux et coloré qui comprend une salle de réunion, un laboratoire d'innovation, un espace événementiel, une zone d'accueil et un espace café. Tout est conçu pour permettre aux jeunes entrepreneurs en social-business de se rassembler, d'échanger des idées, de partager des parcours, de s'informer auprès d'experts et de relever des défis ensemble. Leon Reiner, le directeur exécutif d'Impact Hub Berlin, a développé un programme si attrayant d'événements et de services qu'il est facile de comprendre pourquoi les entrepreneurs en herbe trouvent ce lieu aussi inspirant.

Impact Hub a parcouru un long chemin depuis ses origines. Cet organisme a été fondé en 2005, par Jonathan Robinson, un jeune entrepreneur et écrivain, sous le nom de *Hub*[1], au dernier étage d'un ancien entrepôt de Londres. Son but était d'aider les jeunes locaux à s'engager dans la voie de l'entrepreneuriat. Robinson n'a pas créé Hub en tant qu'entreprise, et encore moins en tant que social-business. Il a seulement découvert ce concept beaucoup plus tard, en rencontrant par hasard, dans un avion, Hans Reitz de Grameen Creative Lab, en 2009.

L'intérêt de Robinson s'est ensuite accru lorsqu'il a été contacté par Hinnerk Hansen et deux autres jeunes entrepreneurs, qui voulaient mettre en place une version de Hub à Vienne en tant que social-business. Ensemble, ils ont reconceptualisé la structure et élaboré des plans pour la développer sous forme de franchise. Ils ont donné à la société un nouveau nom, Impact Hub, et un nouveau siège, à Vienne. Ils ont créé l'Impact Hub Association, un collectif de tous les présents et futurs Impact Hub, et ont fait de cette association le seul propriétaire de Hub GmbH (The Impact Hub Company), une organisation caritative qui a pour but de gérer les opérations mondiales et de faciliter le développement du réseau dans son ensemble.

1. Littéralement : pivot, lieu central, plaque tournante.

Hans Reitz a aidé à rassembler des capitaux pour la nouvelle entreprise, via un nouveau fonds de social-business appelé Good Bee, établi sur les conseils de Reitz par la Erste Bank, basée à Vienne, et la Fondation Erste. C'est donc ainsi que j'ai eu l'honneur de lancer officiellement Impact Hub Vienna en 2010.

Aujourd'hui, il existe 80 Impact Hub dans 45 villes à travers le monde – dont Londres, Vienne, Melbourne, Johannesburg, Sao Paulo, San Francisco et Singapour. La société offre ses services à plus de 15 000 membres, qui élaborent des entreprises innovantes avec des objectifs sociaux dans presque tous les domaines imaginables : pauvreté, santé, autonomisation des femmes, énergie, éducation et environnement.

L'enthousiasme international qui fédère des organisations telles que MakeSense, Yunus & Youth, SBYA et Impact Hub illustre l'attrait pour le social-business des jeunes du monde entier. Le défi de créer une nouvelle civilisation ne leur fait pas peur – ça les galvanise !

Athlétisme – Une fête de la jeunesse et de l'énergie pour une société meilleure

Lorsque Thomas Bach, président du Comité olympique international, fut invité à s'exprimer à la réunion annuelle du comité à Rio, la veille de l'ouverture des Jeux olympiques de 2016, j'ai eu l'occasion de rappeler aux dirigeants du monde sportif que l'athlétisme est une célébration de la jeunesse – et un tremplin, au potentiel considérable, vers le changement.

J'ai toujours considéré avec admiration le monde du sport et son puissant impact. Des événements passionnants comme les JO captivent l'attention de milliards de personnes depuis les quatre coins de la planète.

En même temps, le sport fait partie intégrante de l'existence. Chaque enfant dans le monde commence sa vie par des activités sportives, qu'il invente généralement lui-même, sans règle, ni entraîneur ni entraînement. Les enfants se rassemblent pour inventer leurs propres jeux, imposer leur propre discipline et en retirer un plaisir illimité.

À mesure qu'ils grandissent, certains enfants poursuivent le sport, tandis que d'autres s'en détournent. Mais l'esprit demeure, continuant à dynamiser les gens, même à leur insu. Parfois, nous creusons un fossé entre le monde du sport et notre quotidien. De part et d'autre, les gens s'aperçoivent, mais n'osent pas s'approcher. Je suis profondément convaincu que ces deux mondes gagneraient à combler ce fossé, afin de créer un monde que des individus ordinaires, aux orientations différentes et aux diverses compétences athlétiques, se partageraient, chacun éprouvant les plaisirs du jeu, de l'effort et d'une émulation conviviale.

Parce que la plupart des gens aiment le sport, les athlètes possèdent une énorme influence sur leurs supporters. Les chefs d'entreprise le savent bien, c'est pourquoi ils utilisent des athlètes et des événements sportifs pour promouvoir leurs produits. La même influence peut être utilisée pour encourager les amateurs de sport à utiliser leurs pouvoirs créatifs afin de résoudre les problèmes auxquels le monde est confronté.

Une manière pour le monde du sport de mobiliser ses fans pour s'attaquer aux problèmes sociaux serait de créer des entreprises de social-business au niveau du club, à l'échelle régionale, nationale et internationale. Ces entreprises pourraient se concentrer sur des problèmes tels que le chômage des jeunes, les soins de santé, l'éducation et la technologie, tout comme n'importe quel autre social-business. Elles pourraient aussi aborder certains des nombreux problèmes du monde sportif lui-même – comme les défis auxquels sont confrontés les athlètes à la fin d'une carrière relativement courte.

Des discussions sont en cours actuellement au sujet des programmes prévus après des événements sportifs majeurs, tels les Jeux olympiques. Ces programmes peuvent et devraient inclure des entreprises de social-business dans l'aide à la préparation des jeux : la construction de stades, de piscines et de logements pour les athlètes, le ravitaillement pour tous les participants. Ces entreprises et bien d'autres devraient être conçues pour produire des élans bénéfiques pour les personnes, sur une base durable et à long terme.

De la même manière, on peut imaginer des programmes post-événement pour chaque club, chaque équipe et chaque manifestation sportive, quelle que soit sa dimension. Les athlètes et les supporters apprécieront de savoir qu'ils participent à un divertissement qui joue également un rôle social. Étant donné que le sport repose sur l'émulation, chaque club ou association peut apporter l'esprit de compétition dans son approche vis-à-vis des problèmes sociaux. Pensez à la fierté que les athlètes, leurs supporters et toute une communauté pourraient partager si leur équipe favorite n'a pas seulement remporté un championnat de ligue mais, mieux encore, a contribué à apporter un logement, de meilleures écoles ou des soins de santé abordables à des milliers de défavorisés !

Je fus enchanté de constater que mon discours devant le Comité olympique international de Rio suscita une réaction positive de la plupart de ses membres. Cette intervention a d'ailleurs mené à des actions concrètes et immédiates.

Ce soir-là, juste après mon discours, la maire de Paris, Anne Hidalgo, m'a invité à dîner. Au cours du repas, elle a clairement indiqué qu'elle souhaitait que le social-business prenne racine à Paris, en permettant au sport d'y jouer un rôle de premier plan.

Plus tard, je me suis rendu à Paris pour en discuter avec elle. Madame le maire a ensuite tenu une conférence de presse pour annoncer qu'elle avait choisi la Maison des Canaux, un bâtiment historique situé dans le XIXe arrondissement de Paris, pour devenir la future « Maison des économies solidaires et innovantes ». J'ai été officiellement invité à installer le Yunus Centre Paris dans ce bâtiment, pour promouvoir et coordonner des programmes de social-business dans la capitale. Le maire a poursuivi en disant que si Paris était retenu pour accueillir les Jeux olympiques en 2024[1], ceux-ci deviendraient les premiers JO de social-business de l'Histoire. Mais que Paris soit choisi ou non, Mme Hidalgo envisage bien de faire de sa ville la capitale mondiale du social-business.

Au cours des mois qui ont suivi, Anne Hidalgo a pris plusieurs mesures pour atteindre cet objectif, notamment en demandant à de jeunes Parisiens de participer à un

1. C'est officiellement le cas depuis le 13 septembre 2017.

concours d'idées de social-business, destinées à résoudre certains problèmes de la ville. Madame le maire est également la présidente du C40, un réseau mondial de grandes villes qui s'engagent à lutter contre le dérèglement climatique. Aujourd'hui, l'association compte 90 villes, avec une population cumulée de 600 millions d'habitants.

Cette expérience avec Anne Hidalgo m'empêche dorénavant de prétendre que les leaders politiques du monde n'écoutent pas les revendications de la jeunesse dans le domaine économique et social. Certains d'entre eux ont les oreilles grandes ouvertes.

Collaboration intergénérationnelle : comment juniors et seniors peuvent travailler ensemble pour créer un nouveau monde

Comme vous le voyez, je suis très enthousiaste au sujet du potentiel des jeunes pour participer à la transformation de l'économie mondiale dont l'humanité a tant besoin. Bien sûr, cela ne signifie pas pour autant que les personnes âgées comme moi n'aient pas un rôle à jouer dans ce projet. En fait, je pense que le meilleur bénéfice est à tirer d'une alliance efficace entre les générations – la combinaison des forces neuves et anciennes pour créer une nouvelle civilisation qui répondra aux besoins de toute l'humanité[XXXIV].

En tant que septuagénaire, on me demande souvent mon opinion sur l'augmentation démographique de la population âgée. Habituellement, la question m'est posée en termes de grave défi économique et social. Dans la mesure où l'on vit plus longtemps, il faut prendre soin d'un nombre croissant de seniors. Comment la société pourrait-elle faire face à cette difficulté ?

Lors d'une visite en Allemagne, on m'a récemment demandé de résoudre ce prétendu problème du vieillissement. Des amis allemands avaient organisé une interview télévisée que je devais mener entre deux personnes âgées, pour les interroger sur ce problème, sur ce qu'elles font, et ce qu'elles peuvent faire.

Le jour de l'entretien, j'ai été surpris par l'âge des deux dames invitées. L'une d'elles – je l'appellerai Helga – avait cent cinq ans. Elle m'a raconté des histoires de son passé, notamment de l'époque où elle combattait le nazisme et Adolf Hitler. En tant que représentante du parti communiste, elle avait été emprisonnée à plusieurs reprises ; elle fut même condamnée à mort, mais parvint à s'échapper.

Helga se rappelait en détail et sans difficulté chacune de ses aventures, jusqu'aux témoins, aux lieux et aux dates précises. À un moment donné, alors que je l'exhortais à écrire un livre, elle m'a répondu : « Jeune homme j'ai écrit vingt-huit livres, voulez-vous que j'en écrive un de plus ? »

Pour changer de sujet, je lui ai demandé quel était son sentiment à propos de la jeunesse d'aujourd'hui. Elle a aussitôt répliqué : « Moins je parle d'eux, mieux ça vaudra. Ils croient tout savoir. Ils n'ont aucune envie d'écouter les autres. »

Je lui ai alors demandé si ces remarques venaient de ses expériences personnelles avec les jeunes.

— Bien sûr. J'ai une fille et elle me rend folle. Elle est impossible.

— Quel âge a-t-elle ?

— Elle a soixante-quinze ans, a répondu calmement Helga.

J'ai soudain pris conscience que le mot « jeune » a un sens relatif pour chacun d'entre nous. Je me suis demandé comment nous pouvions forcer les gens à « prendre leur retraite » à l'âge de soixante-cinq ans. Pour Helga, un soixantenaire est pratiquement un gamin !

Je pense qu'Helga a la bonne attitude envers le vieillissement. Depuis un certain nombre d'années, je milite pour l'abrogation du mot « retraite ». À mesure qu'ils avancent en âge, beaucoup de gens voient l'imminence de leur retraite comme une terrible échéance. Comme si le monde du travail leur disait : « Vous n'êtes plus productif, ni utile ni créatif – adieu ! » Beaucoup de retraités ne savent plus quoi faire de leur temps. Pour eux, la retraite apparaît comme une punition.

Savoir si l'on doit maintenir une personne à son poste passé un certain âge est une question qui concerne l'employeur. Je ne veux pas remettre ce principe en question. Mais j'ai de sérieuses objections sur l'utilisation du mot retraite pour cette période de transition particulière dans la vie des gens. Quel mot terrible ! On vous somme de baisser le rideau. Je ne vois pas pourquoi quelqu'un devrait être obligé de prendre sa retraite, sauf pour des raisons de santé. La société n'y gagne rien. Un employeur a le droit de ne plus employer une personne après un certain âge, mais il n'a pas le droit de déclarer une personne inapte au travail. Peut-on mettre un individu au rebut ? Est-il judicieux de penser que la créativité des gens disparaît ou s'évapore soudainement parce qu'ils dépassent une limite d'âge ? Se transforment-ils brusquement en individus non fonctionnels, non créatifs, le jour où ils ont soixante ans ? Une personne n'est pas une machine avec un interrupteur marche/arrêt – on ne peut pas éteindre un être humain.

Pour cette raison, j'insiste pour que le terme de retraite soit retiré de notre vocabulaire. Nous avons besoin d'un nouveau mot, qui reconnaisse la continuité de la créativité et mettre l'accent sur l'opportunité de passer de la première à la seconde phase de notre existence, la plus passionnante des deux. C'est la phase de la liberté, quand on est enfin libre de toutes les obligations de se développer et d'élever une famille. C'est le moment où l'on peut faire tout ce dont on rêve, sans aucune interférence.

La personne qui approche cette transition devrait se dire : j'ai travaillé pour mon employeur pendant x années, maintenant que mon contrat est terminé, je peux me concentrer sur ce que j'ai toujours voulu faire, sans pouvoir y parvenir à cause de mon travail ; d'un monde cloisonné, je passe à un univers sans frontière – un monde plus vaste, foisonnant d'opportunités ; maintenant, et pour la première fois de ma vie, j'ai enfin la possibilité d'être moi-même ; c'est le moment ou jamais de profiter de qui je suis.

Pour chacun, la phase 2 de la vie peut être l'occasion de faire quelque chose pour le monde. Celui ou celle qui franchit ce nouveau seuil pourrait se dire : j'ai accompli mes devoirs envers mon employeur, envers mes enfants, envers ma famille ; maintenant, je peux enfin me permettre de me consacrer au monde entier ; c'est le moment d'utiliser ma créativité pour résoudre certains des problèmes sociaux qui m'ont rendu malade, pour défaire ce qui est mal fait et faire ce qui selon moi devrait être fait ; je n'ai plus à me soucier de ce que les autres pensent – tout ce qui compte est de suivre les inclinations de mon cœur. Mon temps est venu pour le social-business.

Dès que vous commencez à chercher des moyens de permettre aux personnes âgées de participer plus pleinement à la vie créative de la société, de nombreuses idées surgissent pour une meilleure phase 2.

Lors de mon voyage en Allemagne, un ami originaire de Bavière m'emmena dans un village de sa région – peuplé de 3 000 habitants et doté de tous les équipements modernes pour la jeunesse : de belles écoles, de beaux gymnases, d'immenses terrains de jeux. Mais ce que mon ami tenait particulièrement à me montrer, c'est que ces écoles étaient en grande partie vides, du fait du manque d'enfants dans le village – ce qui, selon les tendances démographiques actuelles, est susceptible de s'aggraver.

D'un autre côté, le village compte une population croissante d'habitants âgés de soixante ans et plus. La plupart d'entre eux s'ennuient, abandonnés à eux-mêmes et désœuvrés ; beaucoup passent leur temps dans les brasseries, à boire et à déprimer.

Mon ami m'a organisé une rencontre avec certains des villageois, et nous avons eu une longue et intense conversation. Ensemble, nous avons décidé de lancer un nouveau programme : tous les habitants de plus de soixante ans seront invités à s'inscrire à l'école pour apprendre et recommencer leur vie depuis le début. Tout en étudiant des disciplines auxquelles ils n'ont jamais eu l'occasion de réfléchir auparavant, ils vont aussi pouvoir entrer en relation avec les enfants présents. Utiliser les places vacantes des écoles pour donner une nouvelle inspiration à des ressources humaines riches, mais inexploitées, peut créer des espaces d'activité passionnants – à savoir des opportunités incroyables pour tous d'apprendre les uns des autres, afin de créer une nouvelle alchimie sociale.

Nouer des partenariats entre juniors et seniors peut également déclencher de nouvelles solutions pour le problème du soutien financier de nos personnes âgées, toujours plus nombreuses. La phase 2 n'est pas seulement le moment de se consacrer à la résolution des problèmes sociaux, mais aussi celui de créer un fonds d'investissement pour du social-business. L'argent ainsi investi peut contribuer à la création ou à l'expansion d'entreprises sociales. On peut placer la majeure partie de ses économies dans un fonds à gérer soi-même, en informant ses enfants et ses amis qu'ils devront prendre la relève lorsqu'on ne sera plus là. Nul besoin d'être riche pour créer un tel fonds d'investissement. On peut y investir l'argent dont on n'a pas besoin, quel que soit le montant, ou on peut le créer après son décès via une simple disposition testamentaire.

Pour avoir une idée du potentiel de cette idée, il suffit de considérer tous les fonds de retraite qui existent à travers le monde. Ils représentent environ 25 milliards de dollars[1], et continuent de croître chaque année grâce aux revenus de placement et aux nouvelles contributions. C'est une gigantesque manne financière, entièrement consacrée au bien-être des personnes âgées ! Si nous investissons une fraction de cet argent dans du social-business pour résoudre les problèmes du grand âge, pour les pauvres comme pour les riches, tous ces problèmes peuvent se régler à court terme. Les personnes âgées ne seront plus nulle part un problème ou un fardeau social.

1. Plus de 21 milliards d'euros.

Les seniors sont des personnes pleines de ressources et capables d'innovations. Il est temps pour nous d'en prendre conscience et de rendre nos anciens libres de contribuer autant qu'ils le souhaitent à la rénovation de notre société. Nous devons nous débarrasser de nos vieux préjugés les concernant. Nous devrions les considérer comme des individus créatifs avec la liberté de se consacrer, eux-mêmes et leurs biens, à la création du monde qu'ils ont toujours désiré.

8.

Technologie : libéraliser le pouvoir de la technologie pour libérer chacun

Lorsque j'évoque la nécessité de transformer le monde et de créer une nouvelle civilisation, qui puisse tenir compte de toutes les valeurs humaines tout en résolvant les plus grands problèmes auxquels est confrontée l'humanité, il m'arrive de rencontrer l'opposition des personnes persuadées que la technologie apporte toujours les solutions. S'appuyant sur les incroyables percées scientifiques réalisées au cours des dernières décennies, elles affirment : « Les experts en technologie pourront tout régler. Le réchauffement climatique, la faim, le manque d'accès aux soins, les problèmes d'éducation, l'inégalité des revenus – tout sera résolu par les formidables nouveaux produits et services que les chercheurs développeront dans les années à venir. » Certains prédisent une époque d'abondance, durant laquelle la planète débordera de richesses pour chacun. On pourra obtenir tout ce qu'on veut, n'importe quand et n'importe où, simplement en appuyant sur un bouton. Tel serait l'inévitable aboutissement des formidables avancées que la science nous réserve dans le futur.

Je suis convaincu du potentiel des nouvelles technologies – elles ont un rôle central dans la réalisation d'un large progrès social et économique dans le monde. Mais je ne crois pas que la technologie réglera tout. Elle peut certes réaliser des miracles, mais nous devons nous rappeler qu'elle est sans âme. C'est un outil conçu dans un but – et ce but est défini par les êtres humains. Nous seuls décidons de sa finalité. Nous pouvons donc décider de l'adapter à d'autres fins.

Les humains sont les concepteurs et les opérateurs de la technologie. Dans le monde actuel, celle-ci est essentiellement conçue à des fins égoïstes, pour un succès commercial – et parfois même, dans le but terrible de détruire, comme l'illustre clairement l'histoire de la guerre. Le véritable défi est maintenant de permettre à des concepteurs et opérateurs aux visées sociales de prendre les rênes de la technologie et de la mener dans la direction où nous avons besoin d'aller.

N'étant pas ingénieur, j'ai tenté d'adapter la technologie disponible – conçue à des fins égoïstes – pour lui donner un but social. Mais ce n'est qu'un pis-aller. La technologie créée de prime abord pour une finalité sociale serait plus puissante et produirait sa propre force positive, capable de croissance exponentielle. Nous manquons encore de ce type de développement technologique. Après avoir attiré l'attention sur cette lacune par un travail d'adaptation, permettez-moi d'exposer quelques exemples de ce processus.

Depuis des années déjà, je suis convaincu du pouvoir des technologies de l'information et de la communication (TIC) à changer la vie des pauvres. Cette foi m'a encouragé à créer une société de téléphonie cellulaire, baptisée Grameen Phone. Nous avons amené le téléphone portable dans les villages du Bangladesh et nous avons accordé des prêts à des femmes pauvres pour qu'elles puissent les acquérir et en tirer un profit. Elles sont devenues les « dames téléphone », vendant des services téléphoniques aux villageois. Ce qui a créé une nouvelle forme d'entrepreneuriat. Lorsque nous avons lancé Grameen Phone, la dame téléphone locale était souvent la seule personne dans le village à accéder aux technologies de communication modernes. Les autochtones ayant besoin de communiquer avec le monde extérieur – pour se connecter aux marchés urbains, pour obtenir des informations administratives, des nouvelles d'un parent vivant dans un village éloigné ou aux États-Unis ou travaillant comme ouvrier émigré au Moyen-Orient –, ceux-ci louaient le portable de la dame téléphone pendant quelques minutes.

Ce modèle d'entreprise basique connut un succès instantané. Près d'un demi-million de femmes pauvres au Bangladesh ont ainsi amélioré les revenus de leur famille. Aujourd'hui, les téléphones cellulaires sont tellement communs au Bangladesh que l'ère des dames téléphone est révolue. Mais, en une très courte période, elles ont contribué à faire de la télécommunication une technologie domestique bien appréciée de chaque famille dans tout le pays.

L'énergie solaire est l'autre domaine qui a connu un développement étonnant. J'ai profité de cette technologie pour résoudre un problème séculaire de la population rurale du Bangladesh, en créant un social-business destiné à implanter l'énergie solaire à la campagne, de manière abordable et fiable. Comme je l'ai expliqué au chapitre 5, Grameen Shakti est devenu une entreprise très prospère en développant et en commercialisant des unités de systèmes solaires domestiques, des usines de biogaz convertissant les déchets d'animaux en carburant pour le chauffage et l'électricité, et des cuisinières respectueuses de l'environnement. Tous ces produits étant vendus à un prix abordable pour la plupart des familles rurales du Bangladesh.

Certains peuvent se demander pourquoi nous avons jugé nécessaire de lancer des entreprises pour apporter la téléphonie mobile et des technologies d'énergie renouvelable aux personnes pauvres du Bangladesh. Puisque ces merveilles technologiques furent initialement mises sur le marché par des entreprises traditionnelles et lucratives, nous aurions pu attendre et les laisser répondre aux besoins des pauvres du Bangladesh.

La raison pour laquelle nous avons choisi une autre voie est évidente : les objectifs des entreprises classiques diffèrent des nôtres. Elles vont là où se trouve l'argent. Pour gagner le maximum, elles commercialisent des produits destinés à ceux qui se trouvent au sommet de l'échelle – de préférence, le 1 % qui contrôle la majeure partie des richesses mondiales. Si les ultra-riches sont inaccessibles, on s'adresse alors aux seconds meilleurs clients, c'est-à-dire la large classe moyenne. Si la clientèle la plus vaste se trouve au bas de la pyramide, celle-ci ne représente qu'un pouvoir d'achat insignifiant et ne constitue donc pas une cible privilégiée. Voilà pourquoi la technologie ne parvient aux plus humbles que lorsque les entreprises ont épuisé les marchés supérieurs.

En revanche, les sociétés comme celle de la famille Grameen ciblent en priorité la base de la pyramide, là où prédominent les difficultés sociales et économiques. C'est le secteur où les entreprises du social-business doivent se précipiter en concevant des produits qui résolvent un problème, sans pour autant vouloir toucher le jackpot.

Plus nous progressons en technologie, améliorons nos infrastructures, développons la globalisation et apportons de l'efficacité à notre système économique, plus les sociétés mondialisées concentrent leurs stratégies de concurrence au service des plus riches et des classes moyennes. Jamais une entreprise conventionnelle ne choisira de créer un smartphone pour les personnes démunies avant d'avoir épuisé le marché des clients aux revenus supérieurs. Et lorsqu'elle s'y met, elle se contente de produire une version peu coûteuse, plutôt qu'un téléphone spécialement conçu pour répondre aux besoins spécifiques des plus pauvres – un téléphone qui serait moins cher, mais aussi plus simple, évolutif, échangeable contre le prochain modèle.

Il est intéressant de noter que les nouveaux produits technologiques ne sont jamais lancés dans le segment pauvre du marché pour être ensuite progressivement adaptés aux marchés de plus haut niveau. C'est toujours l'inverse. Il en résulte une large faille dans le marché de la technologie – dans laquelle des milliards de personnes sont tombées.

Le potentiel de la technologie moderne est véritablement époustouflant. Chaque année apporte son lot de nouvelles percées et révolutionne de nombreuses industries. De nouveaux niveaux de vitesse, de flexibilité et de puissance bouleversent le transport, l'industrie, l'agriculture, la santé, et surtout la gestion de l'information et la communication. Mais il n'existe pas de vision globale pour ces changements. Les grandes innovations sont principalement dédiées à un commerce rémunérateur. La créativité se précipite là où les hommes d'affaires voient un potentiel commercial.

Un génie de la technologie dispose toujours de deux options. Il peut, par exemple, se consacrer à une avancée médicale qui sauvera des milliers de vies, ou bien il peut développer une application qui permettra aux gens de se divertir. Dans la plupart des cas, ce génie sera incité à travailler sur le produit susceptible de générer des millions en bénéfices. Le profit est l'étoile du Berger de l'économie conventionnelle. Privés d'orientation collective, le seul chemin que nous empruntons est celui de l'enrichissement. Personne n'installe de panneaux indicateurs annonçant une orientation souhaitée collectivement. Ce qui pose la question : le monde a-t-il une orientation ? Et si non, faut-il y remédier ?

Comme je l'ai expliqué, les Objectifs de Développement durable (ODD) sont une tentative pour définir une orientation immédiate sur une période très courte. C'est un bon début. Ils nous donnent des perspectives sur une période de quinze ans – ce qui reste infime à l'échelle du parcours de l'humanité sur des centaines ou des milliers d'années. Beaucoup de personnes et d'institutions se sont engagées à avancer sur le chemin que les ODD éclairent. Malheureusement, la plupart des entreprises à but lucratif ne se réorientent pas de manière significative pour atteindre ces objectifs, parce qu'elles ne se sentent pas concernées.

Le pouvoir de la créativité humaine, notamment via les incroyables percées technologiques actuelles, rend toutes les orientations accessibles. Mais, alors que des milliards de dollars sont investis dans le développement de la robotique et de l'intelligence artificielle à des fins militaires et commerciales, on s'intéresse peu à appliquer la technologie aux graves problèmes de l'humanité. Nous nous satisfaisons de nos objectifs égoïstes, qu'ils soient personnels ou industriels. Sans portée sociale, nous risquons de manquer les grandes opportunités offertes par la technologie et que nos radars individualistes ne parviennent à repérer.

Toutefois, certaines personnes s'efforcent d'assigner des objectifs sociaux à la technologie. Dans les pays du monde entier, des citoyens, des chefs d'entreprise, des dirigeants et des fondateurs de social-business sont à pied d'œuvre. Certains résultats obtenus sont impressionnants.

Citons pour exemple Endless, une société d'informatique fondée par un jeune Californien, Matt Dalio. Je connais son père, Ray Dalio, un homme d'affaires prospère qui s'intéresse beaucoup à mes idées et à mon travail, et qui a fourni la majeure partie du soutien financier nécessaire pour lancer Grameen America.

Matt Dalio a été attiré par une idée dont je parle souvent : un accès universel aux ordinateurs et à internet. L'ordinateur est un puissant outil de création. Une fois connecté à la technologie de communication, il peut se transformer en une puissante machine à trouver des solutions. Hélas, la plupart des gens dans le monde n'ont pas accès à ce formidable outil. Pourquoi ? Parce que l'ordinateur est trop coûteux et, sans connectivité, guère utile.

Matt Dalio s'est donc concentré sur ces deux problèmes. En réalisant que les ordinateurs reliés aux TIC d'aujourd'hui étaient capables de transformer la vie des pauvres, il s'est mis en tête de combiner le pouvoir de l'ordinateur avec celui du smartphone. Il voulait concevoir de toutes pièces des modèles d'ordinateurs de bureau et portables qui soient abordables et pratiques pour les utilisateurs des pays en développement, notamment les personnes ayant peu ou pas d'accès à une connexion électrique ou un internet fiable. Son but était de réduire le prix d'un ordinateur à 50 dollars[1].

Le coût de la technologie elle-même n'était pas le plus grand défi. Dalio savait que les mêmes processeurs qui alimentent les smartphones peuvent alimenter l'unité centrale d'un ordinateur. Un clavier et une souris peuvent être ajoutés pour moins de 10 dollars[2]. Et la plupart des personnes ont accès à un téléviseur, qui peut servir d'écran. Le plus gros problème restait la connectivité. On peut résumer cela en deux chiffres : dans les marchés émergents, le service moyen de données en ligne n'est que de 300 mégaoctets (Mo), tandis que l'utilisateur d'un ordinateur moyen consomme 60 gigaoctets (Go) de données chaque mois – soit 200 fois plus. Cela signifie qu'un ordinateur classique se révèle proprement inutile dans cette configuration.

Dalio n'a pas renoncé pour autant. La recherche lui a montré que la communication elle-même est peu coûteuse. Par exemple, sur un service de données de 300 Mo, il est possible d'envoyer 100 000 tweets. Le véritable défi

1. Environ 44 euros.
2. 8,70 euros.

consiste à télécharger des informations. Mais les statistiques montrent que nous ne consommons qu'une fraction de ce qui est actuellement disponible en ligne. Par exemple, environ 80 % des recherches sur Wikipédia se concentrent sur seulement 3 % de ses contenus.

Cette caractéristique a donné à Dalio l'ouverture qui lui manquait : le stockage de données. Il m'a expliqué que la plupart des gens peuvent très bien fonctionner avec une capacité de stockage beaucoup plus petite que ce que nous pensons. Concrètement, il est réellement possible de prendre toutes les images et les données de chaque site Web qu'une personne visite en moyenne durant toute sa vie, de les compresser et de les intégrer à un seul disque dur de 2 téraoctets (To) à l'intérieur d'un ordinateur. Résultat : il est possible de donner à un individu toute l'information dont il aura besoin *sans connexion internet*.

Comme le dit Matt Dalio : « Le but n'est pas de tout avoir, mais que chacun puisse avoir presque tout. » C'est le secret d'un ordinateur Endless[1] à faible coût.

Un modèle Endless typique fonctionne sur Linux, le système d'exploitation open-source[2], fourni avec une pré-installation de 150 000 articles Wikipédia et plus d'une centaine d'applications pour l'éducation, le travail et le divertissement. Les données fournies de cette manière peuvent être utilisées hors connexion et mises à jour chaque fois qu'un lien vers internet devient disponible. Le bénéfice secondaire est que les enfants qui

1. Littéralement : « Illimité ».

2. La particularité d'un logiciel « open source » est que sa conception et son développement sont placés entre les mains de communautés d'utilisateurs et/ou de développeurs qui peuvent l'enrichir et le faire évoluer.

utilisent des ordinateurs Endless ont accès à presque toutes les informations du réseau mondial sans être exposés aux risques d'une utilisation sans contrôle ou supervision. Les parents se sentent ainsi bien soulagés de ne pas avoir à se préoccuper de l'usage que font leurs enfants d'internet.

Le plus remarquable est le prix : les ordinateurs Endless se vendent à partir de seulement 79 dollars[1]. L'objectif est de les ramener à 50 dollars[2], voire moins. Mais le seul prix actuel les met déjà à la portée de la plupart des 4,4 milliards de personnes qui jusque-là n'étaient pas en mesure de s'offrir une telle machine[XXXV].

La société Endless gère deux types d'entreprises en parallèle. Une partie de son activité est exploitée comme une entreprise conventionnelle, tandis que l'autre partie est un social-business, qui offre aux populations défavorisées les services éducatifs, de santé et de créativité qu'on leur refusait jusqu'alors.

Les produits Endless sont déjà distribués dans le monde entier par quatre des cinq plus grands fabricants d'ordinateurs. Il est devenu la plate-forme PC la plus utilisée en Indonésie et dans une grande partie de l'Asie du Sud-Est. Il a également été sélectionné comme système d'exploitation standard par le ministère brésilien de l'Éducation et, dans les mois à venir, il sera adopté comme plate-forme principale dans plusieurs autres pays d'Amérique latine. L'équipe Endless développe maintenant des outils capables d'éduquer n'importe quel enfant, n'importe où, tout en l'aidant

1. Environ 69 euros.
2. Environ 43 euros.

à apprendre à coder – une compétence qui selon Dalio fera partie de l'alphabétisation de base des générations futures.

Compte tenu du potentiel incroyable de l'ordinateur pour transformer le monde, je pense que le nom que Matt Dalio a choisi comme marque pour son entreprise est très approprié. Les opportunités sont en effet illimitées.

Vous comprenez sans doute pourquoi je qualifie la technologie de second mégapouvoir. Elle jouera un rôle essentiel en nous aidant à construire le nouveau monde que nous recherchons – à condition de l'exploiter au service de toute l'humanité.

Tirer parti du pouvoir multiplicateur des TIC

Lorsque j'ai lancé la Grameen Bank, l'un des défis auxquels nous avons dû faire face était le manque de technologie de l'information et de la communication (TIC) dans le Bangladesh rural. C'était l'époque d'avant internet, quand peu d'entreprises au Bangladesh, et encore moins de foyers, étaient informatisées, et quand les appareils mobiles comme les téléphones portables n'existaient pas encore. Dans les villages bangladais, même l'accès à l'électricité était un rêve. Le type de comptabilité et de communication numériques sur lequel reposent aujourd'hui les institutions financières modernes était tout à fait indisponible.

Heureusement, nous n'avions pas à nous soucier des TIC, puisqu'à cette époque elles n'existaient pas. Nous avons conçu notre programme de gestion de la Grameen Bank avec les moyens à notre disposition. Nous nous sommes entièrement appuyés sur une immense consignation de données manuscrites. C'était un exploit audacieux, résultant d'une puissante détermination. Nous avons développé des systèmes simples et sans beaucoup de technologie pour gérer notre système informatique de comptabilité et de gestion. Les employés de la Bank vivaient dans des villages reculés et rendaient tous les jours visite aux emprunteurs en marchant sur de longues distances, en pédalant sur des routes étroites et boueuses ou des routes non carrossables, ou encore en naviguant à bord de petits bateaux sur les rivières qui sillonnent le Bangladesh. Ils enregistraient le solde des prêts à la main dans des livres comptables et envoyaient des rapports périodiques au siège de la banque à Dhaka.

Le système était lent et lourd, mais il fonctionnait. Nous n'avons jamais été pris en défaut. Et ils étaient parfaitement appropriés aux emprunteurs qui n'avaient jamais entendu parler de banque et se demandaient de quel animal il s'agissait. Beaucoup d'entre eux étaient non seulement analphabètes, mais n'avaient même jamais manipulé d'argent auparavant.

Lorsque les ordinateurs de bureau sont arrivés au Bangladesh, la Grameen Bank fut la première organisation à en doter ses succursales pour stocker toutes ses données. L'électricité n'étant pas disponible dans les zones rurales du Bangladesh – là où sont situées toutes nos succursales –, nous les avons équipées de générateurs. Encore une fois, l'idée de connectivité à internet ne posait aucun problème, puisqu'il n'existait pas encore.

Aujourd'hui, bien sûr, la Grameen Bank est entièrement informatisée et mise en réseau grâce à un logiciel de comptabilité et de gestion des plus sophistiqués, et spécialement conçu pour nos besoins. Les membres du personnel n'écrivent presque plus rien à la main, et s'appuient sur des rapports générés automatiquement. Non seulement le personnel, mais presque tous les emprunteurs et leurs enfants possèdent des téléphones portables – pour la plupart des smartphones.

Dans un monde de plus en plus connecté, il est possible d'accomplir beaucoup plus, plus rapidement et plus facilement, et ainsi de servir beaucoup plus de clients. Les nouvelles TIC ont un pouvoir multiplicateur étonnant : elles permettent aux entreprises de fournir des services, comme ceux d'une banque, dans des endroits autrefois extrêmement difficiles d'accès. Elles permettent également de développer les programmes innovants de social-business plus rapidement que jamais.

Un exemple de ce pouvoir multiplicateur est donné par la plate-forme de microfinance Kiva, pionnière dans la technique connue sous le nom de *crowdfunding*[1]. Elle fut créée en 2005 par Matt Flannery, un éditeur de logiciel, et son épouse Jessica Jackley. En 2003, alors qu'ils préparaient leur mariage, Jessica a amené Matt assister à une conférence que je donnais à l'université de Stanford, son lieu de travail. L'histoire de la Grameen Bank et de notre collaboration avec les femmes pauvres du Bangladesh les a émus. Après leur mariage, Jessica s'est installée en Ouganda pour travailler avec une ONG de microfinance. Elle a découvert que le manque de ressources limitait la mise à disposition du microcrédit auprès d'un grand nombre de personnes pauvres. Ce constat a inspiré Jessica et Matt dans leurs

1. Financement collectif.

efforts pour rendre le capital accessible à ceux qui, autrement, ne l'obtiendraient jamais.

Ces jeunes font partie de la génération du Millénaire, ce qui signifie qu'ils sont nés avec le numérique et qu'ils sont parfaitement à l'aise avec la technologie. Il leur était naturel de penser à la manière d'utiliser les TIC pour multiplier l'impact du microcrédit. Kiva en fut le résultat.

Kiva utilise une plate-forme internet pour relier les entrepreneurs qui ont besoin de capitaux avec d'autres qui ont de l'argent disponible. Elle permet aux individus de prêter de l'argent à d'autres personnes pour des projets qu'ils jugent utiles, un petit montant à la fois : 25, 50, peut-être jusqu'à 100 dollars. Le réseautage d'internet permet aux personnes de se connecter à travers de vastes distances géographiques. Et le pouvoir instantané de la technologie numérique permet de trouver rapidement les types de projets qui vous intéressent. Si vous souhaitez prêter de l'argent à une entrepreneure qui exerce une activité génératrice de revenus en Amérique latine ou un artisan natif d'Australie, ou encore une femme qui vend des collations dans une rue d'Afrique du Nord – vous pouvez probablement trouver exactement ce que vous cherchez sur Kiva.

Les entrepreneurs qui ne seraient pas considérés comme solvables par une banque traditionnelle sont ainsi en mesure d'obtenir un financement pour leurs modestes entreprises. Et les individus disposant de petites quantités à prêter ont la satisfaction de savoir que leur argent a contribué à créer une entreprise nouvelle et méritante. En 2017, Kiva a relié 1,6 million de prêteurs privés avec 2,2 millions d'emprunteurs dans 82 pays grâce à un réseau mondial d'organisations de microfinance. Elle a facilité des prêts totalisant plus de 960 millions de dollars[1], avec un taux de remboursement de 97 %.

Lorsque le concept de social-business a commencé à prendre racine dans de nombreux pays à travers le monde, l'idée d'utiliser la plate-forme Kiva pour soutenir ces entreprises se présenta en toute logique comme l'étape suivante. Saskia Bruysten de l'YSB a rencontré Premal Shah, président de Kiva, et les deux dirigeants ont réfléchi à une synergie.

Le concept a d'abord été testé avec deux social-business soutenus par YSB Albanie. L'un, Rozafa, qui gère 15 ateliers d'artisanat en Albanie rurale, propose de la formation, de l'équipement et des centres de vente et de distribution, offrant des revenus à plus de 120 femmes autochtones. L'autre, E Jona, est un café situé dans la capitale Tirana, qui s'adresse aux personnes handicapées et leur fournit non seulement des boissons et des collations, mais aussi un endroit où elles peuvent se retrouver confortablement et créer des liens.

Lorsque ces projets furent présentés sur le site internet de Kiva, personne ne savait si les visiteurs allaient comprendre l'idée du social-business ou si Kiva allait parvenir à lever les fonds nécessaires pour soutenir ces entreprises. Mais ces efforts furent immédiatement récompensés. Il devint clair que les adeptes de Kiva comprenaient non seulement le social-business, mais qu'ils l'appréciaient aussi. Et, bien sûr, la belle leçon de Kiva est que la portée mondiale d'internet permet de promouvoir le social-business partout dans le

1. Environ 817 millions d'euros.

monde. YSB continue d'utiliser Kiva comme source de financement pour des projets d'entreprises sélectionnés en Albanie, en Haïti, au Brésil et en Ouganda.

Kiva n'était qu'un début. Désormais, les pouvoirs des TIC numériques sont utilisés de plusieurs façons afin de multiplier l'efficacité et la portée de nombreux autres programmes de social-business. Considérons l'exemple de MakeSense[1], ce mouvement de jeunesse lancé par Christian Vanizette, que nous avons présenté au chapitre 7. MakeSense possède deux entités juridiques. L'une est un organisme sans but lucratif, dédié à la promotion du social-business, tandis que l'autre est une entreprise sociale, officiellement désignée comme une société à but lucratif selon le droit français. Cette dernière transfère les bénéfices gagnés à la première, qui est son seul propriétaire. Comme elle ne génère aucun profit personnel, cela fait d'elle un social-business.

MakeSense exploite une plate-forme numérique open-source sur le modèle de Wikipédia, où des milliers d'individus du monde entier peuvent librement interagir les uns avec les autres de manière créative et productive. La plate-forme Wikipédia existe pour faciliter la rédaction et l'édition d'une encyclopédie des connaissances, qui s'appuie sur les informations fournies gratuitement par des milliers de bénévoles. La plate-forme MakeSense est là pour aider à soutenir la croissance, le développement et la diffusion des entreprises de social-business.

Les 17 ODD de l'ONU sont une composante importante de la plate-forme MakeSense. Si vous êtes un entrepreneur

1. Littéralement : avoir du sens.

potentiel de social-business, vous devez commencer votre travail sur MakeSense en expliquant exactement comment votre projet s'inscrira directement dans l'esprit de l'un ou plusieurs des ODD. Une fois qu'un modérateur communautaire de MakeSense a validé l'idée, les informations sur votre projet sont disponibles sur le site internet, ainsi que la présentation du défi que vous souhaitez relever. Ce défi peut concerner une grande variété de questions techniques : comment puis-je identifier le meilleur marché possible pour le produit que je prévois de commercialiser ? Quel type de réseaux de distribution envisager ? Où trouver un expert financier disposé à s'associer avec moi sur ce projet ?

C'est alors que la communauté MakeSense, connectée grâce à internet, se met au travail. Au début de 2017, plus de 25 000 bénévoles de 45 pays différents avaient utilisé cette plate-forme pour établir des liens avec plus de 1 300 entreprises de social-business, cherchant à obtenir de l'aide. Les bénévoles s'appellent eux-mêmes *Gangsters*, alors que les entrepreneurs qui développent leur social-business s'appellent *SenseMakers*[1].

Le manuel en ligne de MakeSense explique ce à quoi l'entrepreneur peut espérer s'attendre ensuite.

Alors, les contributeurs vont commencer à réfléchir, à proposer leurs idées en ligne et à lancer un appel pour encourager quelqu'un à organiser un atelier destiné à résoudre votre défi dans le mois qui suit.

Une fois qu'un bénévole s'est proposé pour l'atelier, vous choisissez une date et un lieu, en prévoyant une heure pour discuter des détails de votre défi avec le facilitateur.

1. Littéralement : ceux qui créent du sens.

Le bénévole qui organise votre atelier utilisera cette entrevue d'une heure pour vérifier que vous êtes sur la bonne voie pour relever votre épineux défi. Il ou elle tiendra compte de vos objectifs et de vos contraintes, afin de vous permettre de mettre en œuvre les solutions pour votre entreprise de manière réaliste. Vous conviendrez alors tous deux du but à atteindre, pour vous assurer que vous serez satisfait des résultats à l'issue de l'atelier.

Au cours de l'atelier, vous présenterez votre projet aux participants. Ceux-ci auront quelques minutes pour vous poser des questions avant le début des échanges, auxquels vous serez invité à vous joindre. On vous demandera de vous comporter comme tout autre participant, pour garantir que tout se déroulera sans que votre approbation ou désapprobation vis-à-vis de leurs idées ne vienne entraver le processus.

Après l'atelier, vous êtes invité(e) à envoyer un courriel de compte rendu aux participants, en mentionnant les solutions que vous avez retenues et pour leur indiquer si vous avez besoin d'une aide supplémentaire pour développer une solution ou la mettre en œuvre[XXXVI].

Comme Kiva, MakeSense est une puissante illustration du pouvoir multiplicateur des TIC. Lorsqu'un entrepreneur en social-business présente une requête sur le site, il a immédiatement accès à un réseau mondial de consultants – des milliers de personnes riches d'expérience, de connaissances et d'expertise, dans des domaines qui vont de la publicité aux ressources humaines, de la programmation à la conception de produit. Plus important encore, ce sont tous de fervents partisans du concept de social-business – des gens désireux d'aider un nouveau projet qui bénéficiera à ceux qui en ont besoin. Songez à quel point cela est passionnant et précieux, en particulier pour un pionnier du social-business qui peut travailler dans un endroit éloigné ou au sein d'une communauté pauvre, où l'expertise commerciale est difficile à trouver.

MakeSense sert également de pôle pour d'autres activités appliquant l'innovation des TIC au développement du social-business. Par exemple, elle héberge SenseCube, un espace d'incubation réel (non virtuel) et actuellement actif dans six grandes villes : Paris, Mexico, Bruxelles, Beyrouth, Manille et Dakar. L'accent est mis sur les projets qui appliquent les solutions technologiques et les réseaux en ligne aux objectifs du social-business, dans le but d'utiliser ces outils pour progresser plus rapidement et mieux que ne le permettraient les seuls moyens de communication traditionnels.

Food Assembly donne un autre exemple de la manière dont tout cela fonctionne. Cette entreprise met en lien les agriculteurs avec les populations locales qui souhaitent commander de la nourriture pour livraison à domicile. L'objectif est d'augmenter les revenus des petits agriculteurs et d'améliorer leur impact positif et durable sur l'environnement local, tout en rendant accessibles aux citadins les aliments biologiques et sains. Et avec l'aide et la supervision de MakeSense, Food Assembly utilise les réseaux en ligne pour étendre ses services rapidement à de nombreuses villes du monde.

Initialement lancé au Royaume-Uni en 2014, Food Assembly se compose d'un certain nombre d'entreprises locales, chacune créée et soutenue par un « hôte » – un entrepreneur individuel qui s'engage dans le concept d'agriculture locale et durable. Guidé par des animateurs experts du collectif Food Assembly, l'hôte trouve un lieu d'accueil – parc local, centre communautaire, école, ou tout autre lieu pouvant accueillir des livraisons alimentaires régulières – et recrute des agriculteurs locaux pour produire les aliments qui seront proposés. Ensuite, l'hôte se met en charge de créer une communauté locale autour du projet, en utilisant divers outils de publicité, de marketing et de publicité, afin d'attirer des clients désireux de profiter de produits locaux frais. Un marché en ligne est mis en place, sur lequel les clients peuvent passer leurs commandes.

Au moment convenu (le samedi matin, par exemple), les agriculteurs se rassemblent dans le lieu choisi par Food Assembly afin de livrer leurs produits aux clients, qui ont eux-mêmes ainsi l'opportunité de rencontrer les producteurs qui les nourrissent, aussi bien que les voisins qui partagent leur amour d'une nourriture saine et produite localement. Au fil du temps, ils en viennent souvent à constituer une communauté locale de personnes, qui unissent leurs forces pour soutenir une variété d'activités traduisant leurs valeurs communes – par exemple, l'écologie.

Comme vous pouvez l'imaginer, cela prendrait beaucoup de temps et d'efforts pour créer un marché de Food Assembly sur une seule localité à la fois. Pour initier le processus, MakeSense a travaillé avec Food Assembly afin de développer une plate-forme internet accessible à tout le monde, depuis n'importe où. En visitant le site, vous pouvez localiser le Food Assembly le plus proche de chez vous. Si le plus proche est encore trop loin, vous pouvez tout apprendre sur le moyen de rejoindre le mouvement, en devenant peut-être vous-même un hôte ou en proposant vos services en tant que producteur. Les participants des Food Assembly déjà créés sont disponibles pour répondre à vos questions et vous encourager. Grâce en grande partie à l'attractivité de cette plate-forme en ligne, en moins de trois ans, Food Assembly s'est étendue à plus de 700 emplacements en France, en Belgique, au Royaume-Uni, en Espagne, en Allemagne et en Italie – une belle démonstration de ce que j'entends par le pouvoir multiplicateur des TIC numériques !

MakeSense continue de développer et d'affiner son utilisation d'outils technologiques pour améliorer et diffuser le social-business. En 2016, un spécialiste du développement et de l'application des outils analytiques de pointe est venu travailler chez MakeSense grâce à une bourse de son principal employeur, la société de médias Bloomberg LP. Cet informaticien travaille sur un système de suivi et de mesure des performances des projets de social-business. L'objectif est de développer de nouvelles méthodes plus précises pour déterminer quelles méthodologies et quelles pratiques produisent les meilleurs résultats pour les bénéficiaires.

Utiliser la technologie pour résoudre les problèmes spécifiques rencontrés par les pauvres

Dans un monde où les traditionnelles entreprises lucratives sont motivées par la nécessité d'augmenter sans cesse leurs revenus, leurs profits et la valeur de leurs actions, l'industrie a naturellement tendance à ignorer les besoins des populations pauvres. En conséquence, les nouvelles technologies se consacrent souvent à créer des produits et des services que les clients des pays et des communautés les plus aisés trouveront attrayants. Il n'y a pas de pénurie de jeux vidéo, de produits de divertissement et d'autres objets de luxe utilisant les nouvelles technologies. Mais on peine à trouver les biens qui répondent aux difficultés auxquelles sont confrontées les centaines de millions de personnes qui luttent contre la pauvreté, la faim ou l'absence de logement.

Heureusement, un nombre croissant d'entreprises de social-business explorent les moyens d'utiliser la technologie pour résoudre ces problèmes. Dans certains cas, elles recourent à des outils appliqués à l'origine à des produits et des services coûteux, destinés aux riches, et cherchent à les simplifier et à revoir leur design pour s'adapter aux pauvres. Dans d'autres cas, elles développent des produits entièrement nouveaux, sur la base d'une étude approfondie des conditions de vie des plus démunis. Ces projets commencent à traduire dans la réalité le véritable potentiel de transformation des nouvelles technologies.

Considérons, par exemple, l'entreprise Agriculture and Climate Risk Enterprise Ltd (ACRE). Cette société technologique de social-business a pour mission de fournir aux petits exploitants une protection contre les risques naturels, notamment grâce à des solutions d'assurance innovantes. J'ai connu ACRE parce qu'elle est soutenue, en partie, par un fonds d'investissement du Grameen Crédit Agricole's Social-business Fund. Il s'agit d'un fonds créé par ce vaste réseau de banques françaises, initié à l'origine pour servir les communautés agricoles du pays. Le but de ce fonds est d'investir dans du social-business principalement orienté vers les pays en développement, avec une attention particulière à l'Afrique. (J'en dirai plus sur ce sujet au chapitre 11.)

Lancée par la Fondation Syngenta pour l'agriculture durable en juin 2014, ACRE a été conçue pour résoudre le problème du risque économique qui handicape particulièrement les petits exploitants en Afrique et les empêche de sortir de la pauvreté. Pour comprendre comment cela fonctionne, il faut d'abord connaître un peu les réalités du risque agricole et comment le problème est habituellement abordé.

L'agriculture, bien sûr, a toujours été une activité intrinsèquement à risques. La météo est impossible à contrôler et difficile à prévoir, exerçant donc une pression énorme sur le rendement des cultures. En outre, des variations incontrôlables et imprévisibles du coût des produits agricoles sur les marchés local, national et mondial peuvent provoquer des fluctuations dramatiques. Celles-ci peuvent facilement effacer en une nuit les bénéfices de toute une saison. Cependant, l'agriculture est une industrie essentielle. Les hommes en dépendent pour leur survie, et aucune société ne peut se permettre de mettre en péril son approvisionnement alimentaire. La plupart des pays ont donc mis en place des mesures pour protéger leurs agriculteurs des risques économiques inhérents à leur activité.

Ainsi, dans de nombreux pays, notamment aux États-Unis, une assurance agricole est mise à la disposition des agriculteurs à des tarifs subventionnés par le gouvernement, jusqu'à parfois 60 %. Mais ces programmes de subventions ne couvrent que les grandes exploitations. À cet égard, comme dans beaucoup d'autres pays, les petits exploitants n'étant généralement pas considérés comme solvables, ils n'ont pas accès aux outils financiers que les grands propriétaires peuvent tenir pour acquis.

D'où des projets de « micro-assurance », destinés aux modestes agriculteurs qui ne sont pas éligibles à des subventions – même dans des régions comme l'Afrique, où les petits fermiers, la majorité de la population, fournissent une grande partie de l'industrie agricole. La raison principale en est le coût : administrer les polices d'assurance coûte cher et, lorsqu'une police est faible, ces coûts relativement élevés rendent difficile la mise à disposition d'une assurance à un prix raisonnable. Ce problème touche quelque 450 millions de petits fermiers (aux parcelles de moins de 2 hectares) dans toute l'Afrique et le reste du monde en développement – soit plus de 2 milliards de personnes si l'on compte leurs familles. Au Kenya, par exemple, plus de 96 % des terres agricoles dépendent des eaux de pluie et sont vulnérables à la sécheresse, ce qui place les familles agricoles sous un risque économique permanent.

ACRE utilise la technologie pour résoudre ce problème. Elle a créé le premier programme d'assurances conçu pour aider les petits exploitants en utilisant les technologies mobiles et des données climatiques et agricoles constamment mises à jour, afin de permettre une couverture efficace et abordable. Composée de trente spécialistes locaux et internationaux basés à Nairobi, au Kenya, l'équipe d'ACRE effectue une analyse informatisée des données historiques sur les conditions météorologiques et le rendement des cultures, ce qui leur permet de développer, via la technologie mobile, des produits d'assurance personnalisés. Des avancées récentes dans les prévisions météorologiques par satellite et la technologie de surveillance ont également joué un rôle clé dans la mise à disposition des données nécessaires.

ACRE a ainsi donné naissance au plus grand programme d'assurance agricole en Afrique, commercialisé au Kenya sous la marque de Kilimo Salama. Pour rendre cette assurance abordable et disponible au plus grand nombre, la société l'a combinée à d'autres produits que les agriculteurs achètent déjà, tels que des prêts de microcrédit et même des sacs de semences ou d'engrais. La procédure pour contracter cette assurance est très simple. On place dans un sac de graines une petite carte décrivant la police d'assurance indexée à laquelle le fermier aurait droit et incluant un numéro qu'il peut appeler pour la mise en place. Assurer 1 acre[1] de maïs contre la sécheresse coûte généralement à un agriculteur environ 37 dollars[2], soit à peu près 10 % de la valeur de la récolte – un tarif modeste pour se garantir contre une sécheresse ou une inondation capable d'anéantir toute une récolte.

Ensuite, à partir des données météorologiques prévues pour les semaines suivantes, les experts d'ACRE peuvent déterminer automatiquement si l'agriculteur est éligible à un dédommagement. Le représentant de l'assureur n'a pas besoin de visiter la ferme pour valider la nécessité d'un versement. Cela réduit considérablement les coûts et permet à la compagnie d'assurances de fournir à ses clients un bien meilleur service. Selon les polices, le paiement peut s'effectuer en nature, sous la forme d'un ravitaillement gratuit en semences ou d'un virement effectué directement sur le

1. Environ 4 000 m^2, soit 0,4 hectare.
2. Environ 32 euros.

compte bancaire numérique de l'agriculteur sur son téléphone portable.

Fin 2015, près de 400 000 agriculteurs africains étaient couverts par la technologie d'assurance d'ACRE. C'est un exemple remarquable de la façon dont les TIC modernes sont capables de résoudre des problèmes créés par la pauvreté et qui semblaient jadis insolubles – à condition que les ingénieurs informatiques et les chefs d'entreprise renoncent à ne songer qu'au profit et se concentrent sur le développement de solutions simples et pratiques répondant aux besoins des plus pauvres.

Comme je l'ai expliqué au chapitre 3, l'un des signes d'espoir que la nouvelle conscience économique répand autour de notre monde est l'intérêt manifesté par certains des chefs d'entreprise les plus prospères pour l'expérimentation de social-business parallèlement à leurs stratégies traditionnelles d'optimisation des profits. Intel Corporation est l'une des entreprises engagées dans cet effort. Basée dans la Silicon Valley, elle est le leader mondial de la fabrication de processeurs et autres produits high-tech à la pointe.

Baptisée Grameen Intel, l'initiative est née à la suite d'une visite de Craig Barrett, alors président d'Intel, au Bangladesh en 2007. Barrett et moi-même avons discuté longuement de la famille d'entreprises Grameen et de la notion de social-business. Après maints échanges, Barrett et ses collègues ont décidé de créer un social-business. Le financement du projet fut fourni par Intel Capital et Grameen Trust, tous deux actionnaires de la nouvelle entreprise.

Aujourd'hui, Grameen Intel possède un bureau à Dhaka, au Bangladesh, ainsi que des collaborateurs basés aux

États-Unis et en Inde. Certains travaillent à plein temps pour Grameen Intel, tandis que d'autres sont des employés d'Intel qui consacrent une partie de leur activité au social-business. Toute une gamme de projets est en cours de développement, centrée sur des logiciels imaginés pour répondre aux problèmes spécifiques de la pauvreté. La plupart sont conçus pour être utilisés via des appareils informatiques compacts et portables, tels que des smartphones, tout en restant abordables, disponibles et bien adaptés aux populations démunies des villages ruraux comme des quartiers bondés des grandes villes.

Certaines initiatives de Grameen Intel visent à améliorer la productivité et la rentabilité des petits agriculteurs – ceux-là mêmes qui sont soutenus par le programme d'assurance ACRE. Par exemple, Mrittikā est une application qui fournit aux agriculteurs des villages reculés du Bangladesh les informations les plus récentes et les plus précises sur la qualité des sols, sur les éléments nutritifs des plantes et leurs besoins en engrais – des avantages remarquables pour des communautés agricoles tout entières.

Mrittikā s'appuie sur des méthodologies disponibles de vérification des sols, qui mesurent le niveau de nutriments de base comme l'azote, le phosphore et le potassium, ainsi que les niveaux de pH (acidité). Le génie de cette application réside dans sa facilité d'utilisation, ainsi que dans la précision des informations qu'elle fournit. En quelques touches, l'utilisateur peut entrer des données complètes sur l'agriculteur et ses projets, depuis l'emplacement précis du champ (à l'aide de Google Maps) jusqu'à la récolte envisagée, la saison de semailles et bien davantage encore. En réponse, Mrittikā propose des conseils détaillés sur les types d'engrais recommandés, les quantités exactes à utiliser, les dates idéales pour l'ensemencement, etc. L'application fournit même une liste de magasins d'approvisionnement locaux qui proposent les engrais appropriés à des prix compétitifs. En conséquence, les agriculteurs peuvent acheter et utiliser les engrais nécessaires, et rien de plus – ce qui économise de l'argent, améliore les rendements et protège à long terme la qualité du sol, si facilement compromis par une utilisation excessive ou inadaptée de produits chimiques.

Grameen Intel a effectué des tests poussés sur des parcelles de démonstration afin de vérifier l'exactitude des recommandations de l'application. Les résultats se sont révélés convaincants. Par exemple, une culture test d'aubergines (un légume populaire au Bangladesh, localement appelé *begun*) a produit des rendements plus élevés en utilisant les recommandations d'engrais fournies par Mrittikā que selon les méthodes traditionnelles transmises par des générations d'agriculteurs bangladais ou selon les normes officielles fournies par l'Institut gouvernemental de Recherche agricole du Bangladesh (BARI). En outre, le régime d'engrais recommandé par Mrittikā coûte 29 % moins cher que la recommandation BARI et 468 % moins cher que la méthode traditionnelle – une économie potentiellement énorme pour un petit agriculteur qui tire généralement le diable par la queue.

Aujourd'hui, Mrittikā est utilisée dans quarante lieux au Bangladesh ; elle est également testée en Inde et au Cambodge. L'application rencontre un franc succès auprès des entrepreneurs locaux, qui offrent des services d'analyse des sols aux agriculteurs par le biais de kits de tests chimiques, combinés avec l'application. Ainsi, Mrittikā profite non seulement aux agriculteurs, mais contribue également à soutenir le travail de ceux qui conseillent les agriculteurs, ainsi que celui des vendeurs d'engrais, ce qui donne un coup de fouet à l'économie rurale tout entière.

Les soins de santé sont un autre domaine dans lequel les personnes pauvres rencontrent des besoins spécifiques – besoins que de nombreuses entreprises traditionnelles risquent de ne pas considérer comme suffisamment rentables. Grameen Intel travaille donc également sur des solutions spécifiques.

L'une des difficultés majeures rencontrées par les plus pauvres, en particulier dans les pays en développement, est un accès simple à l'information concernant les soins de santé. Les villages ruraux où vivent des millions de personnes sont souvent situés à plusieurs kilomètres de l'hôpital ou de la clinique la plus proche ; les chemins de terre et le manque de systèmes de transport efficaces peuvent transformer un voyage de quarante kilomètres en une épreuve physique qu'aucun malade ne devrait avoir à endurer. Médecins et infirmières locaux compensent dans une certaine mesure, en se déplaçant à domicile. Mais les professionnels ne sont pas assez nombreux pour répondre à la demande, alors d'innombrables pauvres passent des mois, voire des années, sans pouvoir consulter le moindre praticien.

Les TIC modernes peuvent aider à atténuer certains de ces problèmes. L'un des projets de Grameen Intel vise en l'occurrence à fournir des informations de santé destinées aux femmes enceintes, dont beaucoup n'ont pas accès à un suivi prénatal. En juin 2017, Coel est devenu disponible : il s'agit d'un élégant bracelet en plastique résistant, qui fournit des messages préenregistrés diffusant des avis et des conseils sur la santé maternelle. Le concept est extrêmement intelligent : Coel fonctionne pendant dix mois sans recharge, ce qui signifie qu'il durera pendant toute une grossesse. Il ne requiert pas d'accès à internet, parle n'importe quelle langue locale utilisée par la femme et déclenche un clignotement par LED chaque fois qu'un nouveau message est délivré. Il peut également être programmé à volonté afin de délivrer en temps voulu des informations et des conseils appropriés sur les soins de santé – 80 messages de santé sont prévus à raison d'environ 2 par semaine.

Les avantages de Coel ne s'arrêtent pas là. Le bracelet est également conçu pour surveiller et tester la qualité de l'air que sa porteuse respire. En particulier, il peut détecter une pollution intérieure, notamment au monoxyde de carbone – souvent provoquée par la cuisson au bois, au charbon ou à la bouse. Des millions de femmes au Bangladesh et dans d'autres pays en développement inhalent des fumées dangereuses tous les jours, souvent avec des conséquences désastreuses pour leurs bébés. Coel déclenche une alerte dès qu'un danger est détecté, afin d'informer les femmes qu'il est temps de changer d'air.

En développant des solutions technologiques pour résoudre certains des problèmes les plus graves rencontrés par les pauvres, Grameen Intel accomplit un travail extrêmement prometteur et inspirant. Et, ce ne sont pas les seuls à travailler dans ce sens.

L'un des plus ambitieux projets technologiques consacrés aux soins de santé que je connaisse est dirigé par le Dr Ashir Ahmed, de l'université de Kyushu – l'un des établissements qui se sont associés à moi et à la famille des entreprises Grameen pour créer un Yunus Social Business Center. Le Dr Ahmed appelle son projet le « docteur en boîte ». Il s'agit d'une trousse portative d'outils de diagnostic, ainsi que d'une interface d'affichage et de communication, qui peut être utilisée par du personnel de santé qualifié, au cours d'une visite dans un village ou au domicile d'un particulier. Équipé de ce kit, chaque praticien peut transmettre des données à un médecin résidant dans une ville éloignée, qui peut à son tour répondre avec des diagnostics spécifiques et des recommandations de traitement.

Mieux encore, le Dr Ahmed est persuadé qu'une fois son « docteur en boîte » lancé, il encouragera les entreprises privées à fournir des biens et des services qui amélioreront l'utilité du service. Selon lui, « cette boîte créera l'occasion pour les vendeurs de matériel médical de concevoir et développer des outils de diagnostic, et pour les créateurs de logiciels de structurer ces outils de diagnostic afin de rendre opérationnelle une infirmière dotée d'un minimum de formation ». Au fil du temps, le pouvoir de cette trousse pourra s'enrichir de façon spectaculaire, en s'équipant de nombreux tests et outils adaptés aux besoins de santé des personnes vivant dans des pays et des régions spécifiques.

L'invention du Dr Ahmed, qu'il estime pouvoir être fabriqué et vendu pour un coût d'environ 300 dollars[1], est déjà testée au Bangladesh. Il estime qu'un jour, des millions de ces kits pourront être utilisés par des infirmières et des aides-soignants dans tous les pays en développement,

1. Environ 258 euros.

ce qui contribuera à répondre aux besoins de santé de plusieurs milliards de personnes.

Nous vivons une période difficile, où la croissance démographique, les inégalités endémiques, la dégradation de l'environnement et d'autres problèmes posent de sérieux défis à l'avenir de l'homme. Pourtant, c'est aussi une ère où les capacités humaines se développent comme jamais auparavant, en grande partie grâce aux progrès technologiques stupéfiants que la science a mis à notre disposition au cours des dernières décennies. Si nous parvenons à bâtir le nouveau système économique et social nécessaire pour orienter ces technologies dans la bonne direction, il y a toutes les raisons de croire que ce mégapouvoir phénoménal jouera un rôle crucial, en faisant du rêve d'un monde à trois zéros une merveilleuse réalité.

9.

Bonne gouvernance et Droits de l'homme : les clés de la construction d'une société qui fonctionne pour tous

Un troisième mégapouvoir sera crucial pour créer le nouveau système économique dont les humains ont besoin pour survivre et prospérer : une structure politique et sociale qui réduise les problèmes de corruption, d'injustice et de tyrannie potentielle, et qui respecte les droits de chacun.

Certaines personnes croient à tort que le respect des droits de l'homme et la nécessité de croissance économique et de développement sont deux sujets indépendants – voire que ces deux impératifs entrent en quelque sorte en conflit. Ce fut l'erreur commise dans l'ancienne Union soviétique. On y justifiait parfois des actes de répression politique par le besoin de faire croître l'économie à tout prix, pour mieux rivaliser avec l'Occident. Mais la croissance économique bâtie sur des politiques sans scrupule n'offre pas de croissance durable. L'essence de l'esprit d'entreprise repose dans la capacité des gens à libérer au maximum la créativité humaine. Il ne peut pas éclore dans un environnement de contrôle gouvernemental et de répression.

Les pays qui prennent le chemin de l'autocratie avec la conviction que cela les mènera à une croissance économique en seront à long terme pour leurs frais. Il est préférable d'instaurer une atmosphère de liberté et d'expérimentation, dans laquelle se développent les énergies créatives des entrepreneurs individuels. C'est ainsi que les communautés dynamiques se nourrissent – et que les nations à la santé économique partagée et durable s'édifient sur la durée.

Heureusement, la plupart des économistes, théoriciens politiques et sociologues valident aujourd'hui ce principe. Les liens intimes entre une bonne gouvernance, les droits de l'homme, la justice sociale et la croissance économique sont maintenant largement reconnus. Le défi est de mettre cette reconnaissance en pratique, c'est-à-dire de mettre en place des systèmes économiques, politiques et sociaux qui respectent les principes de liberté, de justice et d'intégrité, pour ainsi libérer le potentiel de créativité et de croissance présent en chacun des citoyens.

Comme tous les grands défis, cet objectif sera difficile à atteindre. Il faudra de la sagesse, de la discipline, de l'altruisme et du courage. Mais aucune étape ne sera plus importante à franchir, au cours du prochain demi-siècle.

La bonne gouvernance est essentielle, quel que soit le but poursuivi pour faire progresser notre société.

Si nous espérons libérer le mégapouvoir de la bonne gouvernance et des droits de l'homme dans la poursuite de notre objectif d'un monde nouveau, nous devons répondre à un certain nombre d'exigences spécifiques. À savoir : des élections justes et crédibles, une administration de l'État sans corruption, une société civile honnête et le respect du droit. Dans les pages qui suivent, je développerai mon point de vue sur ces éléments et les autres critères essentiels d'une bonne gouvernance.

Des élections crédibles et justes

Il est impossible d'avoir un gouvernement honnête et bien géré si les législateurs et les plus hauts dirigeants du gouvernement ne sont pas choisis lors d'élections, libres de toute manipulation ou intimidation et dignes du consentement populaire. Ainsi, dans une large mesure, la qualité des élections nationales détermine le sort de la bonne gouvernance. Si elles ne se déroulent pas selon des procédures équitables et transparentes, c'est l'équilibre de tout l'édifice qui se retrouve compromis.

Dans une démocratie, des élections nationales représentent une sorte de filtre, dont l'utilisation répétée peut permettre de nettoyer la politique et la gouvernance du pays. Mais si ce filtre est bouché, il y a peu de chances d'obtenir un pouvoir digne de ce nom. Lorsque les élections sont truquées, vous risquez d'hériter d'un gouvernement qui est en réalité une machine à piller et à opprimer, dont l'objectif principal sera de s'assurer justement que le filtre reste à jamais hors d'usage.

Accéder à des élections dans un climat de confiance envers le système est un des fondements essentiels d'une bonne gouvernance. Chaque électeur doit estimer que son vote compte et qu'il peut choisir librement les candidats, sans menace d'intimidation ou de représailles. Hélas, de nombreux pays ne parviennent pas à réunir ces conditions.

Malheureusement, le monde a tendance à ne pas accorder beaucoup d'attention à la qualité des élections. Un vote national est souvent considéré comme un rituel que chaque pays doit accomplir, voire traité comme une « question interne » sur laquelle aucun commentateur extérieur n'aurait le droit de s'exprimer.

Oui, une élection est bien une question interne, mais la qualité de sa tenue devrait également concerner d'autres pays. Une élection frauduleuse entache toute la communauté des nations. Elle risque d'installer un pouvoir qui déstabilisera le pays, menacera la région et encouragera des actions préjudiciables au reste du monde.

Pour ces raisons, je suis convaincu que les Nations unies devraient accorder une priorité absolue à la promotion d'élections crédibles, comme élément de son programme de paix et de sécurité. Il devrait exister une procédure spéciale pour développer une technologie qui garantirait des élections fiables et fournirait un soutien technique permanent à toutes les autorités électorales, dans le but de surveiller et rendre compte du déroulement de chaque vote national. Étant donné que de la qualité des élections dépend celle du gouvernement élu, veiller à l'honnêteté de leur tenue est essentiel. Pour la paix et la sécurité de la région concernée et celles du monde en général, ainsi que pour la réalisation des ODD et des objectifs fixés par les institutions des Nations unies – dont le Haut-commissariat aux droits de l'homme, l'ONU Femmes (consacré à l'égalité des sexes), l'Unicef (droits de l'enfant), le PNUD (pour le développement économique), l'OMS (soins de santé) et autres.

L'ONU devrait développer une série d'outils politiques et technologiques qui garantirait le bon fonctionnement électoral. Par exemple, elle pourrait développer des systèmes impartiaux pour évaluer la qualité des élections. Elle pourrait utiliser ces systèmes pour classer les pays, individuellement ou selon des groupes, par ordre de qualité électorale et pour fournir des avantages financiers, politiques et diplomatiques aux pays ne cessant d'améliorer le déroulement de leurs élections. Elle devrait estimer l'indépendance et l'intégrité des fonctionnaires qui gèrent les procédures électorales, ainsi que le niveau de liberté dont jouissent la presse, les partis d'opposition et les organismes nationaux et internationaux de surveillance. Sur la base de ces mesures et d'autres encore, l'ONU pourrait établir des normes définissant un niveau de qualité minimal et acceptable, et imposer des sanctions aux pays qui, à plusieurs reprises, n'auraient pas respecté ces normes. Les regroupements des nations par régions du monde pourraient ainsi constituer un soutien précieux, en encourageant les États membres à respecter les normes électorales des Nations unies.

L'ONU peut aussi jouer un rôle essentiel dans l'élaboration de modalités améliorées pour voter, notamment par l'application des dernières technologies de l'information et de la communication. Elle peut suggérer aux entreprises leaders du secteur des TIC – les Google, Facebook et Twitter du monde entier – de concevoir ces nouvelles technologies électorales et travailler avec l'ONU pour en faire la démonstration. Par exemple, l'ONU pourrait parrainer le développement d'une technologie qui permette le vote à distance via des smartphones, à l'aide de moyens d'identification biométrique. Cette technologie pourrait aider à résoudre les problèmes d'intimidation et de violence à l'encontre des électeurs à l'intérieur ou à proximité des bureaux de vote – une menace qui dissuade des millions de votants chaque année.

Dans le même temps, permettre aux citoyens de voter sur une période donnée – une semaine ou un mois, plutôt que sur une journée fixe –, depuis la maison, le bureau ou n'importe quel autre endroit du monde, pourrait augmenter considérablement la participation. Les plus récents outils de TIC, qui facilitent le suivi instantané grâce aux compteurs de votes (comme Worldometers, qui relève, parmi beaucoup d'autres statistiques, l'évolution de la démographie mondiale, seconde par seconde), pourraient fournir des informations sur le nombre de suffrages reçus par les divers candidats pendant la durée du vote. Cette information en temps réel pourrait susciter chez les électeurs un intérêt et une participation plus grands. L'indifférence tend à disparaître si un électeur voit qu'un « mauvais » candidat attire beaucoup de voix, alors que son préféré est à la traîne. La meilleure façon de stimuler les électeurs est de faire de l'élection un événement *en direct* et médiatisé, se tenant sur plusieurs jours, afin que chacun sache comment le vote se déroule à chaque instant et sente qu'il peut influencer le résultat par sa participation.

À mesure qu'on développe des normes mondiales pour l'amélioration des méthodes électorales, l'ONU peut jouer un rôle toute l'année en aidant et en surveillant les gouvernements nationaux qui préparent des élections. Une élection n'est pas un événement isolé, se déroulant à une date donnée ; c'est l'aboutissement d'un long processus. Si ce processus ne se déroule pas correctement, le résultat est faussé. En cas d'irrégularités ou de malversations, les organismes de surveillance dirigés par l'ONU devraient alerter la nation et le monde. Cela permettrait de prendre des mesures correctives avant qu'une élection illégitime ne compromette la crédibilité d'un gouvernement et menace la sécurité de la communauté des nations.

La corruption est une maladie mortelle

L'autre grande menace d'une bonne gouvernance, c'est la corruption. Celle-ci est parfois minimisée par ceux qui disent : « Tous les pays, y compris les pays riches, connaissent la corruption – aucun d'entre eux n'est à l'abri. Alors, pourquoi en faire tout un plat ? » Certains citent même des exemples de pays qui se seraient prétendument développés grâce à la corruption, comme pour insinuer que ce fléau n'est qu'une manière de « graisser les rouages » de la société et de faciliter son fonctionnement.

Il est vrai que la corruption est largement répandue. On la retrouve dans pratiquement toutes les sociétés ; on compte même des scandales isolés au sein de pays économiquement avancés et relativement honnêtes. Dans de nombreux pays en développement, en revanche, la corruption est endémique, et si profondément institutionnalisée que les citoyens ont renoncé à protester et l'ont même acceptée comme faisant partie de leur existence.

Dans ces pays, la corruption est une maladie mortelle qui condamne la bonne gouvernance. Il est facile de souligner les chiffres scandaleux de la quantité de fonds publics détournés chaque année. Mais ce n'est que la pointe de l'iceberg. Encore plus désastreuse est la manière dont la corruption détruit l'ensemble du système de gouvernance. Le niveau de corruption détermine directement le niveau de respect du droit. Si l'on peut acheter une décision gouvernementale, une politique nationale ou un verdict judiciaire, la notion de droit n'est plus qu'une plaisanterie. Et lorsque le pouvoir politique offre un passe-droit pour la cupidité, les gens ne reculent devant rien pour obtenir ce pouvoir – ce qui explique pourquoi les campagnes électorales sont souvent accompagnées de violence dans de nombreux pays.

Il est désespérant de voir comment la corruption politique s'est raffinée ces dernières années. Les dirigeants corrompus et leurs complices en affaires ont appris à utiliser des techniques subtiles de relations publiques afin de noyer la preuve de leurs délits dans des récits délirants – ce que certains appellent aujourd'hui des « faits alternatifs » – qu'ils répandent grâce à leur contrôle sur les médias et leurs alliés dans la communauté intellectuelle. Ils font croire au public que toute personne s'opposant à eux est un traître qui mérite d'être jugé. Ainsi, ils renforcent leur emprise et rendent leur propre corruption encore plus difficile à extirper.

Une fois que la corruption s'est installée en système, elle tend à s'étendre à tous les niveaux de la société. Quiconque travaille pour un tel gouvernement s'attend à recevoir un pot-de-vin en échange de chaque service fourni – une sorte de « commission personnelle » qui s'ajoute à ses appointements réguliers. Afin de justifier cette commission, d'assurer son paiement et d'extorquer de l'argent supplémentaire, le fonctionnaire s'ingénie à concevoir de nouveaux obstacles pour les citoyens qui ont besoin de ses services. Le tarif pour vérifier une identité ou accepter un formulaire rempli peut être modique, alors pour augmenter ses revenus, le fonctionnaire complique à l'envi les démarches du citoyen. Certains fonctionnaires font savoir qu'ils peuvent réaliser l'impossible contre quelques gros billets, en indiquant clairement qu'aucune loi ou règle ne leur fait peur. Licences commerciales difficiles à obtenir, commandes gouvernementales, déductions fiscales, verdicts cléments – tout se négocie. Et si vous vous plaignez du prix, votre ami bureaucrate vous réplique : « Je sais que cela semble coûteux, mais je n'y peux rien : la somme doit être partagée avec tous les maillons de la chaîne, jusqu'au ministre qui est seul décisionnaire ! » Pour les négociations les plus substantielles, le ministre discute directement avec le « client ».

Outre ces malversations internes, la corruption politique s'étend aux agents à l'extérieur du gouvernement, qui se qualifient eux-mêmes de consultants, conseillers, agents, lobbyistes, représentants, fournisseurs de services de gestion, etc. Les « capitalistes de connivence », qui sont amis, parents ou partenaires financiers de politiciens puissants, revendiquent les contrats les plus lucratifs pour des constructions d'infrastructures, par exemple. Une part immense du revenu national est détournée vers ce « secteur de la corruption ». Le coût de chaque contrat ou projet gouvernemental est surfacturé pour tenir compte des dessous-de-table et autres petits cadeaux. Au final, la population hérite d'infrastructures de mauvaise qualité, de fournitures inutilisables et de services publics inefficaces ; l'ensemble pouvant provoquer de terribles crises sanitaires, parfois fatales.

Plus le droit est bafoué, plus la corruption est élevée. Et vice versa. Le plus grand danger de l'autocratie est qu'elle entraîne une corruption illimitée autour du grand patron. Lorsque le chef du gouvernement est corrompu, le mal est endémique, et contamine jusqu'aux fondements mêmes de la société. Du pouvoir judiciaire à la police, de l'Armée au système financier, chaque institution se révèle dysfonctionnelle. Souvent, elles se transforment en armes de répression, pour s'assurer que ceux qui sont au pouvoir continueront à toucher leurs profits mal acquis.

Réduire la corruption gouvernementale et le népotisme n'est pas un défi facile à relever. L'Histoire montre que, partout où l'argent et le pouvoir sont associés, le comportement humain tend à se pervertir. Les lois, ainsi que les traités nationaux et internationaux interdisant la corruption dans les tractations commerciales n'ont pas atteint leurs objectifs. Trop d'entreprises continuent de violer les règles juridiques et éthiques établies par leur propre législature ; des pratiques telles que le blanchiment d'argent et l'évasion fiscale continuent de prospérer.

Les scandales révélés périodiquement, aux États-Unis comme dans d'autres pays occidentaux, montrent qu'aucun système n'est à l'abri de ce fléau. Mais, en dépit de ces scandales, certaines sociétés ont un meilleur bilan que d'autres. C'est le cas lorsque des règles claires contre le délit d'initiés, les conflits d'intérêts et le népotisme sont inscrites dans la loi, puis appliquées, strictement et équitablement.

Créer une société où un gouvernement honnête est la norme nécessite un engagement national et des institutions bien gérées. De nombreux éléments entrent en ligne de compte. Il est indispensable de préserver au sein du gouvernement des centres de pouvoir autonome : par exemple, un pouvoir judiciaire indépendant, capable de demander des comptes aux fonctionnaires qui violent la loi. Pour dénoncer la corruption et réclamer des mesures correctives, ce sont les institutions solides, issues de la société civile, qui doivent jouer un rôle utile : une presse indépendante, des organismes de surveillance civique, des organisations communautaires non partisanes, des collèges et des universités respectés. Et les dirigeants politiques doivent eux aussi donner l'exemple d'un service désintéressé, instaurant ainsi le niveau d'exigence pour les fonctionnaires, dont le travail doit profiter à toute la communauté, et non à leur enrichissement personnel ou celui de leurs amis.

Des lanceurs d'alerte tels que les agents de Transparency International (TI) accomplissent un travail remarquable pour attirer l'attention du public sur la corruption. J'aime particulièrement leur Indice de perception de la corruption[XXXVII]. J'aimerais qu'ils ajoutent un autre indice – celui de perception des élections. En rapprochant ces deux indicateurs, les gens pourront voir leur corrélation et se préparer à prendre des mesures politiques chaque fois que cela se révèle nécessaire. Ils s'apercevront que des améliorations dans un domaine ne peuvent qu'améliorer l'autre. J'espère que TI tiendra compte de cette proposition.

Le monde doit maintenir ses efforts pour mettre fin à la corruption dans le fonctionnement des gouvernements. Sinon, nous continuerons à payer un prix terrible, sans pouvoir bâtir une société fondée sur la bonne gouvernance.

Le gouvernement n'est pas le problème

J'espère que je ne donne pas l'impression de dire que « le problème, c'est le gouvernement », ou que la solution serait « moins de gouvernement », voire « pas de gouvernement du tout ». Le peuple, c'est le gouvernement. Et le gouvernement, c'est le peuple. Nous n'existons pas en tant que communauté ou nation sans gouvernement. Son travail est d'accomplir l'inspiration de son peuple, de la meilleure façon possible. En même temps, le gouvernement montre la voie au peuple. Son rôle est de maintenir l'économie et la société sur la bonne direction. Il est si important pour nous que nous ne devons jamais le quitter des yeux. Nous voulons qu'il soit bon, qu'il soit idéal, qu'il soit parfait – et plus il s'approche de la perfection, plus il tend à devenir invisible.

Le gouvernement ne peut certes pas remplacer les entrepreneurs privés. Mais l'Histoire montre clairement que des gouvernements bien gérés jouent un rôle déterminant pour libérer la créativité des entrepreneurs. Les sociétés qui ont le mieux réussi à réduire la pauvreté, à améliorer le niveau de vie moyen, à préserver un environnement sain et à encourager le développement personnel des citoyens ordinaires, bénéficiaient de gouvernements forts, stables, honnêtes et efficaces.

Certains des pays d'Europe occidentale, d'Amérique du Nord et d'Asie de l'Est sont des exemples en la matière. Si leurs gouvernements ne sont pas parfaits, ils sont en général dignes de la confiance du peuple, même en cas de désaccords majeurs. Car, dans ce cas, les citoyens savent pouvoir compter sur des voies de recours pour résoudre ces différends. Les gouvernements de ces pays ont-ils parfois failli dans leur engagement d'honnêteté et de traitement équitable ? Bien sûr. Ont-ils commis des erreurs qui ont entravé la croissance économique, toléré l'aggravation d'une inégalité excessive et permis la persistance de la pauvreté ? Encore une fois, oui. Mais certaines des caractéristiques de ces pays, notamment leur respect global du cadre légal, leur soutien général aux libertés économiques et leur tendance à répondre aux besoins des citoyens à tous les niveaux de l'échelle sociale, furent des facteurs déterminants dans leur succès économique.

En revanche, certains pays de l'hémisphère Sud, où ces valeurs sont moins respectées, ont échoué dans leur quête de progrès économique. La différence est sans équivoque et souligne l'importance d'une bonne gouvernance, non comme un substitut à l'initiative individuelle, mais comme un soutien essentiel.

Autres éléments clés pour une bonne gouvernance

Il existe d'autres éléments spécifiques de la bonne gouvernance que je considère comme essentiels pour donner un nouvel avenir économique à notre monde.

• *Investir dans des infrastructures qui soutiennent la croissance économique.* Certaines des ressources nécessaires au bon lancement d'une entreprise – qu'il s'agisse de sociétés commerciales traditionnelles ou de social-business – dépassent la capacité individuelle des entrepreneurs. Si l'on trouve une idée géniale pour un produit ou un service qui profiterait à des milliers ou millions de personnes, c'est merveilleux ! Mais transformer cette idée en entreprise prospère ne sera pas simple, si l'infrastructure sociale et économique qui vous entoure est insuffisante. Lorsque les voies de communication entre les villages, les ports et les villes sont en mauvais état, lorsque les ponts et les tunnels permettant de franchir les rivières et de traverser les montagnes s'effondrent ou n'existent plus, et lorsqu'il n'y a ni aéroport ni port décent pour faciliter la circulation des biens et des personnes, alors bâtir une entreprise à succès et l'amener à maturité se révèle extrêmement lent, coûteux et difficile.

Le gouvernement joue un rôle essentiel dans la construction et l'entretien de ces infrastructures. Certaines d'entre elles ne génèrent peut-être pas suffisamment de revenus à court terme pour être économiquement viables. Dans ce cas, des organismes gouvernementaux soutenus par les impôts et les taxes doivent s'y substituer. À long terme, si les projets sont bien conçus et gérés, ils contribueront à générer de la vitalité économique et de la croissance, produisant suffisamment de revenus – dont des prélèvements de taxes – pour se rembourser. C'est ainsi qu'on a procédé aux États-Unis avec de grands projets tels que le Tennessee Valley Authority. Celui-ci a apporté de l'énergie électrique aux communautés les plus pauvres du Sud rural, ainsi qu'un réseau routier inter-États qui relie l'ensemble du pays par un maillage efficace d'autoroutes, contribuant à alimenter la croissance économique rapide des années 1960 et 1970.

Aujourd'hui, les partenariats public-privé offrent un cadre de plus en plus prisé pour la construction d'infrastructures. Par exemple, une société privée ou un consortium va s'associer à l'État pour créer une autoroute, un tunnel, un métro, une centrale électrique ou un aéroport. Les détails de fonctionnement varient mais, en général, le secteur privé effectue tous les investissements en échange d'un droit exclusif sur la gestion et les revenus générés par l'investissement – et ce sur une période de vingt-cinq ans, voire plus.

Malheureusement, il y a toujours un risque que les projets d'infrastructures soient détournés au profit des politiciens et de leurs amis au lieu de profiter à la communauté. Les mégaprojets, politiquement très attrayants et offrant aux décisionnaires des opportunités de dessous-de-table considérables, encouragent la corruption des fonctionnaires. Des hommes d'affaires cupides et véreux déploient un tel raffinement dans la dissimulation de ces manœuvres frauduleuses que les politiciens impliqués se pensent à l'abri de tout examen public.

C'est là qu'entrent en jeu les éléments vitaux d'une bonne gouvernance. Les pays émergents qui manquent historiquement d'infrastructures doivent construire des installations modernes pour participer pleinement à l'économie mondiale. Les citoyens doivent simplement insister pour que des garde-fous soient mis en place contre le gaspillage et les injustices que la corruption génère. Et il n'y a pas de meilleur recours qu'une surveillance scrupuleuse exercée par des associations citoyennes, des organismes de supervision et des ONG.

• *Utiliser la technologie pour améliorer l'efficacité et la transparence du gouvernement.* Dans le secteur privé, nous sommes à la fois enthousiasmés et préoccupés par le potentiel de nouvelles technologies telles que la robotique, l'apprentissage statistique et l'intelligence artificielle. Enthousiasmés en raison de l'efficience espérée, mais préoccupés à cause des pertes d'emplois et des bouleversements économiques à prévoir.

Toutefois, même si nous pouvons débattre des répercussions de ces technologies dans le secteur privé, j'aspire à leur adoption dans des domaines tels que les services gouvernementaux et les finances mondiales – notamment dans les pays et les régions où la corruption rend la vie des citoyens ordinaires misérable. Je crois que le remplacement des bureaucrates et des fonctionnaires par des robots, de l'intelligence artificielle et des réseaux de plates-formes offrant un accès public à des données vitales et des algorithmes logiciels bien conçus, peut aider à rendre les gouvernements plus efficaces, exerçant une politique moins corrompue et plus favorable aux citoyens. À partir du moment où les gens peuvent utiliser une application de smartphone ou un site internet pour télécharger des informations provenant de bases de données gouvernementales, pour soumettre des demandes de permis ou de licences, pour déposer des plaintes concernant des services gouvernementaux défaillants ou réclamer une assistance pour des problèmes communautaires, le fléau de la corruption peut réduire considérablement. Le pouvoir des gardiens du temple exigeant des pots-de-vin peut être considérablement affaibli, ce qui rendra plus facile l'accès à l'aide gouvernementale à laquelle les citoyens ont droit.

La bonne gouvernance ne devrait pas dépendre de la rare circonstance de n'avoir que des dirigeants vertueux en place. Nous pouvons utiliser la technologie pour réduire les risques de voir des fonctionnaires cupides détourner le système à leur seul profit.

- *Intégrer du social-business dans les projets civils.* Certains programmes gouvernementaux, tels que les projets d'infrastructures, peuvent être conçus comme du social-business. Par exemple, dans mon livre *Vers un monde sans pauvreté*, j'ai expliqué comment les grands projets tels qu'un port gigantesque peuvent être élaborés dans le cadre d'une entreprise de social-business appartenant aux pauvres de la région[XXXVIII]. Si nous exigeons publiquement que les gouvernements donnent la priorité au social-business dans le choix des entreprises pour tous les achats et les contrats, qu'ils soient modestes ou majeurs, cela réduira l'implication des entreprises abusivement lucratives dans les affaires publiques.

Le risque est que les propriétaires de ces sociétés sans scrupules commencent à créer du faux social-business pour « faire écran » et pour ainsi concourir à des appels d'offre gouvernementaux. Cependant, même dans ce cas, les choses ne seraient pas pires qu'auparavant. Un examen minutieux par des groupes de contrôle indépendants et des journalistes peut réduire ce risque. Au fil du temps, le social-business authentique prendra suffisamment d'importance pour damer le pion aux imposteurs.

Le social-business offre un moyen durable pour que les gouvernements remplissent un de leurs devoirs fondamentaux : s'occuper des personnes défavorisées et leur ouvrir des opportunités afin qu'elles puissent prendre soin d'elles-mêmes et vivre dans la dignité. La plupart du temps, cette tâche est abordée de manière non durable par de la bienfaisance d'État. Dans certains cas, l'assistanat public est nécessaire, mais cela ne doit pas être considéré comme une solution permanente aux problèmes de la pauvreté. La solution permanente serait celle qui n'enlève pas aux démunis leur esprit d'initiative et leur dignité. Je le répète : les pauvres ne sont pas responsables de leur condition, c'est nous qui avons créé le système qui les enferme. Le premier devoir du gouvernement est donc d'améliorer ce système et de mettre en place un processus qui créera une société où tous partageront les richesses de la nation. Comme je l'ai soutenu tout au long de ce livre, le social-business peut contribuer à cette évolution.

Le gouvernement devrait éviter de diriger des organisations financières et commerciales. Garder celles-ci entre les mains de l'État rend la bonne gouvernance plus difficile et crée la tentation pour les politiciens, en complicité avec d'autres fonctionnaires, d'utiliser ces entreprises afin de promouvoir leurs propres objectifs politiques. Toute entreprise gérée par le gouvernement devrait être rapidement transférée dans d'autres mains, de préférence en créant des entreprises de social-business indépendantes. Dans ce transfert de pouvoir, les gouvernements doivent se montrer extrêmement prudents pour éviter les mains cupides. Comme nous l'avons vu dans de nombreux pays, le transfert de ressources vers une société privée à but lucratif peut ouvrir une voie florissante à la corruption.

• *Impliquer les personnes pauvres dans la planification et l'exécution des projets de développement.* Un autre élément crucial pour augmenter les chances de bonne gouvernance est de prêter attention aux gens ordinaires pour les décisions qui influent sur leur vie. Dans le cas du développement d'infrastructures pour stimuler la croissance économique, cela implique de donner aux pauvres la possibilité de participer à la mise en forme des projets.

À la Grameen Bank, nous avons montré l'exemple de ce type de consultation, puisque le conseil d'administration est composé de femmes clientes de la banque qui sont également actionnaires de l'établissement. Élus par leurs pairs, les membres du conseil d'administration participent pleinement à l'élaboration des politiques de la banque.

Certains semblent penser que donner aux pauvres l'autorité sur les décisions qui influencent leur vie est une idée stupide ou peu pratique. Mais leurs arguments contre ce type de gestion participative sont pour la plupart sans pertinence. Certes, ces personnes défavorisées peuvent manquer de connaissances utiles dans la conception de projets d'infrastructures. Mais quand il s'agit de formuler des politiques et des décisions qui les concernent directement, elles sont les meilleurs experts autour de la table. Dans ce cadre, leur sagesse et leur expérience sont cruciales.

J'ai vu comment cela fonctionne à la Grameen Bank. Les membres du conseil d'administration sont respectueux et ont confiance dans la gestion de la banque ; ils prennent conseil auprès de la direction avant de faire leurs choix de management. Parallèlement, les gestionnaires de la banque sont tout disposés à réaliser les souhaits du conseil d'administration. Mon expérience suggère qu'il est important de fournir aux membres du conseil les informations et les compétences dont ils ont besoin, présentées dans un langage qu'ils comprennent, afin de mieux les intégrer dans la conception des projets. Cela comprend des informations de base sur les états financiers, les principes fondamentaux d'ingénierie et de planification, ainsi que des données sur les paramètres économiques et autres. Cela fait, la qualité des décisions prises par les membres du conseil d'administration est généralement très élevée.

Oui, de cette manière, il faut un peu de temps et d'énergie pour responsabiliser une équipe de gens modestes. Mais les bénéfices l'emportent nettement sur les coûts. On voit trop de cas de programmes gouvernementaux, conçus sans la contribution des futurs bénéficiaires, ne répondant pas aux besoins réels – et servant surtout à remplir les poches d'entrepreneurs en cheville avec des politiciens. Je reste convaincu que les projets d'infrastructures conçus avec l'aide de personnes pauvres amélioreront davantage leur existence, à moindre coût et avec une plus grande efficacité, que les types de projets exorbitants, créés par des experts ignorants des problèmes en question.

• *Mettre l'éducation et les soins de santé à la disposition de tous, comme élément essentiel du développement économique.* Les types d'infrastructures qui stimulent la croissance économique et facilitent la disparition de la pauvreté ne se limitent pas aux routes, ponts, aéroports ou autres.

Ils incluent également des projets humains contribuant à accroître la valeur et la créativité des individus. C'est pourquoi, en discutant de la nécessité d'infrastructures soutenues par le gouvernement pour aider à réformer l'économie, nous devons parler de l'importance de fournir de l'éducation et des soins de santé à chacun.

Ici, comme pour d'autres types d'infrastructures, le social-business peut jouer un rôle important. Ailleurs dans ce livre, j'ai discuté de certains programmes d'éducation et de soins de santé que les sociétés Grameen ont lancés. Cela ne veut pas dire que le gouvernement devrait être remplacé par la société civile. Celui-ci doit fournir des services d'éducation et de soins de santé de base. Chaque fois que les programmes nationaux sont manquants ou défaillants les initiatives citoyennes peuvent venir combler des lacunes, en servant de renfort aux services de l'État, ou de force de contestation en démontrant que celui-ci n'a aucune excuse pour manquer à son devoir.

Dans d'autres cas, les fonctionnaires peuvent décider d'externaliser la prestation de santé et d'éducation, en la confiant au secteur civil. Lorsque cela se produit, le gouvernement devrait fournir les soutiens nécessaires pour rendre le travail de ces citoyens plus efficace et efficient. Par exemple, l'État peut fournir des fonds d'investissement pour les entreprises de social-business axées sur l'éducation ou les soins de santé. Il peut également créer des fonds de social-business dédiés aux mêmes types de projets.

Les gouvernements doivent également établir des normes fondamentales de qualité, d'inclusivité et de transparence, que les organismes d'éducation et de santé indépendants devront respecter. En ce qui concerne les entreprises privées traditionnelles opérant dans les mêmes secteurs, l'État doit veiller à ne pas se concentrer exclusivement sur le profit qu'il peut en tirer en négligeant la qualité des services fournis.

• *Rendre les banques et autres services financiers accessibles à tous.* Le gouvernement doit assurer l'accès à une autre forme d'infrastructure sociale, vitale pour la moitié la moins privilégiée de la société, hommes ou femmes – à savoir, les services financiers. C'est un service social souvent négligé, peut-être parce que la pensée conventionnelle n'a jamais compris le rôle de ces services dans la vie des pauvres. Le crédit, l'épargne, l'assurance, les fonds d'investissement et les fonds de pension créent des opportunités économiques et assurent la croissance à tous les niveaux, c'est pourquoi il est vital pour le gouvernement de veiller à ce que ces services soient à la portée de tous.

Évidemment, l'histoire de la Grameen Bank illustre parfaitement l'intérêt de mettre les services financiers à la disposition de tous, en particulier les femmes pauvres qui n'étaient jamais admises dans les banques traditionnelles. La Grameen Bank est autonome, exploite ses propres ressources, bénéficie d'un taux élevé de recouvrement des emprunts et appartient essentiellement à des clientes pauvres. Elle favorise l'épargne, fournit des services d'assurances et de fonds de pension, encourage l'esprit d'entreprise et donne pouvoir, liberté et dignité à des millions de femmes rurales analphabètes. Quarante années de réussite permettent d'expliquer pourquoi cette banque a remporté le prix Nobel de la paix en 2006.

Compte tenu de ce bilan, il est surprenant que les gouvernements et les banques centrales du monde continuent largement d'ignorer leur responsabilité vis-à-vis des pauvres, en leur refusant l'accès aux services financiers. Je suis déçu que les organisations féministes internationales n'aient pas adopté cette exigence comme un élément clé de leurs programmes d'autonomisation des femmes. Mais je trouve encore plus choquante la façon dont la Grameen Bank est attaquée par le gouvernement du Bangladesh. Les statuts de la Grameen Bank ont été modifiés afin de la convertir en banque nationalisée, en retirant son contrôle des mains des emprunteurs. L'État n'a même pas permis à la banque de nommer son propre P-DG, six ans après mon éviction de ce poste en mars 2011.

Ce qui se passe à la Grameen Bank représente un recul pour le monde. Compte tenu de l'histoire des banques d'État au Bangladesh, on peut facilement conclure que cet établissement se dirige tout droit vers la catastrophe. Il est déchirant de voir une institution historique et nobélisée, qui a donné naissance au concept de « banque pour les pauvres », un modèle qui a inspiré le monde entier vers une nouvelle pratique bancaire, être forcée de prendre le virage inverse à cause de changements drastiques dans sa gouvernance. La seule façon de sauvegarder la Grameen Bank est de renoncer à ces modifications. J'espère que le bon sens prévaudra, avant qu'il ne soit trop tard.

• *Développer et appliquer des règles équitables pour protéger l'environnement.* Une bonne gouvernance réside également dans le respect de l'environnement. Un libéralisme équitable ne peut à lui seul empêcher les entreprises et autres organisations – y compris les sociétés gouvernementales – de polluer l'air et l'eau, de gaspiller les ressources naturelles et d'aggraver le problème catastrophique du dérèglement climatique mondial.

Le dilemme bien connu sous le nom de « tragédie des biens communs[1] » explique ce phénomène. La protection de l'environnement provoque une situation dans laquelle les intérêts individuels et les intérêts collectifs divergent fortement. Toute personne ou organisation – disons, une entreprise à but lucratif – peut trouver intérêt à endommager l'environnement : en rognant sur les dépenses pour respecter les règles d'émission de carbone par exemple, en pratiquant la surpêche d'une espèce de poissons en voie d'extinction, ou en utilisant du plastique dans des emballages et autres produits de consommation comme les pailles et les bouteilles d'eau, etc. Mais si tout le monde adopte le même comportement égoïste, les biens communs seront détruits, aux détriment de tous.

Dans des cas comme celui-là, il faut qu'intervienne une force extérieure, supérieure à chacune des parties, qui parle au nom de toute la communauté. La plupart du temps, c'est le rôle du gouvernement. Pour les générations futures, les gouvernements du monde entier doivent assumer la responsabilité d'établir et d'appliquer des règles justes et scientifiquement rationnelles pour protéger l'air, l'eau, le sol et les ressources naturelles dont dépend la vie humaine.

• *Renforcer les institutions civiles qui favorisent les libertés.* J'ai soutenu que le système capitaliste tel que nous le

1. Expression popularisée par le biologiste Garrett Hardin en 1968, la « tragédie des biens communs » est un phénomène collectif de surexploitation d'une ressource commune. Dans une situation de compétition pour l'accès à une ressource limitée, le conflit entre l'intérêt individuel et le bien commun aboutit à un résultat perdant-perdant.

connaissons est dangereux sans l'émergence d'un secteur nouveau – le social-business – dédié à la résolution des problèmes que nous rencontrons. Cette innovation est motivée par un facteur largement négligé dans l'appréciation du comportement humain : la volonté de résoudre les difficultés de l'humanité de manière désintéressée, avec pour simple récompense la joie et la fierté.

En suivant le même raisonnement, je prétends que notre vision de la société est incomplète. Et qu'elle penche en défaveur de la majorité, si nous nous contentons d'un gouvernement, d'entreprises à but lucratif et de citoyens – ces trois groupes essayant de fonctionner selon les principes de la constitution d'un pays. De ce schéma, une force importante est absente, pourtant essentielle à l'équilibre de tout le système. Cette force, c'est le social-business. Les citoyens peuvent créer du social-business individuellement, collectivement, conjointement avec d'autres entreprises traditionnelles ou de social-business, avec le gouvernement ou des organisations à but non lucratif. (Les entreprises gouvernementales et lucratives peuvent également créer du social-business.)

Les organisations civiles jouent elles aussi un rôle important, en complément des autres éléments clés de la société. Elles peuvent prendre plusieurs formes. Aux États-Unis, par exemple, on trouve des *think tanks* politiques, des groupes de pression et des associations de citoyens ; des ONG dédiées à des causes comme l'environnement, les droits civils, l'éducation, les soins de santé, etc. ; des fédérations professionnelles et des syndicats ; des fondations et des organisations caritatives ; des associations de consommateurs, et bien d'autres.

Ces institutions civiles jouent un rôle essentiel en sensibilisant les gouvernements et les sociétés aux besoins et aux désirs des citoyens. Elles préconisent des changements juridiques et législatifs importants, diffusent des informations vitales, défendent les intérêts de communautés spécifiques lorsque celles-ci sont menacées ; présentent des points de vue différents qui risquent de rester ignorés, dénoncent les actes répréhensibles commis par des représentants de l'État, des chefs d'entreprise et d'autres personnes de pouvoir. Un vaste réseau d'organisations civiles libres, solides et actives permet d'œuvrer en direction d'une bonne gouvernance et du respect des droits de l'homme.

Malheureusement, dans de nombreux pays, la société civile n'est pas aussi libre, forte et active qu'elle devrait l'être. Les gouvernements abusent parfois de leurs pouvoirs pour harceler, restreindre et menacer physiquement les organisations citoyennes. On emploie des agences de renseignement pour contrecarrer l'action de ces organisations et leurs leaders. Des procès sont parfois intentés pour bâillonner ceux qui contestent le gouvernement, et des organisations politiques peuvent mobiliser leurs membres pour intimider ou attaquer ceux dont ils rejettent les opinions. Au fil du temps, les citoyens ordinaires qui se sentent menacés par ces agressions se transforment en spectateurs muets ou s'accommodent des oppresseurs, avec un sentiment d'impuissance.

Si nous voulons une société dans laquelle les droits de l'homme sont respectés et défendus, il faut reconnaître l'importance des organisations civiles et les défendre contre les attaques. De plus, nous devons exiger que les gouvernements s'abstiennent non seulement de saper les fondements de la société civile, mais aussi instituent des règles et des politiques qui la renforcent et lui permettent de se développer.

Les gouvernements doivent remplir tous ces rôles : soutenir les projets d'infrastructures essentiels, tout en minimisant la corruption et le gaspillage, et en impliquant les pauvres dans la planification ; veiller à ce que les besoins fondamentaux en matière d'éducation, de soins de santé et de services financiers soient respectés, y compris pour les pauvres ; assurer un pouvoir judiciaire indépendant, le respect du droit et la liberté de la presse, et protéger l'environnement pour les générations futures. De tels gouvernements sont des modèles à suivre. Si les citoyens du monde exigent ce type de gouvernance dans chaque nation sur la planète, nous ferons un grand pas vers un nouveau système économique, bénéfique pour tous.

Respecter les droits de l'homme : le lien entre la liberté économique et les autres libertés

Il existe un lien intime entre la nécessité d'une bonne gouvernance et la défense des droits de l'homme. L'Histoire montre qu'à long terme on ne peut obtenir l'une sans l'autre. Et la même Histoire affirme également qu'une croissance économique durable, qui profite à chaque citoyen, dépend de ces deux conditions. La liberté et l'éradication de la pauvreté vont de pair. L'humanité finira par obtenir les deux – ou ne bénéficiera d'aucun.

Les turbulences de l'Histoire, combinées au manque de vision, à la peur et à la cupidité, ont abouti au fait que, dans la plupart des sociétés, certains groupes sont relégués à la marge, soit par des lois et des politiques explicites, soit par des pratiques subtiles de discrimination et de préjugés. Membres de communautés ethniques, adeptes religieux, militants politiques, et surtout personnes indigentes – ils sont des millions parmi ces communautés, dont le talent et l'énergie n'ont aucune chance de prospérer.

À travers la longue marche du Temps, des progrès ont été réalisés. L'apartheid sud-africain a été aboli, les abus de Jim Crow[1] dans le sud des États-Unis ont en grande partie été éliminés, les pires pratiques associées au système de castes indiennes sont réfrénées. Mais l'engagement pour la défense des libertés dans le monde est malheureusement fluctuant. En 2017, nous voyons des signes troublants, qui manifestent un rejet du mouvement pour la libération et l'autonomisation de tous les individus. Des groupes nationalistes de droite, qui diabolisent les minorités ethniques et raciales, les immigrants et les réfugiés, gagnent en popularité dans de nombreux pays. La tendance à accorder des droits égaux aux femmes et aux minorités sexuelles est battue en brèche par ceux qui revendiquent une certaine pratique religieuse.

La liberté économique et la croissance sont inextricablement liées aux droits de l'homme et au respect de toutes les personnes. Si l'on désire un système économique qui libère la créativité humaine, réduit les inégalités et permet à chacun de poursuivre ses rêves d'un monde meilleur, on doit défendre les droits de tous.

---

1. Les lois dites de Jim Crow étaient une série d'arrêtés et de règlements promulgués dans les États du sud des États-Unis entre 1876 et 1964, imposant une ségrégation raciale de droit dans les lieux et services publics.

Lorsque des actifs veulent quitter leur emploi ou lorsqu'ils sont invités à se retirer en raison d'une limite d'âge, ils devraient avoir le droit et la possibilité de commencer la phase 2 de leur vie – celle de la liberté. La société devrait rendre cette alternative possible en fournissant du capital-risque pour créer du social-business qui leur permettra de devenir des entrepreneurs indépendants et d'exploiter leurs capacités créatives.

J'ai souligné l'importance de libérer les jeunes du mythe qui prétend que leur vie et leur bonheur dépendent des désirs et des projets de quelques individus particuliers. Selon ce préjugé, ces « créateurs d'emplois » produiraient à eux seuls croissance et prospérité, grâce à leur créativité et leur intelligence.

Je crois qu'il n'existe pas de groupe spécifique d'individus appelés entrepreneurs. Chacun est un entrepreneur potentiel, et tous les jeunes devraient être encouragés à suivre cette voie. Nous pouvons tous être des entrepreneurs et ainsi contribuer à l'épanouissement de l'économie mondiale comme jamais auparavant.

Mais à mesure que croissent les entreprises prospères, qu'elles soient lucratives ou de social-business, elles ont besoin d'employés. Et si notre système économique se veut équitable, libre et juste, alors les droits des employés doivent également être respectés et protégés – au moins jusqu'au jour où tous les employés seront devenus des partenaires dans les entreprises qui les emploient. Garantissons donc aux travailleurs qui choisissent de rester employés la liberté de s'organiser, de s'exprimer, de se réunir, d'accéder aux médias et de voter, afin qu'ils soient en mesure d'exiger des droits aussi élémentaires que des salaires équitables, la sécurité des conditions de travail, des possibilités d'avancement et le contrôle de leurs propres destinées.

Tout le monde comprend que la tyrannie imposée par un gouvernement est mauvaise. Lorsque celui-ci écrase la dissidence et viole les droits des citoyens, la terreur se répand, qui étouffe la créativité, favorise la suspicion et nourrit la haine. Les sociétés bâties sur la répression ne fonctionnent jamais sur le long terme.

Cependant, le problème de la tyrannie imposée par un système économique étroit et tout-puissant est presque aussi dommageable. Lorsque les gens ont peur de dire ce qu'ils pensent parce qu'ils redoutent d'offenser leur patron et de perdre l'emploi qui les nourrit, la créativité s'évanouit.

Les écrivains et les artistes qui dépendent des médias en quête de profits perdent eux-mêmes en audace. Les corporations utilisent le pouvoir du mécénat pour plier les politiques et les lois du gouvernement à leur volonté. Les règlements finissent par être modifiés en fonction des préférences des chefs d'entreprise. Le pouvoir associé à la richesse se concentre de plus en plus entre les mains de quelques-uns.

Les chefs d'entreprise doivent reconnaître leurs responsabilités envers la société et respecter la valeur de l'opinion publique quand ils définissent leurs stratégies. De plus en plus de dirigeants ressentent la nécessité de reformuler le concept d'entreprise, en le libérant de la perspective étroite du profit personnel. Certains d'entre eux adoptent un concept plus large qui repose à égalité sur trois objectifs – les individus, la planète et le profit. Tant que ce concept ne sera pas devenu universel, la tension persistera entre ces trois éléments. Les associations citoyennes doivent être en mesure de protester contre les pratiques des entreprises qui dégradent l'environnement, nuisent aux communautés moins puissantes ou exploitent les travailleurs.

Les chefs d'entreprise devront répondre à ces pressions soit volontairement, soit à travers la confrontation. Dans le cas contraire, ils finiront par payer un lourd tribut, que ce soit sous l'action du gouvernement ou celle de citoyens en colère, face au ressentiment et à la haine que leur comportement génère.

L'amélioration de notre système économique, qui fait l'objet du présent ouvrage, nécessite des changements importants à de nombreux niveaux, depuis nos écoles et collèges jusqu'à nos infrastructures commerciales, depuis notre système financier jusqu'aux lois qui régissent nos sociétés. Certaines mutations ont déjà commencé, comme l'illustrent les histoires que j'ai rapportées. Mais cette transformation ne se concrétisera que lorsque les populations du monde la réclameront, en exigeant le soutien de leurs dirigeants – ce qui implique un engagement envers les pratiques de bonne gouvernance et de protection des droits de l'homme que je viens de décrire.

Si quelqu'un vous dit que ces questions n'ont rien à voir avec l'économie, ignorez-le. Elles ont tout à voir avec l'économie, car elles sont inextricablement liées à la liberté de chacun d'exprimer sa créativité spontanée, sous quelque forme que ce soit. Lorsque chacun aura la capacité de contribuer au bien-être de tous, alors le monde à trois zéros que des millions d'entre nous travaillent déjà à bâtir fera un pas de géant vers sa réalisation.

IV.

UN TREMPLIN VERS L'AVENIR

10.

L'infrastructure juridique et financière dont nous avons besoin

Tout au long de ce livre, j'ai souligné le rôle des individus – entrepreneurs, ménagères, jeunes, chefs d'entreprise, militants communautaires, chercheurs, enseignants – dans la création du nouveau système économique dont notre monde a tant besoin. Je crois fermement que chacun d'entre nous a le pouvoir de réinventer la société. La première étape, la plus importante et peut-être la plus difficile, est de changer notre façon de penser afin d'échapper aux œillères étroites qui conditionnent nos comportements.

Le système capitaliste, cependant, ne fonctionne pas sous vide. C'est un cadre de lois et d'institutions qui rend possible le libéralisme économique. Cela inclut un système juridique qui garantisse le respect des contrats, offre un recours contre la fraude et l'exploitation, et défende le droit de tous à des conditions de travail décentes, des salaires équitables et des possibilités d'avancement. Cela comprend un gouvernement qui canalise une partie des richesses nationales pour construire des infrastructures, éduquer les jeunes, protéger l'environnement, veiller sur la santé publique et défendre le pays contre les ennemis intérieurs ou extérieurs. Et cela implique aussi un système financier qui fournisse comme moyen d'échange une monnaie stable ; rende disponibles pour tous les services bancaires de base, les assurances, l'investissement et d'autres produits ; et établisse des sources de crédit qui facilitent la création et la croissance des entreprises.

Tous ces éléments comptent pour un fonctionnement efficace de notre système. Mais je ne peux m'empêcher aussi de pointer du doigt ses échecs massifs, dus à une raison simple : sa méconnaissance des êtres humains sur deux points. Tout d'abord, notre système présuppose que les individus sont motivés uniquement par leur égoïsme. Deuxièmement, il les considère essentiellement comme des demandeurs d'emploi. Quand les êtres humains seront envisagés d'une manière plus large et plus proche de la réalité, nous obtiendrons le système économique transformé que j'essaie de vous décrire.

Je ne suggère pas de rejeter en bloc un système qui a contribué à produire des percées technologiques, des richesses énormes et une amélioration constante, mais inégale, du niveau de vie dont jouissent les habitants de la planète. Au contraire, je souhaite étendre ce système en remplaçant le vieux monde des affaires formaté et sans alternative par un monde qui soumette au choix des personnes deux types d'entreprises, utilisant ainsi pleinement toutes les forces commerciales en jeu dans la société. Bien entendu, les deux types d'entreprises auxquelles je fais allusion sont d'une part celles qui recherchent l'optimisation des bénéfices, et d'autre part le social-business qui vise à maximiser les avantages produits pour tous. Et je souhaite que nos options de carrière se voient élargies par la reconnaissance du fait que chacun a le potentiel pour devenir entrepreneur – que chacun peut créer ses propres opportunités de travail plutôt que de dépendre de l'offre d'autrui.

Dans ce menu élargi, les gens devraient être libres de choisir l'une ou l'autre option, ou de les mélanger, à leur gré. Le système que je propose n'impose rien à personne. Si les gens préfèrent ne rien choisir, le monde peut continuer avec le système existant. Mais s'il s'avère que de plus en plus de gens choisissent les nouvelles options, nous avons une formidable chance de créer un monde différent, un monde que nous rêvons tous de créer.

Quelles sont les implications de l'introduction du social-business et d'un esprit d'entreprise universel dans le cadre théorique de l'économie ? Cela crée immédiatement un besoin de changement dans tous les aspects du système. Dans ce chapitre, j'esquisserai les différentes manières dont notre cadre juridique et financier doit changer, s'étendre et s'élargir pour tenir compte des réformes urgentes destinées à relever les immenses défis sociaux d'aujourd'hui. Comme je vais l'expliquer, certains de ces changements sont déjà en cours. Mais il reste beaucoup à faire pour les soutenir et les accélérer.

Les problèmes du système juridique et financier actuel

Il n'y a pas de meilleur moment qu'aujourd'hui pour engager une discussion sérieuse sur les réformes que nous devons opérer dans les systèmes juridiques et financiers des pays riches[XXXIX]. Il y a quelques années, en 2008-2009, le monde a connu une grave crise économique, qui a engendré d'incroyables difficultés pour des centaines de millions de personnes. Cette crise fut provoquée par des défaillances dans le fonctionnement juridico-financier de la nation que beaucoup considèrent comme la plus avancée et la plus évoluée de l'Histoire – les États-Unis.

Au cours de cette crise, un certain nombre de banques américaines hautement réglementées ont subi d'énormes pertes, exigeant dans certains cas l'injection de larges fonds gouvernementaux afin d'éviter un effondrement financier. Des sommes considérables d'argent public ont été englouties pour répondre à cette nouvelle responsabilité publique : renflouer les entreprises financières jugées « trop grosses pour faire faillite ». Les causes étaient nombreuses, notamment les pratiques de prêt frauduleuses de la part de certains banquiers. Mais la plupart des experts s'accordent à dire que la raison essentielle fut des failles dans les systèmes de tarification et de négociation utilisés sur le marché des titres, adossés à des créances hypothécaires et d'autres instruments financiers complexes, conçus par les soi-disant petits génies de Wall Street. À cause des interactions complexes créées par ces instruments, lorsque la faiblesse des marchés sous-jacents est apparue, la panique s'est emparée des banquiers et des investisseurs qui se sont soudain rendu compte qu'ils ignoraient la réalité et la valeur réelle de leurs avoirs. À la suite de l'effondrement du marché, des millions de personnes à travers le monde – des individus ordinaires qui n'avaient rien fait de mal – ont souffert. Beaucoup ont perdu leur maison, leur emploi et les modestes possessions acquises au cours de nombreuses années de labeur.

Certains pourraient considérer comme ironique le fait que, alors que s'effondraient les structures financières complexes de Wall Street, avec leur réseau sophistiqué de garanties et protections juridiques, les banques de microfinance fondées sur la confiance comme la Grameen Bank du Bangladesh ont continué à prospérer, nullement touchées par l'instabilité financière qui ébranlait le reste du monde. Idem pour Grameen America, sa version américaine qui venait d'ouvrir la même année à New York, l'épicentre même de la crise financière. Apparemment, l'intégrité et le travail acharné des femmes des villages du Bangladesh et du centre-ville de New York constituent une base plus fiable pour une valeur économique durable que les montages ingénieux des financiers professionnels.

Une situation similaire s'est produite en 1997. Les macroéconomies d'un certain nombre de pays asiatiques ont sévèrement chuté lorsque éclata la bulle des prêts spéculatifs, alors que les organisations de microfinance de ces mêmes pays ont continué de prospérer. Il semble qu'au cours d'une crise économique ces organisations demeurent un îlot de stabilité.

Comme je l'ai expliqué, la Grameen Bank émet des prêts garantis par des arrangements financiers simples, fondés sur la confiance. Aucun document légal n'est impliqué. Nous avons conçu un système sans nantissement, de manière délibérée, car notre intention est de toucher avant tout les plus démunis. Par nécessité, nous avons bâti ce système sans garantie pour assurer le remboursement des emprunts. La Grameen Bank n'a jamais eu besoin d'avocat pour ses recouvrements.

En outre, les clauses commerciales de Grameen sont claires, simples et transparentes. Les taux d'intérêt pour les prêts et l'épargne sont à la disposition de tous sur son site internet (www.grameen.com). Tous les prêts sont destinés à des activités productrices de revenus, pour acquérir un logement ou payer des études, mais jamais pour de la consommation. Le taux d'intérêt de base pour la plupart des prêts commerciaux est de 20 %, selon un mode dégressif et sans capitalisation – un taux inférieur à celui de la microfinance fixé par le gouvernement, qui est de 27 %. Grameen a également accordé des prêts à environ 100 000 mendiants, qu'elle nomme ses « membres en difficulté ». Ces prêts sont proposés sans intérêts ni délai. L'objectif est d'encourager ces membres à renoncer à la mendicité pour devenir des épargnants et des emprunteurs réguliers. Un nombre croissant de ces emprunteurs (environ 18 % au dernier recensement) ont radicalement changé de condition en devenant des vendeurs de porte-à-porte ou en choisissant une autre activité rémunératrice.

De la même façon, la structure de propriété et de gestion de la Grameen Bank est conçue pour promouvoir un système clair de responsabilité et d'ouverture. La banque est détenue à 75 % par les emprunteurs (également appelés membres). Neuf des douze administrateurs sont des femmes emprunteurs, élues par les autres membres de la banque.

Les résultats parlent d'eux-mêmes : la Grameen Bank a constamment bénéficié d'un taux de remboursement de plus de 98 %, même pendant les périodes économiques difficiles. La banque est rentable et autosuffisante et génère suffisamment de revenus pour rester solvable et indépendante grâce à son système simple de prêts, de remboursement et d'épargne. Et, contrairement au système bancaire traditionnel, le microcrédit n'a jamais généré d'incertitudes financières capables d'affecter toute la société et de menacer la stabilité de l'économie nationale ou mondiale.

Compte tenu de ces faits, on s'interroge sur la réelle utilité des contrats juridiques complexes pour les nombreux millions de personnes et les milliers d'institutions impliquées dans l'industrie financière dominante. Selon les statistiques, dans 50 % des récentes saisies de logements aux États-Unis, aucune communication directe n'existait entre l'emprunteur et le prêteur. Tandis que banquiers et emprunteurs de Grameen se rencontrent de visu tous les soirs, au cours des assemblées qui se déroulent dans 80 000 villages à travers le Bangladesh.

Les contrats si complexes, que les personnes ordinaires trouvent impossibles à comprendre, ne représentent pas la base solide d'une relation saine entre les banquiers et leurs clients. Et le pire, c'est que parfois ces contrats deviennent si alambiqués que les banquiers eux-mêmes ont du mal à tout saisir !

Pour régler en partie ce problème, les législateurs dans des pays comme les États-Unis ont créé, avec la meilleure intention, une nouvelle règle exigeant la rédaction en langage clair des principaux termes et conditions de tout accord financier. Pourtant, on est en droit de se demander à quoi servira cette clarification si elle reste noyée dans une masse de documents si longs et complexes que personne n'y comprend rien…

Je ne propose pas d'essayer de simplifier radicalement les lois et les systèmes financiers des pays développés, pour les convertir en de simples engagements de confiance comme à la Grameen Bank. Je dis que le défi juridique et financier consistant à créer un tout nouveau secteur de l'économie fondé sur l'altruisme, le partage et la recherche de bénéfices sociaux n'est peut-être pas aussi complexe et décourageant qu'on pourrait l'imaginer. Lorsqu'on crée une organisation dont la mission n'est pas d'enrichir un individu, mais plutôt d'aider à améliorer l'existence des plus défavorisées, la plupart des gens sont heureux de soutenir cette initiative dans le même esprit d'abnégation. La compétition entre les acteurs du marché devient inutile. Les savants garde-fous pour empêcher les abus sont moins essentiels que dans un monde de maximisation des bénéfices.

Tant qu'une séparation claire existera entre le domaine du social-business et celui de l'activité traditionnelle d'optimisation du profit, les deux pourront prospérer. Et à mesure que de plus en plus de gens se familiarisent avec le concept d'entreprise désintéressée, participent à la création de social-business et bénéficient des avantages ainsi générés, la compréhension d'une économie solidaire va pouvoir se répandre. Cela permettra aux gens de travailler plus facilement dans un esprit de confiance mutuelle, sans la nécessité de contrats élaborés pour contrôler leurs interactions.

Comment la profession juridique peut aider

Ce qui rend si précieux le modèle Grameen fondé sur la confiance, c'est qu'il crée du capital humain, familial et social en aidant les pauvres, en particulier les femmes, à s'entraider d'une manière volontaire et professionnelle qui crée le respect, l'estime de soi et l'esprit de communauté. Nous ne pouvons sans doute pas appliquer directement ce principe à toutes les interactions économiques. Du moins, pas encore. Mais les professionnels du domaine juridique peuvent commencer à prendre des mesures qui aideront à diffuser ce modèle dans d'autres secteurs de la société. De cette manière, ils ouvriront la voie à une modification des lois, dont nous finirons par avoir besoin pour soutenir le nouveau système économique que nous avons commencé à construire.

Voici quelques idées sur lesquelles les avocats qui partagent notre vision peuvent se concentrer :

• *Simplifier les lois qui régissent les programmes de microfinance.* Je préconise depuis des années de créer de nouvelles lois bancaires pour permettre la mise en place de banques pour les pauvres, contrairement aux lois actuelles qui s'appliquent à créer des banques pour les riches. Il ne sera pas très utile de procéder à du patchwork sur les lois existantes pour autoriser des prêts non garantis à des clients sans banque – surtout lorsqu'on considère la masse des « sans-compte ».

J'essaie de plaider cette cause en soulignant que les services financiers sont l'oxygène de la survie économique de chacun. Cet oxygène est dispensé de manière extrêmement généreuse aux personnes les plus privilégiées, ou plutôt, ces personnes profitent d'une sorte d'incendie économique qui aspire presque tout l'oxygène disponible. C'est de cette façon que le système financier contribue à l'extrême concentration des richesses dans le monde.

Pendant ce temps, malgré les progrès réalisés dans la conception et la prestation de services financiers, l'oxygène économique n'atteint pas plus de la moitié de la population mondiale. En conséquence, des centaines de millions de personnes sont contraintes à une existence extrêmement précaire. Donnez-leur de l'oxygène, et vous verrez à quel point elles sont vivantes et en bonne santé économique !

Ainsi, le microcrédit ne se contente pas d'accorder des prêts modiques aux femmes pauvres. C'est un défi pour l'ensemble du système financier. La Grameen Bank accomplit tout ce que les banquiers traditionnels considéraient comme impossible. La vérité toute simple est que, si vous prenez la même route, vous atteindrez la même destination. Si vous souhaitez changer de destination, vous devrez trouver une nouvelle route. Et si cette nouvelle route n'existe pas, vous devrez la construire. Dans le système financier actuel, la route est devenue la fin, au lieu d'être le moyen – un chemin dont on a oublié la destination.

Partout dans le monde, des lois plus simples sont nécessaires pour permettre aux programmes de microfinance de recevoir l'épargne de tous et de prêter de l'argent aux pauvres. C'est réalisable si l'on accorde des licences bancaires limitées aux ONG qui exploitent des organismes de microcrédit. Dans de nombreuses juridictions, cette pratique de bon sens n'est pas autorisée. La bonne réglementation devrait autoriser un organisme de microfinance à se développer grâce à la mobilisation de l'épargne – l'étape la plus importante dans l'expansion de la microfinance à l'échelle mondiale.

À court terme, nous n'aurons peut-être pas besoin d'attendre que le gouvernement adopte une loi entièrement nouvelle régissant la microfinance. Tout en multipliant les efforts pour obtenir cette nouvelle législation, on pourrait adapter les lois existantes pour différents types d'institutions financières afin de mieux soutenir la diffusion du microcrédit et renforcer les installations actuelles. Par exemple, la Banque de réserve de l'Inde, la banque centrale du pays, délivre actuellement aux institutions de microfinance qui réussissent en tant qu'organisations à but non lucratif, des licences bancaires limitées qui leur permettront de devenir des banques de microfinance à part entière. Pendant de nombreuses années, j'ai proposé cette mesure aux autorités financières indiennes, je suis donc très heureux qu'elle ait finalement vu le jour. Cependant, j'encourage les autorités à surveiller de près ces nouvelles banques de microfinance, afin de s'assurer qu'elles ne perdent pas leur caractère fondamental une fois qu'elles ont accès à des fonds plus importants et donc aux opportunités qui vont de pair.

En règle générale, la meilleure option serait que les autorités nationales créent de nouvelles lois exclusivement pour la création de banques de microfinance à destination des personnes à faibles revenus.

• *Limiter les règlements qui découragent l'esprit d'entreprise à petite échelle.* Aux États-Unis en particulier, de nombreux entrepreneurs à faibles revenus constatent que le lancement et la gestion d'une petite entreprise se heurtent à des lois prévues ou conçues initialement pour de plus grandes sociétés. En Louisiane, par exemple, une personne ne peut pas composer et vendre des bouquets de plus d'une variété de fleurs dans un même vase, sans avoir à passer un examen pour obtenir une licence d'État[XL]. Cette réglementation décourage les nouveaux entrepreneurs, réduit la concurrence et maintient élevé le coût des compositions florales – voilà un exemple des centaines de règles gouvernementales qui compliquent la création des petites entreprises sans offrir d'avantages compensatoires. Les règles pourraient être modifiées pour rendre cette licence optionnelle et facultative, permettant aux acheteurs de décider s'ils veulent des bouquets composés par un entrepreneur agréé ou non.

Naturellement, il est important de vérifier qu'on n'affaiblit pas les règles nécessaires à la protection du public, la préservation de l'environnement et la prévention contre la fraude. Les législateurs devraient envisager de nommer des médiateurs ou des commissions spéciales qui vérifieraient le code existant et solliciteraient l'avis d'experts impartiaux au sujet des règlements qui pourraient être abrogés ou simplifiés.

• *Fournir aux pauvres des dérogations réglementaires.* Les personnes très pauvres engagées dans l'entrepreneuriat devraient bénéficier de dérogations permettant de minimiser l'impact de lois qui n'ont pas été conçues pour elles. J'ai vu dans de nombreux pays – davantage dans les pays riches – comment les réglementations empêchent les pauvres et les jeunes de créer leur entreprise. Un tel programme de dérogation équivaudrait aux zones franches généralement établies pour réduire les charges fiscales dans les localités où les besoins économiques sont les plus importants. De la même manière, nous devrions créer des zones franches dérégulées, où pauvres et jeunes pourraient trouver leur autonomie en gagnant leur vie. Bien sûr, ce type de programmes ne devrait pas compromettre les règles essentielles touchant à la sécurité et la protection de l'environnement.

• *Concevoir des lois sur l'aide sociale et les soins de santé afin d'encourager l'indépendance individuelle.* Les programmes gouvernementaux qui fournissent un filet de sécurité pour les pauvres souvent mal conçu encouragent davantage la dépendance que l'indépendance. Par exemple, ils limitent souvent fortement l'argent qu'une personne à faibles revenus peut économiser ou gagner tout en restant éligible à l'aide gouvernementale en matière de nourriture, de logement ou de soins de santé. Des changements de politique judicieux devraient permettre d'aider les gens à acquérir un respect de soi et une indépendance, tout en prenant soin d'eux-mêmes à travers des activités rémunératrices. Les subventions devraient diminuer progressivement, par étapes plutôt qu'en une seule fois, lorsqu'un seuil donné de revenus est atteint. Cela encouragera les bénéficiaires de l'aide sociale à tester les étapes avant de se transformer en entrepreneurs, dans la perspective finale de sortir de l'assistanat social.

Pourquoi ne pas créer des lois fiscales pour accorder des privilèges fiscaux spéciaux au social-business ? Cette mesure encouragerait-elle la propagation de ce nouveau type d'entreprise ?

Dans le système économique actuel, les entreprises de social-business occupent un curieux statut intérimaire. Elles ne correspondent pas clairement à l'une ou l'autre des deux catégories principales : les entreprises traditionnelles et les organisations à but non lucratif. À l'instar des premières, elles tombent sous le coup des lois commerciales, elles ont des propriétaires, sont financièrement durables, ont des clients qui achètent des biens ou des services et remboursent aux investisseurs leur capital au fil du temps. En outre, comme les organisations à but non lucratif, les entreprises de social-business se consacrent exclusivement au bien-être des gens et de la planète, elles ne cherchent pas à maximiser les bénéfices, ne servent pas non plus à générer de la richesse pour leurs propriétaires. Elles sont non lucratives dans la mesure où elles visent le meilleur service – mais de manière commerciale. Cela crée une différence majeure avec les organisations caritatives. Une donation philanthropique ne servira qu'une seule fois, alors qu'une somme investie dans du social-business se recycle à l'infini.

Dans ce contexte compliqué, certains soutiennent qu'étant donné que les lois actuelles offrent des avantages fiscaux aux organismes caritatifs, de nouvelles lois fiscales sont nécessaires pour permettre au social-business de bénéficier du même régime. Personnellement, je ne suis pas d'accord avec cette proposition. La raison principale est que je veux éviter le dévoiement du social-business par des personnes sans scrupule, qui peuvent habilement dissimuler leurs profits personnels dans leurs entreprises et les présenter comme du social-business aux autorités afin de réclamer des avantages fiscaux. Si de telles exonérations fiscales sont autorisées, je crains que ce ne soit une invitation ouverte à créer de fausses entreprises de social-business. Et cela finirait par créer une situation propice aux impostures. Les responsables de la fiscalité chargés de décider quelles entreprises relèvent du social-business se retrouveraient avec un pouvoir discrétionnaire, ce qui ouvrirait la voie vers la corruption.

Par conséquent, afin de garantir la transparence et de protéger l'intégrité du social-business, je pense qu'il est important que ce type d'entreprise soit couvert par les mêmes lois fiscales que les entreprises conventionnelles. Le social-business étant fondé sur l'altruisme des gens, laissez-les fonctionner sur ce principe sans y être incités par des exonérations fiscales.

• *Simplifier les systèmes de visa, d'immigration et de passeport pour encourager les voyages à l'international.* Les systèmes actuels qui restreignent la liberté de voyager dans le monde sont une source prodigieuse de frustration, de temps et de ressources gaspillés. Parmi ceux qui souffrent le plus de ces obstacles bureaucratiques, on retrouve les pauvres et les jeunes – notamment les jeunes Bangladais souhaitant partir à l'étranger à la recherche d'opportunités de formation, de moyens de subsistance décents et d'un avenir meilleur.

Il est intéressant de noter que, jusqu'à environ une centaine d'années, l'exigence de visas pour traverser les frontières internationales n'existait même pas. Lorsque les citoyens des grandes puissances coloniales se déplaçaient dans le monde, ils n'avaient nul besoin de passeport ni de visa. Les visas sont devenus nécessaires pendant la Première Guerre mondiale. Après la Seconde Guerre, lorsque les Européens ont lancé la grande idée de l'Union européenne (UE), on a assisté à un grand retour au monde sans visa d'autrefois. L'ouverture des frontières séparant les pays de l'UE a permis des voyages gratuits et sans entraves au sein de l'Europe. Au lieu de l'inverser, nous devons accélérer cette évolution.

Les récentes mesures du gouvernement des États-Unis pour rendre encore plus difficiles les voyages à l'international ne feront qu'éliminer l'une des rares sources d'espoir dont bénéficient les personnes démunies. Ce blocage ne laissera guère d'options aux pauvres du monde, hormis celle de laisser éclater leur colère en masse. Nous devons lutter pour la libre circulation des personnes entre les différentes nations – c'est une étape importante vers un monde où les richesses et les opportunités seront réparties plus équitablement entre tous.

Vous aurez pu constater que toutes mes suggestions juridiques ont un point commun. Toutes proposent des dispositifs pour balayer les obstacles qui empêchent les personnes et les communautés de développer leurs atouts au maximum. Mon reproche fondamental contre l'économie dominante est qu'elle emprisonne les gens dans un système qui les contraint. Ceux qui forgent nos lois – fonctionnaires de l'État, avocats, politiciens, militants communautaires, etc. – devraient examiner de près la façon dont le cadre économique et juridique actuel limite la liberté des individus, en particulier des pauvres, et les empêche de tirer le meilleur parti de leurs talents. Enfermer les personnes démunies derrière des murs juridiques et des restrictions réglementaires ne les a jamais aidées à s'extraire de la pauvreté.

D'où viendra l'argent ?

C'était l'une des questions les plus récurrentes que l'on me posait lorsque j'ai commencé à parler du social-business : « D'où viendra le financement nécessaire ? » Aujourd'hui, avec des milliers d'entreprises de social-business en activité, financées par des sociétés privées, des organisations à but non lucratif, des investisseurs et des entrepreneurs individuels, il apparaît de plus en plus que de nombreuses personnes ou institutions sont désireuses de soutenir de tels projets.

Pourtant, la question persiste. Parfois, elle prend une autre forme : « Tant de programmes gouvernementaux d'aide contre la pauvreté manquent cruellement de fonds actuellement ! Comment pouvez-vous amener les gens à financer des entreprises conçues pour aider ces mêmes pauvres ? »

La question semble supposer que nous vivons dans un monde où les ressources sont difficiles à trouver. Mais c'est faux, regardez autour de vous ! Les budgets gouvernementaux représentent des centaines de milliards de dollars et sont en constante augmentation. Les crédits alloués à l'Armée et à l'armement progressent dans le monde entier. Sur tous les continents, dans les villes, émergent des gratte-ciel géants, qui seront occupés par des entreprises prospères ou de riches particuliers. Sur les places boursières, la cote des entreprises ne cesse d'atteindre de nouveaux sommets. Les marchés financiers internationaux sont actuellement inondés de « liquidités » estimées à 210 milliards de dollars[1] d'investissement, dont une grande partie circule constamment d'un propriétaire à l'autre en quête d'une croissance encore plus grande.

L'argent ne manque pas. Il coule à flots. Les pauvres sont les seuls à ne pas en bénéficier. Le monde a créé une série de bulles pleines de gens qui ignorent ce qui se passe dans les

1. Environ 180 milliards d'euros.

bulles inférieures. La bulle la plus élevée est celle où toutes les richesses sont concentrées, tandis que la bulle la plus basse rassemble l'immense majorité des gens aux revenus modestes. Au fil du temps, la bulle supérieure contient de moins en moins de gens et de plus en plus de richesses, poussant le monopole à l'extrême.

Les réformes du système économique que j'ai décrites dans ce livre visent à changer tout cela. Pour initier ces changements, il nous faut rediriger une partie des vastes flux d'argent qui existent déjà dans le monde vers des entreprises conçues pour résoudre nos plus grands problèmes, notamment aider les pauvres à faire un usage productif de leurs talents et ressources personnels. Au long terme, cette réorientation du flux transformera le déséquilibre indécent dont nous souffrons aujourd'hui en un monde où régnera une plus grande égalité économique et où tout le monde pourra accéder à ces flots d'argent pour y boire et arroser les jardins du futur, afin d'y faire germer les graines de la bonne croissance.

La Grameen Bank a été pionnière dans l'effort pour détourner une petite quantité d'eau financière vers les pauvres, afin qu'ils puissent prendre leur part et devenir financièrement actifs et créatifs. Avec le développement du social-business, d'autres aqueducs financiers commencent à se créer pour alimenter en argent les individus et les organisations qui s'engagent pour résoudre les problèmes du monde.

Il n'est pas difficile de déterminer d'où pourraient venir les fonds pour autoriser un tel effort. Voici un exemple : nous connaissons déjà les noms et les revenus des huit personnes les plus riches. Si ces hyper-riches acceptaient de reverser la moitié de leurs richesses au profit du monde, le flux d'argent changerait immédiatement de direction.

Je vous entends objecter : « Comment pouvons-nous persuader ces huit personnes au sommet de la pyramide de donner autant de leur incroyable fortune ? » Étonnamment, ce n'est pas un problème. Nous n'avons pas besoin de les persuader. Elles ont déjà décidé de le faire ! Tous les huit ont signé le *Giving Pledge*[1], par lequel ils promettent de donner la moitié de leur richesse pour une œuvre caritative après leur décès. (Depuis la mi-2016, le nombre de donateurs a dépassé 150, et davantage de signataires continuent à rejoindre la liste[XLI].)

L'un de ces huit milliardaires les plus riches est Mark Zuckerberg, fondateur et P-DG de Facebook. En 2015, lorsque son premier enfant est né (une fille prénommée Max), Zuckerberg a publié une déclaration officielle annonçant le projet d'un don caritatif de 99 % de ses parts de Facebook, soit l'essentiel de sa fortune personnelle. La déclaration fut accompagnée d'un dépôt auprès de la *Securities and Exchange Commission*[2], qui officialisa le cadeau. Quelle était la motivation de Zuckerberg ? Il s'en est expliqué : il veut utiliser son argent pour aider à créer un monde meilleur pour sa fille, plutôt que de lui laisser en héritage une humanité souffrant des pires fléaux[XLII].

L'existence du *Giving Pledge*, et sa popularité parmi les plus riches du monde, est un excellent signe. Maintenant, tout ce que nous devons faire, c'est les convaincre

1. Littéralement : promesse de don.

2. L'organisme fédéral américain de réglementation et de contrôle des marchés financiers.

qu'au moins une partie de cet argent soit utilisée pour le social-business. S'ils acceptent, toutes les entreprises de social-business que nous pourrons créer dans le monde bénéficieront de ressources illimitées. L'argent ainsi investi ne disparaîtra jamais ; bien au contraire, il continuera de circuler et de croître à mesure que les entreprises de social-business se développeront et se multiplieront. En attendant ce jour, tous les autres signataires présents et futurs de cette promesse de don peuvent être encouragés à inclure le social-business dans leur engagement.

Je voudrais souligner ici un point important : il ne faut pas nécessairement être un milliardaire pour faire son propre *Giving Pledge*. Tout le monde peut le faire. J'invite tous les individus à créer leur propre fonds en social-business, à investir la moitié ou plus de leur richesse personnelle dans du social-business pendant la phase 2 de leur vie (tout en gardant suffisamment d'économies pour parer à tout besoin personnel). Vous pouvez rester le P-DG de votre fonds de social-business aussi longtemps que vous vivez, et même toucher un salaire de gestionnaire.

Les gens me demandent souvent : « Qu'est-ce qui peut inciter un individu à mettre de l'argent dans une entreprise de social-business ou un fonds de social-business ? » La réponse est simple : faire de l'argent rend heureux, mais rendre les autres heureux est un bonheur supérieur ! Une fois que vous avez goûté à ce bonheur-là, vous ne pourrez vous empêcher d'en vouloir toujours plus.

Tout autre type de fonds d'investissement peut également contribuer au développement du social-business. Imaginez si tous les fonds de retraite, les fonds de pension, les bas de laine, les bourses universitaires et tous les autres fonds s'engageaient à investir 1 % de leurs actifs dans une fondation de social-business. Songez à ce qui pourrait changer dans le monde !

Des pays donateurs peuvent également repenser leurs politiques d'aide au développement. Ils peuvent créer leurs propres fondations ou fonds de social-business dans chaque pays bénéficiaire et y investir au moins la moitié de leurs fonds de subvention.

Dans les circonstances actuelles, comment pourrait-on croire que l'on manque d'argent pour le social-business ?

Certains soutiennent que c'est le travail du gouvernement de créer des organisations pour venir au secours des pauvres, dont les banques de microcrédit qui leur fournissent des services financiers. Je m'oppose formellement à cette idée. Je ferais très attention à l'utilisation de l'argent du gouvernement pour tout social-business axé sur le prêt d'argent aux personnes à faibles revenus. Par exemple, je ne recommanderais pas aux gouvernements de s'impliquer dans la gestion de banques ou programmes de microcrédit. Il est extrêmement difficile pour une institution politique de recouvrer l'argent qu'elle a prêté aux pauvres. Même lorsque ceux-ci sont désireux et capables de rembourser – ce qui est habituellement le cas –, exiger leur remboursement est souvent politiquement improductif pour les gouvernements. Les citoyens sont amenés à croire que l'État est responsable du soin apporté aux pauvres et aux personnes défavorisées. C'est une obligation gouvernementale. Par conséquent, lorsqu'une agence d'État exige le remboursement de prêts, cela semble incompatible avec ses responsabilités, ce qui rend les pauvres réticents à s'exécuter. En outre, étant donné que les gouvernements sont dirigés par des politiciens, ils ont tendance à être plus intéressés par obtenir le suffrage des bénéficiaires plutôt que de récupérer l'argent. En conclusion, la loyauté à rembourser un prêt ou un investissement tend à se perdre lorsqu'il provient d'un programme gouvernemental.

À l'exception des programmes de prêts, les gouvernements peuvent aborder les problèmes sociaux de manière plus efficace par le biais du social-business que par l'intermédiaire d'organisations caritatives ou d'entreprises commerciales détenues par l'État. La condition essentielle est que chaque social-business soit exploité comme une société indépendante et autonome, créée dans le respect du droit des entreprises et contrôlée uniquement par son conseil d'administration. Tous les membres du personnel devraient être légalement considérés comme des employés de l'entreprise, et non des employés du gouvernement. Tout bénéfice devrait être réinvesti dans le social-business qui les génère ou investi dans d'autres entreprises de ce type. À l'instar de toutes les autres entreprises sociales, le social-business lancé dans le cadre des investissements gouvernementaux devrait avoir le pouvoir de se développer et, au besoin, de se réorganiser afin d'atteindre les objectifs sociaux pour lesquels il a été créé.

Plutôt que d'opérer en tant qu'organismes gouvernementaux, les infrastructures possédées par le gouvernement pourraient également être conçues comme du social-business. Entreprises, industries, compagnies aériennes, aéroports, chemins de fer, compagnies d'énergie, mines et autres industries publiques, propriété de l'État, peuvent être conçus et exploités comme des social-business. Les gouvernements peuvent créer des coentreprises de social-business avec des compagnies privées lucratives et des entreprises privées de social-business.

Le soutien que le gouvernement apporte à la structure du social-business générera de nombreux avantages. En tant que propriétaires de social-business, les organismes gouvernementaux qui fournissent les fonds d'investissement récupéreront leur mise, économisant ainsi de l'argent pour les contribuables. Les détails financiers de chacun de ces social-business devront être rendus publics, permettant d'assurer aux citoyens que ces entreprises sont exemptes de corruption et que les avantages sociaux pour lesquels elles ont été fondées sont bel et bien fournis.

Créer des structures financières capables de favoriser la réforme économique

Comme je l'ai déjà indiqué, la création de fonds spéciaux est un outil puissant pour canaliser l'argent et l'investir dans des social-business de toutes sortes. Un fonds de social-business ressemble à tout autre fonds d'investissement conventionnel, intéressé aux bénéfices et géré par une équipe expérimentée. Le gestionnaire de fonds choisit les entreprises rentables et surveille attentivement leurs résultats. Étant donné qu'un fonds de social-business ne peut pas tirer profit des entreprises qu'il finance, il doit leur facturer des frais de service pour couvrir ses coûts. Cependant, son objectif n'est pas de générer de grands bénéfices privés, mais bien de soutenir les entreprises qui génèrent de grands bénéfices sociaux. L'investisseur en social-business bénéficie de l'expertise et de l'attention des gestionnaires, en sachant que son argent soutient toute une gamme d'entreprises qui font le bien à travers le monde.

L'un des premiers fonds de social-business a été créé par le Crédit agricole, une banque ancienne et distinguée en France, créée à l'origine pour répondre aux besoins des agriculteurs à travers un réseau de banques coopératives régionales et locales. Aujourd'hui, c'est l'une des sociétés de services financiers diversifiés les plus importantes en France.

Autrefois cadre dirigeant chargé des affaires européennes au Crédit agricole, Jean-Luc Perron s'est intéressé au microcrédit en 2006. Il a ensuite découvert que Georges Pauget, alors P-DG du Crédit agricole, était également un fervent partisan de l'idée que la banque devrait jouer un rôle actif dans la promotion du microcrédit comme outil d'éradication de la pauvreté. Perron a alors proposé un plan d'action de la part de la banque. Dans le cadre de la mise en œuvre de ce plan, Perron et Pauget ont décidé de visiter le Bangladesh pendant plusieurs jours en juillet 2007, pour comprendre le fonctionnement sur place de la Grameen Bank et demander à celle-ci de s'associer à l'initiative du Crédit agricole.

Au Bangladesh, ils ont visité les campagnes, constaté comment les filiales de la Grameen Bank fonctionnent, avant de venir me demander de les aider. Après avoir élaboré les règles de base de notre collaboration, nous avons convenu de travailler à l'échelle mondiale. C'est ainsi que le Crédit agricole a lancé une fondation, conjointement avec Grameen Trust, sous le nom de Grameen Crédit agricole Microfinance Foundation (GCA). L'objectif était de financer les programmes de microfinance qui ne parvenaient pas à développer leurs activités en raison du manque de fonds. Le Crédit agricole a doté cette fondation de 50 millions d'euros, et Jean-Luc Perron est en devenu le délégué général.

Aujourd'hui, GCA soutient une cinquantaine de programmes de microfinance dans vingt-sept pays du monde en développement, en particulier sur le continent africain. En 2012, la fondation a ajouté un nouveau programme d'aide au social-business, sous la forme d'un fonds spécifique.

Le fonds lui-même est conçu comme une entreprise de social-business. Son objectif est de lever du financement auprès d'investisseurs intéressés par les projets sociaux, y compris la Fondation elle-même. Les gestionnaires du fonds choisissent ensuite les entreprises de social-business dans lesquelles investir, après estimation de la durabilité des candidates et des avantages sociaux créés. Le fonds leur offre également une assistance technique.

Perron explique que le fonds s'est développé avec prudence, en étudiant attentivement les investissements potentiels et en ne choisissant que les entreprises les plus prometteuses. « Investir dans le social-business est plus difficile et un peu plus risqué que d'investir dans le microcrédit, précise-t-il. Le microcrédit est une procédure financière bien établie, éprouvée grâce à une vaste expérience. En revanche, chaque nouveau social-business est unique ! Donc, nous consacrons beaucoup de temps à travailler avec les créateurs de l'entreprise avant de décider de leur offrir ou non notre soutien. »

Au début de 2017, le fonds de social-business de GCA a investi dans 15 entreprises, impliquées dans les secteurs de la santé, de l'agriculture, des énergies renouvelables et de la culture. En voici quelques exemples :

- La Laiterie du Berger, qui collecte du lait chez les éleveurs fulani[1] dans le nord du Sénégal et le transforme en yaourt et d'autres produits, vendus sous la marque Dolima.
- Green Village Ventures, qui fournit un accès à l'énergie solaire aux ménages ruraux de l'Uttar Pradesh, l'une des régions les plus pauvres de l'Inde.
- Phare Performing Social Enterprise, une société cambodgienne qui exploite un cirque haut de gamme à Siem Reap et présente des spectacles inspirés par l'art circassien contemporain et par les arts traditionnels de la culture cambodgienne. Elle emploie une troupe de soixante artistes, issus de familles défavorisées et formés par Phare Ponleu Selpak, une ONG dédiée à ce projet.

Entre autres entreprises de social-business, GCA soutient également Agriculture and Climate Risk Enterprise Ltd. (ACRE), une société basée en Afrique, qui propose aux petits agriculteurs une assurance-récolte, que j'ai déjà présentée au chapitre 8.

L'entreprise Danone s'est aussi impliquée dans le financement des social-business. J'ai expliqué au chapitre 3 comment le président du conseil d'administration et P-DG de Danone, Franck Riboud, s'est intéressé au concept et a lancé la première co-entreprise de social-business – Grameen Danone Foods, qui fournit du yaourt enrichi en micronutriments aux familles pauvres du Bangladesh.

1. Peuls.

Les actionnaires et les employés de Danone étaient tellement enthousiastes à l'idée de participer à la création de ce nouveau type d'activité que Danone a décidé de saisir l'occasion pour étendre son soutien au social-business de manière institutionnelle.

Le résultat s'appelle Danone Communities, un fonds dédié à l'investissement dans le social-business. Les actionnaires et les salariés de Danone ont versé une somme initiale de 65 millions d'euros pour la recherche. Maintenant, le fonds continue d'être alimenté par des employés de Danone, aussi bien que par des volontaires extérieurs. À l'heure actuelle, le fonds investit 90 % de ses actifs dans des titres à revenu fixe (obligations), qui génèrent des revenus de placement traditionnels. Les 10 % restants sont investis dans un fonds de capital-risque, qui soutient les entreprises de social-business. Les investissements actuels du fonds Danone Communities soutiennent les compagnies suivantes :

• NutriGo, une société qui lutte contre la malnutrition infantile en Chine par le biais de ventes de YingYangBao, un complément alimentaire enrichi ;

• Naandi Community Water Services, qui met une eau potable, sûre et abordable à la disposition des communautés pauvres en Inde ;

• Isomir, une société française qui crée de petits ateliers de transformation des aliments qui peuvent être exploités par des groupes d'agriculteurs locaux, offrant un revenu supplémentaire à ceux qui peinent à se maintenir à flot.

À l'instar de GCA, le fonds Danone Communities fournit aux entreprises qu'il soutient de l'expertise et des conseils, notamment de la part des spécialistes de la nutrition, de la production et du marketing de chez Danone.

D'autres fonds de social-business ont été lancés dans le monde entier. Chacun opère à sa façon, en investissant dans une sélection d'entreprises dans un ou plusieurs pays de leur choix et en trouvant des financements auprès de particuliers ou d'organisations désireuses de participer à la nouvelle économie en cours de construction.

Chaque fonds de social-business a sa propre histoire unique. Voici celle de l'un d'entre eux.

En 2010, au cours d'une conférence que je donnais à Bombay en Inde, j'ai expliqué, entre autres choses, comment le social-business peut être stimulé par les facilités de financement offertes par la création d'un fonds dédié. Alors que je quittais la scène, un inconnu m'a arrêté pour me poser une question : « D'après vous, quelle devrait être la taille minimale d'un fonds de social-business en Inde ? » J'ai aussitôt répondu : « Il faudrait commencer par au moins un million de dollars[1]. » L'homme a hoché la tête et m'a accompagné vers la sortie de l'hôtel, tout en me posant d'autres questions sur le fonctionnement d'un fonds de social-business. Quand je suis arrivé devant les portes, il m'a serré la main en disant : « Au revoir, professeur Yunus, et merci. Je vais lancer un fonds de social-business pour l'Inde. »

Je lui ai souhaité bonne chance, mais sans vraiment le prendre au sérieux. Je me disais que son plan était né dans un moment d'inspiration et que son enthousiasme risquait de s'évanouir face aux réalités commerciales. Je pensais que

1. Environ 850 000 euros.

son vœu ne survivrait pas au défi de devoir d'abord lever des fonds.

J'avais tort. Dans le mois qui suivit, je fus stupéfait de recevoir une lettre de S. K. Shelgikar, l'homme avec qui j'avais bavardé à Bombay. Il s'est révélé être un expert en finances et en investissements. Sa lettre m'informait qu'un fonds de social-business, doté d'un million de dollars en provenance de sa fortune personnelle, était prêt à être enregistré à Bombay. Il voulait ma permission pour l'appeler Yunus Social Business Fund Bombay. J'ai accepté. Depuis les sept dernières années, le fonds est opérationnel et soutient les entreprises de social-business basées à Bombay, grâce à M. Shelgikar.

D'autres fonds de social-business continuent de voir le jour. Par exemple, un Fonds Yunus de social-business a été créé à Bengaluru, en Inde, en 2016. Il a prévu de commencer par soutenir quatre ou cinq entreprises de social-business dans des secteurs tels que l'éducation, les soins de santé, le logement et l'éducation, avec des investissements d'environ 75 000 dollars[1] chacun. Il a été lancé par Vinatha Reddy, qui a fondé Grameen Koota, une réplique de la Grameen Bank dans les premières années de la microfinance en Inde, et par Suresh Krishna, P-DG de Grameen Koota, grâce au financement de la fondation familiale de Vinatha.

Aux États-Unis, le Grameen America Social Business Fund a été créé en 2016 avec le soutien financier initial de la Fondation Sara Blakely, du nom de l'entrepreneure qui a créé Spanx, Inc. Ce fonds aide les femmes créatrices de

1. Plus de 64 000 euros.

social-business dans les villes et communautés des États-Unis.

Yunus Social Business a également créé des fonds de social-business dans les pays où elle opère. D'autres fonds de ce type sont déjà actifs ou en cours de création dans les pays du monde entier, de l'Europe à l'Asie et de l'Amérique latine à l'Afrique.

Les gouvernements peuvent créer des fonds de social-business de différentes sortes. Par exemple, un fonds peut se spécialiser dans un domaine d'intérêt particulier, comme l'environnement, la pauvreté, l'esprit d'entreprise, l'agriculture ou les soins de santé. Les gouvernements peuvent également créer des fonds de social-business locaux ou régionaux pour soutenir des zones aux besoins spécifiques. L'argent à destination de ces fonds peut inclure des mises de lancement fournies par le gouvernement, ainsi que par les bénéfices des social-business déjà existants, appartenant au gouvernement, et réinjectés pour soutenir de nouvelles entreprises de social-business.

Les pays donateurs qui soutiennent le développement mondial peuvent créer un fonds de social-business dans chaque pays où ils opèrent, en faisant don d'une partie de leurs subventions. Le fonds peut investir dans les domaines prioritaires que le donateur aura choisis. Chaque entreprise ainsi créée aura une existence durable, puisque l'argent des donateurs revient au fonds pour être investi plusieurs fois dans l'avenir, au lieu de disparaître après un usage unique, comme c'est le cas avec les dons caritatifs. Les bailleurs de fonds peuvent encourager les entreprises locales et les compagnies internationales – en particulier celles dont le siège social est dans leur propre pays – à créer des social-business en co-entrepreneuriat avec le fonds. Les entreprises peuvent également contribuer à accroître la capacité du fonds en fournissant de l'expérience, de la technologie et des compétences en gestion.

Les fonds de social-business ne sont pas la seule forme de financement que les innovateurs développent pour promouvoir le changement de l'économie mondiale. Un certain nombre d'expériences sont également en cours, illustrant à la fois la demande importante de financement de la part des entreprises de social-business et les possibilités nouvelles qui existent pour canaliser certaines des ressources financières mondiales en direction de ce secteur dynamique et en pleine croissance.

La Social Success Note en est un exemple. Il s'agit d'une nouvelle structure ingénieuse destinée au financement du social-business et récemment développée par une équipe de créateurs d'instruments financiers innovants de Yunus Social Business (YSB) et de la Fondation Rockefeller. La Social Success Note peut être considérée comme une variation du mécanisme connu sous le nom de « financement basé sur les résultats » (FBR). Selon ce système, une agence gouvernementale ou une organisation caritative souscrit des prêts d'investisseurs privés à destination d'une organisation à but non lucratif qui lance un projet avec un objectif social déterminé. Si le programme créé par l'organisation répond aux objectifs de rendement convenus, le gouvernement fournira des fonds qui permettront un rendement similaire aux prêts. Cette stratégie a été utilisée avec succès pour lever des fonds vers des programmes sociaux d'investisseurs privés comme Goldman Sachs.

Social Success Note (SSN) offre une nouvelle orientation de cette approche. Elle implique un travail d'équipe entre trois acteurs : une entreprise de social-business, un investisseur et un donateur philanthropique, tel qu'une fondation. L'investisseur fournit un financement sous la forme d'un prêt à l'entreprise de social-business pour un but social particulier et bien déterminé – par exemple, construire des logements pour des sans-abri ou procurer une assurance-maladie à des familles nécessiteuses. Le social-business est responsable du remboursement du prêt. Mais s'il atteint l'objectif prédéterminé au bout du délai convenu, le donateur philanthropique ajoutera un « paiement d'impact » lors du remboursement à l'investisseur. Comme je l'ai noté dans un article de *Bloomberg View*, SSN crée un scénario « gagnant-gagnant » :

> Les investisseurs reçoivent un rendement commercial ajusté en fonction du risque, grâce au paiement d'impact ; les fondations atteignent un effet de levier beaucoup plus important pour attirer les dollars philanthropiques, tout en obtenant le résultat social désiré ; et les entreprises de social-business ont accès à des capitaux à faible coût, ce qui leur permet de se concentrer sur l'amélioration du monde sans la pression d'offrir des rendements financiers aux taux du marché[XLIII].

SSN représente une manière intelligente d'harmoniser les motivations entre trois parties intéressées, afin d'encourager le flux de l'investissement vers des projets qui bénéficieront à l'humanité. À mesure que les entreprises commencent à expérimenter cette nouvelle forme de financement, de nouvelles variations innovantes seront certainement créées. Le temps désignera les mécanismes financiers les plus efficaces dans la croissance future du social-business.

À long terme, les outils de financement que j'ai décrits dans ce chapitre se révéleront probablement des palliatifs provisoires. Un jour, je le crois, il existera des banques de social-business, des maisons de courtage de social-business et des fonds de capital-risque de social-business, qui fourniront régulièrement du financement pour ce secteur spécifique.

La partie la plus ardue dans la création d'un nouveau système économique est d'initier la dynamique qui soutiendra le processus de changement. C'est sur cet aspect que nous concentrons actuellement nos efforts. L'introduction de réformes dans les systèmes juridiques et financiers du monde en fait partie. Et chaque réforme supprime certaines des barrières qui découragent actuellement l'expérimentation des transformations économiques.

Dans les années à venir, à mesure que le succès du social-business continuera de progresser, de plus en plus de personnes et d'organisations rejoindront la cause. Au final, nous nous demanderons pourquoi il a fallu tant de temps au monde pour reconnaître la nécessité évidente d'un système économique véritablement dédié aux besoins humains.

11.

Redessiner le monde de demain

Le cadre conceptuel du capitalisme fut conçu à l'origine par le grand économiste et philosophe écossais Adam Smith, et principalement dans son livre de 1776 intitulé *Recherches sur la nature et les causes de la richesse des nations*. Ce cadre a été amélioré et élaboré tout au long de sa longue histoire, mais les principes fondamentaux sont restés les mêmes. Au fil du temps, de nombreuses alternatives au capitalisme ont été proposées et pratiquées. Pendant ce temps, le monde a énormément changé. La nécessité d'examiner et de réévaluer la structure de base du capitalisme s'est fait sentir à maintes reprises. Mais jamais autant qu'aujourd'hui.

Notre monde traverse une crise grave. Je rejoins des millions d'autres personnes dans l'idée que le capitalisme est la cause fondamentale de cette crise. Très peu de gens réclament son abandon en faveur d'un autre système, comme le socialisme, car presque tout le monde est convaincu que, malgré ses défaillances, le capitalisme reste encore le meilleur système économique. Pourtant, à la lumière de la crise actuelle, beaucoup réclament une révision majeure de ce système.

Dans le présent ouvrage, j'ai expliqué pourquoi je pense que certains changements fondamentaux dans le cadre théorique et pratique du capitalisme sont nécessaires – des changements qui permettront aux individus de s'exprimer de manière multidimensionnelle et de résoudre les problèmes laissés sans solution ou même aggravés par le cadre conceptuel actuel. Et bien que ma proposition soit considérée comme une modification majeure de la structure du capitalisme, je ne vois pas d'autre option que de résoudre ces défauts fondamentaux.

À mon avis, le cadre théorique du capitalisme tel qu'il est largement accepté aujourd'hui est une structure inachevée – elle transforme la « main invisible » d'Adam Smith en une force biaisée qui oriente surtout les activités du marché en direction des plus riches. On pourrait presque soupçonner que cette main est en réalité celle des plus riches !

Comme je l'ai déjà mentionné, la théorie actuelle du capitalisme affirme que le marché est réservé à ceux qui s'intéressent uniquement au profit – une interprétation qui traite les êtres humains comme des êtres monomaniaques. Mais les gens sont multidimensionnels. S'ils sont souvent égoïstes, ils sont aussi désintéressés. La théorie du capitalisme et du marché qui s'est élaborée autour ne laisse aucune place à la dimension altruiste des gens. Ma proposition de changement consiste à réinterpréter le capitalisme en introduisant une nouvelle vision pour l'humanité – plus proche de la réalité que l'Homme capitaliste de la théorie actuelle. Cela modifie considérablement nos concepts, nos pratiques et le cadre institutionnel de l'économie. J'ai soutenu dans ce livre que si la motivation altruiste qui existe en chacun de nous pouvait être introduite dans le monde des affaires, il y aurait peu de problèmes que nous ne saurions résoudre.

Il y a deux siècles et demi, Adam Smith l'a vu clairement. Son livre de 1759, *Théorie des sentiments moraux*, débute ainsi :

> Aussi égoïste qu'on puisse supposer l'homme, il y a évidemment dans sa nature certains principes qui le conduisent à s'intéresser à la fortune des autres et qui lui rendent nécessaire leur bonheur, lors même qu'il n'en retire que le plaisir d'en être témoin. C'est ce principe qui produit la pitié ou la compassion et les diverses émotions que nous ressentons pour les infortunes des autres, soit que nous les voyions de nos propres yeux, soit que nous nous les représentions avec force. Il est trop ordinaire de souffrir des souffrances des autres, pour qu'un fait si évident exige des preuves ; car ce sentiment, comme toutes les autres passions inhérentes à la nature humaine, n'est nullement réservé au vertueux et à l'humaniste, bien que ceux-là le ressentent peut-être avec une sensibilité des plus subtiles. Mais le pire des scélérats, le plus endurci violateur des lois de la société, n'en est jamais complètement exempt.

Smith pose alors la question la plus fondamentale : pourquoi approuvons-nous certaines actions ou intentions et pourquoi en condamnons-nous d'autres ? À l'époque, l'opinion était divisée : certains estimaient que le seul critère du droit et du mal provenait de la loi et du souverain qui l'avait promulguée ; d'autres jugeaient que les principes moraux pouvaient être élaborés rationnellement, à la manière de théorèmes mathématiques.

Smith pensait que les gens naissent avec un sens moral, tout comme ils ont un goût inné pour la beauté et l'harmonie. Notre conscience nous dicte ce qui est juste ou pas, et cette conscience est instinctive, on ne la tient pas des législateurs ou de l'analyse rationnelle. Et pour la renforcer, nous disposons également d'un sentiment spontané, que Smith appelle la *compassion*. Ces élans naturels de conscience et de compassion assurent aux êtres humains la possibilité de vivre ensemble dans des organisations sociales ordonnées et bienveillantes.

Dans son autre grand ouvrage, Smith s'est radicalement éloigné de sa thèse sur les sentiments moraux. Le principe contenu dans *La Richesse des nations* est généralement résumé par l'argument selon lequel tout ira bien si les gens sont autorisés à suivre leur « intérêt personnel ». Quoi que Smith ait voulu dire par ce terme, le monde l'a interprété comme signifiant la maximisation du profit. L'intérêt personnel étant considéré comme synonyme d'égoïsme, le souci des autres a largement disparu de l'esprit d'entreprise.

Dans la *Théorie des sentiments moraux*, Smith a développé la prééminence de la justice et d'autres vertus morales. Mais il n'a jamais réconcilié cela avec la notion d'intérêt personnel sur laquelle *La Richesse des nations* est fondée. S'il avait utilisé ses deux livres pour proposer les fondements théoriques de deux types d'entreprises différentes, peut-être que le monde aurait pu éviter la grave crise que nous traversons aujourd'hui.

La structure actuelle de la théorie économique ne permet pas à la dimension altruiste de jouer son rôle dans un marché dédié uniquement aux entreprises orientées vers l'intérêt personnel. Comme je l'ai démontré dans le présent ouvrage, dès que l'opportunité se présente, les gens s'empressent d'exprimer leur abnégation en créant des entreprises dont le but est d'améliorer le sort de l'humanité en général – ce qui constitue une nette amélioration par rapport au travail des œuvres caritatives. La philanthropie a toujours fait partie de nos sociétés ; ses actions sont nobles et nécessaires. Mais les entreprises disposent d'une plus grande capacité à innover, à se développer et à toucher davantage de personnes grâce au pouvoir du marché libre. Il n'y a pas de limite à ce que nous pouvons accomplir, si des entrepreneurs et des chefs d'entreprise talentueux dans le monde entier se consacrent à des objectifs tels que l'éradication de la malnutrition et du chômage, la création de logement pour les sans-abri, et la garantie pour tous d'une énergie renouvelable et de soins de santé décents.

Le capitalisme en crise

La population mondiale approchant les 8 milliards d'individus, il est crucial de réévaluer le concept de capitalisme. Continuerons-nous à sacrifier l'environnement, notre santé et l'avenir de nos enfants dans une quête effrénée de fortune et de pouvoir ? Ou bien allons-nous prendre en main le destin de la planète et réinventer un monde où nous placerons au cœur de nos préoccupations les besoins de chacun et où notre créativité, nos richesses et nos autres ressources deviendront un moyen de satisfaire ces besoins ?

Repenser et refonder notre système économique n'est pas simplement une idée généreuse. Il n'existe véritablement aucune alternative viable, si nous espérons avoir un avenir sur cette planète. Bien que des tendances à court terme semblent bénéficier à certains d'entre nous au détriment de la majorité, seules sont vraiment durables, à long terme, les politiques qui permettront de partager les progrès entre tous. Le sort des grands spéculateurs servis par les banquiers de Wall Street et celui des femmes pauvres travaillant dans une usine de vêtements au Bangladesh sont interdépendants. Les destins des cultivateurs de sorgho en Ouganda, de maïs au Mexique ou de soja dans l'Iowa sont liés.

Au cours de la dernière décennie, nous avons vu notre monde vaciller d'une crise à l'autre : les catastrophes financières, les famines, les pénuries d'énergie, les calamités environnementales, les conflits militaires, le déferlement de réfugiés, l'instabilité politique croissante. Les dirigeants populistes exigent l'érection de murs entre les pays ; ils demandent soudain aux nations d'abandonner les solidarités internationales bâties sur des décennies de diplomatie acharnée et de renoncer à l'espoir d'une paix et d'une prospérité partagées. Il est temps de rassembler le monde pour affronter cette série de crises d'une manière planifiée et gérée, pour saisir là notre meilleure occasion de concevoir et de mettre en place une nouvelle structure économique et financière afin que ces crises ne se reproduisent jamais, que les vieux problèmes de la planète soient réglés une fois pour toutes, que l'incohérence et les défaillances de l'actuel ordre économique et social soient enfin corrigées.

La caractéristique la plus importante de ce nouvel ordre économique mondial sera de compléter le cadre théorique à moyen terme du capitalisme, en intégrant le deuxième type d'entreprise, le social-business, et en révisant la théorie pour reconnaître que tous les êtres humains sont des entrepreneurs, et non seulement des fournisseurs de main-d'œuvre. Une fois ces changements inclus dans le cadre, ils pourront jouer un rôle important dans la résolution des crises financière, alimentaire, énergétique et environnementale. La nouvelle structure économique fournira le mécanisme institutionnel le plus efficace pour résoudre le fléau de la pauvreté et de la maladie. Le social-business peut répondre à toutes ces difficultés négligées par les entreprises à but lucratif, tout en corrigeant leurs excès.

La forme la plus élevée de la créativité humaine

Le social-business n'est pas seulement un outil essentiel pour résoudre les crises auxquelles l'humanité est confrontée. Il représente également une merveilleuse expression de la créativité humaine – peut-être la plus haute forme de créativité dont les humains soient capables.

Nous savons que l'objectif d'un social-business est de répondre aux besoins humains. Mais lorsque nous créons une entreprise de ce type, les besoins en question doivent être définis précisément, car toute l'activité sera conçue autour de cet objectif. Le problème ne se pose pas dans le cas des entreprises conventionnelles, car leur objectif reste fondamentalement le même : obtenir le meilleur retour sur investissement. Rien de tel pour le social-business. Le but concret varie d'une entreprise à l'autre, d'où l'importance de sa définition.

Vient ensuite la conception de l'entreprise, qui doit être appropriée à l'objectif visé. Et parce que les visées concrètes du social-business sont diverses, la conception de ces entreprises exige une immense créativité. Dans la plupart des cas, le concepteur de social-business imagine quelque chose qui n'a jamais existé auparavant. La tâche exige beaucoup d'innovation, et c'est justement pourquoi elle est si passionnante.

Mes propres expériences m'ont montré qu'une fois que vous avez rencontré le succès en concevant un social-business, vous ne voulez plus vous arrêter. Une fois qu'on est touché par le virus, on a envie d'imaginer une nouvelle entreprise encore plus performante que la précédente, et ainsi de suite.

Le social-business est une voie royale vers la découverte de soi, de ses motivations et de son être profond. Suprême récompense, le constat des bénéfices sociaux créés par l'entreprise – de la nourriture pour les enfants affamés, un toit pour les familles sans abri, la guérison pour les malades – offre une profonde satisfaction intérieure qu'aucun autre effort créatif ne peut égaler. Croyez-moi, rien dans la vie n'est plus gratifiant que d'assouvir sa passion créative en inventant un social-business, puis en le traduisant dans la réalité.

Permettons à tous les jeunes de grandir en sachant qu'il ou elle peut entrer dans le monde du travail en tant qu'entrepreneur(e) créatif(ve). Qu'ils puissent se préparer chaque jour en songeant à ce qu'ils feront en tant qu'adultes, qui leur permettra de prendre soin de leur famille, tout en contribuant à changer le monde. De nombreux garçons et filles vont tomber amoureux et bâtir une existence à deux parce qu'ils partagent le même but dans la vie et croient aux mêmes objectifs pour le monde. Ils peuvent développer un social-business ensemble, créer une famille pleine de satisfaction et de joie, tout en apportant à la planète entière un supplément de bonheur.

Nous avons la chance d'être nés à une époque de grandes opportunités, de progrès technologiques époustouflants, de richesses et de potentiel humain illimités. Désormais, les solutions à de nombreux problèmes urgents de notre monde – notamment la faim, la pauvreté et les maladies qui nous affectent depuis l'aube de l'humanité – sont à portée de main. On pourrait accéder à ces solutions plus rapidement grâce à la création d'un nouvel ordre économique, qui inclut l'outil puissant du social-business.

Dans un monde qui apporte quotidiennement son lot de nouvelles déprimantes, nous pouvons créer une explosion d'espoir, car l'esprit humain ne doit jamais céder à la frustration et au désespoir. Le but de l'existence humaine sur cette planète n'est pas seulement de survivre, mais de vivre avec grâce, beauté et bonheur. C'est à nous qu'incombe ce défi. Nous avons le pouvoir de créer une nouvelle civilisation fondée non pas sur la cupidité, mais sur tout l'éventail des valeurs humaines.

Et si nous commencions aujourd'hui ?

Sources

I. LOWREY, Annie, « Is It Better to Be Poor in Bangladesh or the Mississippi Delta ? » *in The Atlantic*, 8 mars 2017, https ://www.theatlantic.com/business/archive/2017/03/angus-deaton-qa/518880.

II. Oxfam International, « Just 8 Men Own Same Wealth as Half the World », 16 janvier 2017, https ://www.oxfam.org/en/pressroom/pressreleases/2017-01-16/just-8-men-own-same-wealth-half-world.

III. CARROLL, Lauren & KERTSCHER, Tom, « At DNC, Bernie Sanders Repeats Claim That Top One-Tenth of 1 % Owns as Much Wealth as Bottom 90 % », *in Politico*, 26 juillet 2016, http://www.politifact.com/truth-o-meter/statements/2016/jul/26/bernie-s/dnc-bernie-sanders-repeats-claim-top-one-tenth-1-o.

IV. GORMAN, Sean, « Bernie Sanders Says Walmart Heirs Are Wealthier Than Bottom 40 Percent of Americans », *in Politico*, 14 mars 2016, http://www.politifact.com/virginia/statements/2016/mar/14/bernie-s/bernie-sanders-says-walmart-heirs-are-wealthier-bo.

V. Un certain nombre d'expériences sont déjà en cours pour développer des méthodes améliorées afin de mesurer la croissance économique. Cf., par exemple, WALLIS, Stewart, « Five Measures of Growth That Are Better Than GDP », World Economic Forum, 19 avril 2017, https ://www.weforum.org/agenda/2016/04/five-measures-of-growth-that-are-better-than-gdp.

VI. KINVER, Mark, « Earth Warming to Climate Tipping Point, Warns Study », BBC News, 30 novembre 2016, http://www.bbc.com/news/science-environment-38146248.

VII. ROWLING, Megan & MacKINNON, Morag, « No Planet B, Marchers Worldwide Tell Leaders Before UN Climate Summit », Reuters, 29 novembre 2015, http://www.reuters.com/article/us-climatechange-summit-demonstrations-idUSKBN0TI00720151129.

VIII. SAVAGE, Rachel, « The Most Entrepreneurial Country in the World Is < el > Uganda ? », *in Management Today*, 25 juin 2015, http://www.managementtoday.co.uk/entrepreneurial-country-world-is-uganda/article/1353317.

IX. La discussion suivante sur les crises alimentaire, énergétique, environnementale et financière est adaptée en partie de la conférence de Muhammad Yunus, « Adam Smith Lecture at Glasgow University », donnée le 1er décembre 2008, http://www.muhammadyunus.org/index.php/news-media/speeches/210-adam-smith-lecture-at-glasgow-university.

X. « World Food Situation : FAO World Food Price Index », Food and Agriculture Organization of the United Nations, 2 février 2017, http://www.fao.org/worldfoodsituation/foodpricesindex/en.

XI. Par exemple, les politiques agricoles adoptées par l'Union européenne ont un effet délétère sur les agriculteurs d'Amérique latine et d'Afrique : cf. « Making the EU's Common Agricultural Policy Coherent with Development Goals », document de l'Overseas Development Institute, septembre 2011, https ://www.odi.org/sites/odi.org.uk/files/odi-assets/publications-opinion-files/7279.pdf.

XII. HOFFMAN, Beth, « How Increased Meat Consumption in China Changes Landscapes Across the Globe », *in Forbes*, 26 mars 2014, http://www.forbes.com/sites/bethhoffman/2014/03/26/how-increased-meat-consumption-in-china-changes-landscapes-across-the-globe/#3ba5c62d2443.

XIII. « Climate Change to Shift Global Spread and Quality of Agricultural Land », Commission européenne, *Science for Environment Policy*, 12 février 2015, http://ec.europa.eu/environment/integration/research/newsalert/pdf/climate_change_to_shift_global_spread_quality_agricultural_land_403na1_en.pdf.

XIV. SAZAWAL, Sunil *et al*, « Impact of Micronutrient Fortification of Yoghurt on Micronutrient Status Markers and Growth – A Randomized Double Blind Controlled Trial Among School Children in Bangladesh », *BMC Public Health* 2013, 13 : 514.

XV. PARRY, Simon, « The True Cost of Your Cheap Clothes : Slave Wages for Bangladesh Factory Workers », *in Post Magazine*, 11 juin 2016, http://www.scmp.com/magazines/post-magazine/article/1970431/true-cost-your-cheap-clothes-slave-wages-bangladesh-factory.

XVI. Pour une discussion sur le groupe d'action français et les entreprises sociales qu'il a aidé à lancer, cf. Muhammad Yunus *et al.*, « Reaching the Rich World's Poorest Consumers », *in Harvard Business Review*, mars 2015, https ://hbr.org/2015/03/reaching-the-rich-worlds-poorest-consumers.

XVII. « Youth Unemployment Rate in Europe (EU Member States) as of December 2016 (Seasonally Adjusted) », Statista : The Statistics Portal, https ://www.statista.com/statistics/266228/youth-unemployment-rate-in-eu-countries.

XVIII. Par exemple, le taux de chômage U-6 compilé par le Bureau des statistiques du travail des États-Unis, qui comprend des travailleurs « marginalement attachés » et « découragés », s'élève généralement au double du taux U-3 présenté habituellement dans les médias : *cf.* AMADEO, Kimberly, « What Is the Real Unemployment Rate ? », *The Balance*, 20 février 2017, https ://www.thebalance.com/what-is-the-real-unemployment-rate-3306198.

XIX. VISCUSI, Gregory, « Europe Sacrifices a Generation with 17-Year Unemployment Impasse », Bloomberg, 7 octobre 2014, http://www.bloomberg.com/news/articles/2014-10-07/europe-sacrifices-a-generation-with-17-year-unemployment-impasse.

XX. « Decent Work and the 2030 Agenda for Sustainable Development », International Labour Organization, http://ilo.org/global/topics/ODD-2030/lang-en/index.htm.

XXI. « Lowering the Recidivism Rate », éditorial du *Japan Times*, 24 novembre 2014, http://www.japantimes.co.jp/opinion/2014/11/24/editorials/lowering-recidivism-rate/#.WNjw3hjMyqB.

XXII. HARRIS, Gardiner, « Borrowed Time on Disappearing Land : Facing Rising Seas, Bangladesh Confronts the Consequences of Climate Change », *New York Times*, 28 mars 2014, https ://www.nytimes.com/2014/03/29/world/asia/facing-rising-seas-bangladesh-confronts-the-consequences-of-climate-change.html.

XXIII. « About the B Team », http://bteam.org/about.

XXIV. *Millennium Development Goals : Bangladesh Progress Report, 2015*, General Economics Division, Bangladesh Planning Commission, http://www.bd.undp.org/content/bangladesh/en/home/library/mdg/mdg-progress-report-2015.html.

XXV. Département des Affaires économiques et sociales des Nations-Unies, « Sustainable Development Goals : 17 Goals to Transform Our World », http://www.un.org/sustainabledevelopment/sustainable-development-goals.

XXVI. Département des Affaires économiques et sociales des Nations-Unies, « Goal 1 : End Poverty in All Its Forms Everywhere. Goal 1 Targets », http://www.un.org/sustainabledevelopment/poverty.

XXVII. NOWAK, Daniel, « Investing in Social-businesses in the Western Balkans », blog de l'*European Venture Philanthropy Association*, 30 août 2016, http://evpa.eu.com/blog/investing-in-social-businesses-in-the-western-balkans.

XXVIII. MANISERA, Sara, « She's Helped Change the Prospects of Women Affected by the Bosnian War », *Christian Science Monitor*, 15 septembre 2016, http://www.csmonitor.com/World/Making-a-difference/2016/0915/She-s-helped-change-the-prospects-of-women-affected-by-the-Bosnian-war.

XXIX. « McCain CE Collaborates to Launch Social-business », site internet de McCain, 11 juillet 2014, http://www.mccain.com/information-hub/news/some-test-news.

XXX. EHRENFREUND, Max, « A Majority of Millennials Now Reject Capitalism, Poll Shows », *Washington Post*, 26 avril 2016, https ://www.washingtonpost.com/news/wonk/wp/2016/04/26/a-majority-of-millennials-now-reject-capitalism-poll-shows/?utm_term=.cb8dbd4baf70.

XXXI. MUNGER, Michael, « Why You Can't Just "Reject" Capitalism », *Learn Liberty*, 15 mai 2016, http://www.learnliberty.org/blog/why-you-cant-just-reject-capitalism.

XXXII. KENDZIOR, Sarah, « Why Young Americans Are Giving Up on Capitalism », *Foreign Policy*, 16 juin 2016, http://foreignpolicy.com/2016/06/16/why-young-americans-are-giving-up-on-capitalism.

XXXIII. NAWAL, Syeda Nafisa, « Redefining "Win-Win" : Youth in Social-business », *Daily Star* [Dhaka, Bangladesh], 29 juillet 2016, http://www.thedailystar.net/next-step/youth-social-business-1261174.

XXXIV. Le développement suivant, consacré à la vieillesse et la retraite, repose en partie sur l'allocution prononcée par Muhammad Yunus à la 12e Conférence mondiale sur le vieillissement de la Fédération internationale sur le vieillissement (IFA) à Hyderabad en Inde, le 10 juin 2014.

XXXV. CHOI, Jason, « Emerging Markets Can Be Wildly Profitable – If You Aren't Focused on Mobile and Cloud », *Forbes*, 8 juin 2016, https ://www.forbes.com/sites/groupthink/2016/06/08/emerging-markets-can-be-wildly-profitable-if-you-arent-focused-on-mobile-and-cloud/#1806387038fe.

XXXVI. « How Does MakeSense Work ? », *MakeSense*, novembre 2015, https ://makesense.s3.amazonaws.com/resources/social_entrepreneurs.pdf.

XXXVII. Index 2016 de la perception de la corruption, *Transparency International*, 25 janvier 2017, https ://www.transparency.org/news/feature/corruption_perceptions_index_2016.

XXXVIII. YUNUS, Muhammad & WEBER, Karl, *Vers un nouveau capitalisme*, chap. V, 2008, Lattès.

XXXIX. La discussion suivante sur la question du juridique dans la réforme du système économique mondial est adaptée en partie de l'article de Muhammad YUNUS, « How Legal Steps Can Help to Pave the Way to Ending Poverty », *Human Rights Magazine*, hiver 2008, http://www.americanbar.org/publications/human_rights_magazine_home/human_rights_vol35_2008/human_rights_winter2008/hr_winter08_yunus.html.

XL. « Retail Florist License », Louisiana Horticulture Commission, http://www.ldaf.state.la.us/consumers/horticulture-programs/louisiana-horticulture-commission.

XLI. The Giving Pledge, https ://givingpledge.org.

XLII. DOLAN, Kerry A., « Mark Zuckerberg Announces Birth of Baby Girl & Plan to Donate 99 % of His Facebook Stock », *Forbes*, 1er décembre 2015, https ://www.forbes.com/sites/kerryadolan/2015/12/01/mark-zuckerberg-announces-birth-of-baby-girl-plan-to-donate-99-of-his-facebook-stock/#16d43dc218f5.

XLIII. YUNUS, Muhammad & RODIN, Judith, « Save the World, Turn a Profit », *Bloomberg View*, 25 septembre 2015, https ://www.bloomberg.com/view/articles/2015-09-25/save-the-world-turn-a-profit.

CET OUVRAGE A ÉTÉ COMPOSÉ
PAR PCA-CMB

ET ACHEVÉ D'IMPRIMER
PAR CPI BRODARD ET TAUPIN
POUR LE COMPTE DES ÉDITIONS J.-C. LATTÈS
17, RUE JACOB – 75006 PARIS
EN OCTOBRE 2017

PAPIER À BASE DE
FIBRES CERTIFIÉES

JC Lattès s'engage pour l'environnement en réduisant l'empreinte carbone de ses livres.
Celle de cet exemplaire est de :
750 g éq. CO_2
Rendez-vous sur www.jclattes-durable.fr

N° d'édition : 01 – N° d'impression : 3024735
Dépôt légal : octobre 2017
Imprimé en France